21世紀への挑戦 3

日本・アジア・グローバリゼーション

水島 司・田巻松雄
［編］

日本経済評論社

21世紀への挑戦 3

日本・アジア・グローバリゼーション

目次

序章　アジアのグローバリゼーションとその後

水島　司

1　グローバリゼーションとアジア

本巻は、「二一世紀への挑戦」シリーズのなかで、『日本・アジア・グローバリゼーション』と題している。グローバリゼーションの問題を正面からとりあげる議論は一時ほどはみられなくなってきたが、グローバリゼーションという語で表現される現象自体の進行はいっこうに衰える気配はない。本巻の諸論文を貫くテーマは、日本を含むアジアにおけるグローバリゼーションの展開が、二一世紀の世界をどのように変えていくかという問題意識である。

アジア諸地域――以下、アジアという場合、日本を含むアジアを意味するものとする――での二〇世紀の終わりからの変化は、グローバリゼーションと言う語で表現するのがふさわしい。それは、この間の変化が、具体的な領域を並べ立てたところでカヴァーしきれない広い範囲で起きてきているからである。もちろん、アジアにおけるグローバリゼーションの問題を、農村から都市、さらには海外への人の移動の増大や常態化、都市空間の目を見張る拡大、都市の変化と農村の変化の同時進行、あふれかえる消費物資の氾濫と結びついた生活スタイルの変化、大型パラボラアンテナの林立に象徴される農村部の隅々に至った情報革命の進行などととらえ、そのすさまじい変化のスピードを描写することによって描くことは可能である。しかし、それらの変化をいくら羅列したところで、グローバリゼーションの問題を描ききることは難しい。それほど、この間にアジアで生じた変化はすさまじく、それはアジアを研究対象としてきた者が共通にもつ感想であろう。

本巻は、そうした規模と速さで起きている一連の変化を、経済や開発、階層、都市と農村、紛争、下層民、移動などの諸相をとりあげて描こうとするものであるが、そこではまた、人と人との関係、家族関係、社会編成のあり方、格差の折り合いの方途、発展という概念、人生観、社会観、世界観なども議論の対象とされるであろう。それらを通じて、アジアの変化の先にどのような可能性が見えるのか、そうしたアジアでの変化は二一世紀の世界のあり方をどのように変えていくのかという問題を問おうとしているからである。

グローバリゼーションの波は、その名のとおり、地球全体を襲うものであったが、本巻での問題は、アジアがその波をどう受け止め、どう対応し、さらにはグローバリゼーションのありよう自体をどう変えてきたかということになる。そのためにはまず、それに先立つアジアの近代を振り返り、グローバリゼーションの時代的位置づけを議論しておかなければならない。一見遠回りにみえるこの手順は、大きな時代の流れのなかで、我々の立つ位置を明らかにするはずだからである

アジアの近代

アジアの近代は、西欧諸国による植民地的状況下に置かれた時代であった。もちろん、直接の支配を受けなかった国も存在したが、西欧諸国の圧倒的経済力と、それが主導する世界市場に包含されることによって、多かれ少なかれ西欧近代の支配・影響を受けることになった。アジア諸地域には、一九世紀から二〇世紀末にかけて、そうした従属関係からの脱却の運動がみられた。しかし、そのなかには、そうしたアジアでの運動とあたかも連動するかにみせながら、いち早く国民国家を形成し強国化に成功した西欧諸国に倣い、国内空間の均一化によって国力を高めながら支配領域を他のアジア地域に広げ、異化と同化のプロセスを繰り返しながら支配構造を築こうとした日本という国が存在した。西欧諸国を共同の敵として連帯を呼びかける一方で、軍事進出し、支配の拡大を図った日本に対して、アジアの人々の間で失望と抵抗が広がり、結局日本の敗戦という形で終止したことは我々の知るとおりである。

このような歴史的経験を共有したアジアの近代の終わりの局面は、国家建設と国民統合が性急に進められた時期であった。植民地支配から脱した諸地域で続々と国家建設がなされ、民主政権、軍事政権、一党独裁政権など、さまざまな形式の、しかし独立以前の社会関係と独立運動での力関係を引き

ずった統治体制が生まれ、その下で、さまざまな失敗とひずみをともないながら強力な国民統合策が推進された。そうした国民統合策が経済成長の成功を生んだ場合もあれば、大きな紛争を引き起こした場合もある。ヴェトナムの記憶はそれほど遠いものではないし、カンボジアの悲劇は、まだ我々の心の中に重く沈んでいる。もちろん、それらの多くは過去のものではなく、まだまだ進行中のいくつもの動きの波がアジアには見られる。タイはもちろん、ミャンマー、パキスタン、アフガニスタン、インド、中国、マレーシア、インドネシアなどなど、どの国の内側を覗いてみても、深刻な統合問題を抱えていることに気づく。しかし、程度の差はあれ、すべての人々がいずれかの国民国家の一員として生きるという状況、すなわち国民国家システムが、近代という時代の終わりに完成したという事実は動かない。

領域性

こうしてアジアだけでなく、ほぼ地球全体を覆うことになった国民国家システムのもつ最大の問題は、それが領域性を基盤としているという事実である。国民国家システムは、特定の空間領域に、国民というしばしば幻想の産物である共同性を掲げて成立するものである。しかし、地縁、血縁という語で象徴されるように、共同性には空間性に基づくものと関係性に基づく二つの異質な性格のものがある。そのうち、国民国家システムが直接ぶつかるのは、後者の関係性に基づく共同性である。人は、さまざまな関係性の下で生きており、ある空間に生きる人々が有する関係性という線分は、膨大なものとなる。しかも、それらの関係性は、線分の両端が特定の空間を超える移動性をもつこともあって、しばしば国家の領域を超えて伸びている。近年盛んに研究されている移民をはじめとするネットワークの問題は、そうした線分に関わるものである(1)。

問題は、領域を区切るという形で成立した国家は、国家領域を超えて存在した、あるいは国家領域を超えて伸びていく関係性を放置することに耐えられない存在であるという点である。現に、近代に誕生した多くの国民国家は、その境界が必ずしもネットワークの切れ目を反映したものではなかった。その結果、国境を越えて広がるネットワークを要因にして、現在に至るまで、エスニック紛争として呼ばれる多くの紛争を経験している。国民国家が領域性を存在根拠とし続ける限り、この問題は解決されることはない。

このことは、幾つかの国家を統合して成立したより大きな領域連合においても解決されない。確かに、EUの成立が従来の国民国家のあり方を根本的に変える体制ではないかと考えられた時期があった。しかし、EUの境界に設けられている越境者を阻止するために張りめぐらされた鉄条網を目にし、さらにはそれを乗り越えようとする者への容赦ない対処の実態を知れば、領域性という根本的な性格には、EUと従来の国民国家との間には何の違いもないという事実を認識せざるをえないであろう。

流動化

グローバリゼーションは、他方で、境界の消滅と流動性をもたらす大きなエネルギーをもつ。人が生きる空間のなかに、他の空間からさまざまな要素が入り込むと同時に、他の空間へさまざまな要素が送出されるという二つの動きが同時に進行する。人やモノや思想、そして情報が日常的に大規模に国境を行き来するグローバリゼーションの深まりは、関係性を媒介としたつながりが国家の境界を越えて膨大な規模で交差することを意味するが、それは場合によって国家の存在を脅かすものともなりうる。

このような関係性の広がりに対して、国民国家はその本性としてそれらを国家の範囲で切断しようとするがゆえに、グローバリゼーションと国家は真正面からぶつかり、激しい鍔迫《つばぜ》り合いを展開することになる。とりわけ、グローバリゼーションが必ずしも多方向からのものではなく、軍事的な、あるいは政治的なヘゲモニーを握る国家の一部がその渦を引き起こし、自身に合わせて世界の構造化を進めようとするとき、各地で激しい紛争が生ずることになる。記憶に新しいイラクやアフガニスタンの問題は、そうした動きの典型的なものである。

グローバリゼーションと国民国家との関係を考えるときに今ひとつ忘れてならないのは、グローバリゼーションと対峙する国家が、その内部にグローバリゼーションとの関わりの密度に差のあるいくつもの要素を含んでいるという点である。不断に国民統合政策を実施しているにもかかわらず、国民国家は、さまざまな歴史的背景をもつ複数の勢力の間のバランスで成り立っていることが少なくない。そうしたバランスをコントロールする目的で場合によっては、明確に自治・分権という体制がとられていることもある。このことは、植民地支配から独立に至る運動の過程で、たとえばインドに典型的にみられたように自治や分権が少しずつ獲得されたという事情や、いくつもの政治領域が統合されて国家建設が図られたというような事情にもよる。グローバリゼーションが、こうした国内の諸勢力のどれかと特に深く関わるために、政治バランスが崩れてしまう可能性がある。グローバリゼーションがもたらす流動化は、国民国家内部の流動化と連動しながら進むのである。

グローバリゼーションによる流動化は、このような国家の空間枠や内部の政治構造の問題だけに関わるのではない。むしろ、より大きな根本的な変化をもたらしているのは、それぞれの国内における農村と都市のそれぞれで、および両者の間で連動しながら起きる流動性である。

歴史的に見るならば、アジア諸地域の都市の多くは、従来、植民地的統治システムに関わる職種を中心に、各種商業活動に従事する人々を加えて拡大してきた。近年は、そこに経済発展が生み出した職種に就く新規参入者を続々と加え、グローバリゼーションの波を直接に受けて呼吸するダイナミックな空間となった。ITをはじめとする極めて労働集約的な産業が都市部に叢生し、多くの若年労働者がそこに吸収されている。こうして、世界でも有数の人口規模を有する巨大な都市が、アジア各地に続々と誕生しつつある。

それらの都市に集まってきた新規居住者は、自身の出身村との間で頻繁に往き来し、都市の情報・生活スタイル・モノを故郷に伝え運び始めた。それは、たとえば息子や娘が高等教育を受けるために、あるいは就職機会を得て都会に暮らすようになり、場合によっては海外に赴任し、そこに親を呼び、祭りの際に手土産を抱えて故郷の村に帰るというような一連の出来事が未曾有の規模で進んでいることを示す。そしてその一方で、都市部に多くの就職者を出す農村部からは農業の主要な働き手がいなくなり、年老いた両親のみが残るという光景が珍しくなくなった。都市からの仕送りによって、農業収入の全収入に占める比重も大きく低下し、農業のもつ意味も消えていく。すでに、耕作放棄、農業放棄が進んでいる地域も目立ち始めている。他方、都市での就職機会に恵まれず、結局は農業と農村に取り残されることに気づきつつも、逆に農業への依存を深め、より多くの農地を確保しようとする階層もある。アジアの農村を語る際に必ず指標となった土地所有を軸とした農村の階層構造も、大きく流動化している。地主小作制にせよ、借金をして働く債務労働制にせよ、まったくその意味合いは変わり、一九世紀以来の階層分析のタームが通用しない事態が農村部で当たり前になっているのである。

では、都市では何が動いているのか。まずもって目につく変化は、都市域がぐんぐんと拡張している事態である。都市は、単に行政や商業や交通の中心であるだけではない。また、農村部の人間が、たまに買い物に出かけ、映画を観るだけの空間ではない。そこには、二一世紀に生きるための情報や知恵が集まり、それらを普及・拡散する多くの施設・機関も集積している。教育を例に取れば、村落に自身の将来を切り拓くことができないと思う村人は、より高い教育と、それによるより選択肢の多い将来を与えようと、子供たちを高等教育機関が集まる都市に通わせようとする。居村が都市に遠ければ、家族中が都市に移動しなければならないが、生活費や居住費の関係でそれがかなわねば、あるいは村での農業の切り盛りを続けなければならないならば、居村にも都市にも通える空間に居を移すしかない。そして、そうした人々の数が増えれば、村と都市との間にある空間を人々が埋めるようになり、あるいは教育機関をはじめ、村人達の需要を満たす諸施設がその空間に進出し、都市近郊の都市化、都市域の拡大へと帰結する。

このような農村と都市と連動した動きは、何も教育に限られない。農村を襲う消費の波は、大型パラボラが可能にする衛星からの商品情報の洪水によってもさらに増幅され、ショーウィンドウの並ぶ都市へと人を向かわせている。一世代前には考えられなかった志向の均一化が進み、都市でのライフスタイルそのものがショーウィンドウとなり、農村でのライフスタイルを変えていく。アジアの農村と都市とが、緊密に関係しながら互いの姿を変えるという状況が、二一世紀の今、驚くべきスピードで進んでいるのである(2)。

標準化と個性化

こうした都市と農村との連動した変化は、すでに示唆したようなライフスタイルや世界観の標準化だけではなく、それとは正反対の動きとも言える個性化も同時進行させている。

少し時代を振り返れば、アジアの近代とは、欧米への反発と追随の二つの方向が対立しながら進んできた時代でもあった。インドの著名な社会学者シュリニヴァスは、インドの近代をウェスタナイゼーションとサンスクリタイゼーション、つまり西欧化と古典インド化の二つの動きから解釈したが(3)、似たような動きはアジア諸地域で見られた。しかし、全体としてみれば、世界の近代を主導した欧米の力が圧倒的であり、生活のそこかしこで欧米の知を模倣し、追随する動きが大きな勢いで進んだ。

現今のグローバリゼーションの進行下でも、多かれ少なかれ、同じような事態がいっそう進むことになったと言えよう。日本での例をとれば、つい最近、鳴り物入りで喧伝されたグローバル・スタンダードというかけ声が典型的に示したように、グローバリゼーションという名の下で、生活スタイルと世界観のいっそうの標準化が進められてきたのである。

注意しておかなければならないのは、標準化が、必ずしも上からの動きの結果としてではなく、情報によって下からも実現されていくという点である。日本でこそほとんど目にすることはないが、他のアジアの農村部ではごく普通に見受けられる大型パラボラアンテナによる衛星放送の直接受信は、テレビを媒介とした世界中の情報の視聴を可能にしている。それらの情報は、村から都市、都市から海外へと移動していく村の出身者達から寄せられる私的な情報によって、遙かかなたの無縁のものではなく、身近なものとなった。そうした情報の横溢はまた、自身の空間とはるか彼方の空間との間の差異を認識させ、それにとどまらず、その差異の縮小に走らせ、生活全体の急速なキャッチアップへの「自発的強制」を促した。

もちろん、言葉の問題から、世界中の放送の受信可能性があるとは言っても、アジアで実際に視聴されるのは自身の言語のチャンネルが多い。しかし、ファッションには言葉の問題がないことに示されているように、映像の力は大きい。生活の隅々を変えていくことを促す広告が、次々と流される。その結果、消費を中心とした生活スタイルの模倣と取り込みが、未曾有の、しかも、めまぐるしいスピードで進んでいるのである。

こうした標準化の進行は、他方で個性化を求める動きを生む。グローバル・ヒストリーの旗手の一人、C・ベイリーは、一九世紀以降の近代が標準化と個性化を同時に進行させたと論じているが(4)、近年におけるそのスピードはかつてのグローバリゼーションの比ではない。社会の下部にまでさまざまな情報が届けられ、他の諸地域の特徴が示されるのに比例して、それへのリアクションとして自己の社会の文化や歴史に対する関心が高まり、自身のアイデンティティを他と競い合わせる動きが表面に出てくる。たとえば、一九八〇年代のマレーシアでは、イスラームの政治組織化が大きく進行したが、それに対応する形で、インド人や中国人の間での組織が増大した。同様に、インドでは、イスラーム原理主義の広まりに対抗して、ヒンドゥー・ナショナリズムと呼ばれる運動が一気に高まり、それを主導する政党が政権を掌握するまでとなった。愛国主義と呼ばれる動きも、同様な土壌から表面に出てきた。こうした宗教的、政治的動きに加えて、音楽や芸術活動、服飾などの広い範囲で、自身の個性を表象する動きが強まった。標準化に抗したさまざまな個性化が志向されているのである。

構造化

グローバリゼーションの下での流動化の動きは、単に標準化と個性化を生み出すだけではない。流動化の高まりのなかで再編が進み、新たな格差の発生とその固定化、つまり構造化が生ずる。

長いスパンで構造化という問題を振り返れば、一六世紀以来の世界の一体化の進行のなかで、欧米先進地域に富が集中し、アジアをはじめとするそれ以外の地域との間に大きな格差を生んだことは周知のとおりである。しかし、現在のグローバリゼーションは、そうした地域間の格差の拡大と連動して、地域内、あるいは国民の間に大きな格差を生じさせていることに特徴がある。それは、現在のグローバリゼーションの波が、そもそも国の境界を容易に通り越し、国境とは無関係に人々に及ぶインフラを背景としているからである。

このような状況のなかで、所得格差、教育格差、情報格差、階層格差、地域格差が激しい勢いで引き起こされる。本巻で田巻論文が論じている日本の下層問題は、この点に関する格好の題材と言えよう。

諸個人間の構造化は、多くの場合、グローバリゼーションが及ぶ以前に存在した格差がさらに拡大して固定化されるものであった。限られた選択肢を自分のものとするためには、よりよい学校へ進学し、よりよい大学に入り、場合によっては欧米へ留学するというようなエリート・コースに乗らねばならない。しかし、それにはそれ相応の家庭環境が必要であり、結局、上層家庭の出身者がそうしたコースに乗ること成功し、さらに格差が広がっていくことになる。日本のような、比較的平準化が進んでいる社会においてさえ、格差の固定化と拡大が進み、多くのその日暮らしの下層民を生んでいるのであるから、中国やインドなど、極めて高い経済成長を遂げつつあるアジアの諸国においては、新たに生み出されるパイが格段に大きい分だけ、さらにその傾向が強くなると言える。

しかしながら、すべてが既存の階層差の拡大と固定化という結果しか導かないということではない。

格差の是正を標榜するインドやマレーシアで採られているような留保制によるものだけではなく、高等教育の普及が一気に進み、教育の底上げが広く見られるようになれば、そして都市の中間層への参入枠が広がれば広がるほど、従来の階層差からズレた階層変動の可能性が広がる。グローバリゼーションの下で、どのような階層変動が生じているかについて、精細な研究が要請されている。

グローバリゼーションの時代的意味

アジアの近代とグローバリゼーションが生み出す諸状況を上記のように整理したうえで、次にアジアの近代に対するグローバリゼーションの意義を問うとすれば、どのようにまとめうるのか。ごく簡潔に述べるとすれば、それは、労働や各種サーヴィスを含めたさまざまな人と人との対面的・直接的関係を解体し、商品交換関係に最終的に移行させたと言えるように思う。このことの理由を、筆者が研究対象としてきた南インド農村の事例から、今少し具体的に述べておきたい。

インド社会では、不安定で過少なリソースの下で多くの人々が生きてきた。水にせよ耕作適地にせよ、いずれもリソースとしては過少である。そうした過少なリソースに対して、現在においてもインドは世界人口の一七%を占めているが、歴史的に見ても、ほぼ二割程度の人口を維持してきたと言われている。過少なリソースを人々はシェアしながら、ぎりぎりまでの開発を進め、多くの人口を養ってきたのである。

インド近世には、こうした過少なリソースの下で、リソースを皆で利用しながらさまざまなサーヴイスを交換して互いの生活の再生産を確保するシステムが広くみられた。もちろん、そのシェアのシステムは、搾取のない平等の世界であったわけでは決してなく、理想郷的なイメージを持つことは間違いである。リソースを皆でシェアするとは言っても、そこからのあがりの配分に大きな開きがあったからである。しかし、ここで注目しておきたいのは、そこに生きる人々には、少なくとも、地域社会というイメージと自分はその中で生きているという意識とが共有されていたという点である。

インド近代の問題は、植民地統治政策により、そうして利用されてきたさまざまなリソースの中から土地のみが選び出され、区画され、個別の排他的な所有権が設定され、その土地所有（あるいは無所有）の階梯によって、人と人との関係が再規定されてしまったことである。このようなリソースの細分化と、それにともなう人間関係の細分化は、それまでの在地社会を常に前提とした近世までの人々の間の関係を大きく変質させた。確かに、現象面だけをみれば、筆者が調査を行った一九八〇年代はじめに至るまで、個別農家による労働者の常雇いシステムや、床屋や洗濯人などのサーヴィス提供者に対するいわゆる村抱え的な雇用、上位コミュニティーから下位コミュニティーへの祭礼の時の布やごちそうなどの贈り物というような形で、個々の人と人との関係を超えたかつての地域社会の存在を思わせる関係が部分的に続いていた。しかし、それらはあくまで近代以前の関係が変質した残滓でしかない。ちなみに、都市と農村との関係の交錯が格段に増え、海外にまで至る人の流れと情報や資金の流れがいっそう村の諸関係を流動化されていることが目立った二〇〇八―〇九年実施の調査では、このような関係さえも消え、村の中で終始するさまざまなサーヴィスや労働やモノのやりとりは、現金による市場関係に見事に置き換えられていた。インドにおける近年のグローバリゼーションの進行は、このように、前近代的な諸関係の残滓を最終的に消滅させる役割を果たしたのである。

ではタイでは、中国では、ヴェトナムでは、インドネシアでは、あるいは日本では、グローバリゼーションはどのような意義をもっているのか。そして、アジア社会が維持し、育んできた固有のシステムは、近代からグローバリゼーションの時期にかけてどのような変容をとげたのか。何を受け取り、何を変え、何を生み出したのか。

アジアでのグローバリゼーションの持つ意味を提示することは重要な課題であり、本巻の執筆者も、それぞれの対象のなかでこの問題を論ずるであろう。筆者が、ひとつだけここで指摘しておきたいのは、グローバリゼーションの動きのなかで、アジアが常に受け身だったわけではなかったという点である。グローバリゼーションの時代的意味を考えようとするとき、アジアがグローバリゼーションのただ中から新たに創造した知、いわばアジアの知とはどのようなものなのかについて、充分注意を向けなければならない。それらを幾つかの空間とその空間で生存を図る個人の両方に焦点を当てながら具体的に掘り出し、長期の動向のなかに地域ごとの変化の実態を位置づけることも、アジアを対象とした研究において極めて重要な課題であり続けよう。

グローバリゼーション後の世界

最後の設問は、グローバリゼーション後に、どのような社会が我々を待っているかという問いである。それは、「二一世紀への挑戦」という本巻を含むシリーズの根本的なテーマであり、またグローバリゼーションの限界を明らかにする作業とも重なる。

その問題への答えを見つけようとする際に、特に指摘しておきたいのは、身体の空間依存性という点である。つい数年前まで、アジアのエリートが毎週のように太平洋やインド洋を飛行機で越えながらビジネスに従事している姿が、グローバリゼーションの象徴のように語られていた。また、Eメール・アドレスに示されるようなネット上の仮想空間に、自身の存在のアイデンティティを置くことの二一世紀的な意味が唱えられていた。しかし、どこに移動しようが、どこに自身のアイデンティティを置こうが、そしてまた空間を超えたどのような関係性の中に生きていようが、人は「今、ここに、ある」という身体の空間的拘束性から逃れることはできない。仮想空間は、あくまで仮想の空間でしかなく、人の生は、今生きている空間と切り離すことはできないはずだからである。グローバリゼーションは、ますます増殖する非空間的な関係性の網と、特定の空間に生きざるをえない個別の身体とのズレを拡大していく。とすれば、二一世紀に生きる我々は、身体の被拘束性を前提とし、身体とその対極にあるグローバリゼーションの線分上に身を置きながら、自身の生きる空間の中で生存の幅を広げ、自らの生活を豊かにすべく努力していくしかない。

この場合忘れてならないのは、自身が生きる空間は自身のみが生きる空間ではないという点である。そこから、同じ空間を生きる他の個との共同性を築き、共に空間自体を豊かなものにしていくしかない。我々の選択肢はないという事実に突き当たる。とすれば、グローバリゼーション後の世界、すなわち本シリーズのテーマである二一世紀への挑戦とは、グローバリゼーションがもたらした流動化と関係性の無限とも思われる広がりの中で、今一度自身の生きる空間に立ち戻り、他との共同性を築き、そこを拠点にしながら、自己の関係性によって結びつけられるあらゆる空間にその共同性を広げていくこととなるはずである。もちろん、そのことは、自身の身体性が原点にあるということから、国家とか地域とかの課題なのではなく、我々一人一人の課題となるはずである。

本書の構成と内容

本巻を構成する章の内容について、簡単に紹介しておきたい。

アジアの、いや世界の二一世紀を見通そうとするとき、世界の超大国、中国とインドの進む方向に注目せざるをえない。加藤弘之「グローバル化する中国の歴史的位相」(第1章)は、一九七八年の改革開放以来、グローバル化を着実に進めてきた中国の実情を明らかにし、歴史的な視点から、中国の「復権」が世界経済にどのようなインパクトを与え、その結果、どのような変化が生じているかを論じたものである。グローバル・ヒストリーの旗手ポメランツが「大分岐論」を提示し[5]、従属論の旗手であったフランクが『リオリエント』[6]によってアジアの復権を宣言しているように、産業革命後ヨーロッパに大きく立ち後れた中国は、改革開放後に大胆な対外開放政策を採用し、国際経済との接合をはかりながら着実にグローバル化を進め、国内経済システムの改革をも促進した[7]。こうしてグローバル化した中国は、世界各地で資源をめぐる激しい争奪戦を繰り広げ、発展途上国市場でのプレゼンスを急速に増大させ、先進国との競合や摩擦を引き起こしているだけではなく、巨額の外貨準備によってドルを基軸とした金融システムを下支えするなど、世界経済のなかで重要なプレイヤーとなった。このような、あまりに急激な変化に対して、中国自身を含め、世界が対応しきれておらず、中国の存在が世界経済にある種の不確実性をもたらした側面があると加藤は指摘する。しかし、このような不確実性も、加藤によれば、新しい世界経済秩序への移行過程に出現した対立や摩擦であり、中長期的に見れば、中国自身が複数の中心の一つとなる新しい世界経済秩序が形成されることになるだろうと見通している。

加藤によるこのような中国の位置づけに対して、佐藤隆広「インド経済の躍進とアジア経済の行方」（第2章）は、近年のインド経済の高度成長の中身を検証したものである。それによれば、インドの高度成長は、海外から資金や技術が国内に流入したことや世界市場へのサービス輸出が急増したことが重要な要因であり、したがって、それはグローバル経済のなかに組み込まれることによって実現したと言える。このことは、他方、グローバル経済そのものの変動が直ちにインド経済に影響を及ぼすことを意味し、リーマン・ショックを契機とする世界同時不況は、インド経済に悪影響を与えた。そうしたなかで佐藤が注目しているのは、この世界同時不況をインドが積極的で大胆な経済政策によって乗り切り、急激なスピードで景気回復を実現しているということだけではなく、躍進するインド経済が逆にグローバル経済の条件そのものを改編しつつあるという点である。とりわけ、ルック・イースト政策と地域貿易協定（RTA）締結による東アジア経済との相互依存関係の深まりは、東アジアのみならずグローバル経済そのものの地図を塗り変えるほどの影響力を持つ。こうした事実認識に基づき、佐藤は、インド経済の動向を無視してアジア経済の行方を展望することが不可能な時代にいるとする。

中国やインドが、このように、二〇世紀の末から目を見張る経済発展を開始し、それが二一世紀の世界のあり方をどのように変えていくのかという議論と並行してなさねばならないのは、従来の開発論を点検し、それがアジアにとってどのような意味をもち、あるいはどのようなゆがみをもたらしたのかを検証する作業であろう。朴一「二〇世紀の開発システムをどう見るか――二〇世紀から二一世紀への開発システムの変化と連続性」（第3章）は、社会主義モデル、輸入代替工業化モデル、輸出指向工業化モデルという二〇世紀を飾った三つの開発モデルをとりあげ、その成果と問題点を考察し、二一世紀の開発モデルの課題を検出しようとするものである。それによれば、従来の研究は、これらの開発モデルを「社会主義」対「資本主義」、「計画経済」対「市場経済」、「輸入代替工業化」対「輸出志向工業化」という二分法的構図で分類し、前者を失敗、後者を成功と評価することが一般的であった。朴は、東アジアの四つの国家（韓国・台湾・中国・北朝鮮）のケーススタディから、そうした議論が必ずしも当てはまらないと批判する。たとえば、輸入代替工業化モデルを一概に失敗とは見做せないし、複線型の工業化も説明できない、さらには、社会主義的工業化も一定の経済的果実をもたらしたことを否定できないからである。朴はまた、経済開発と政治体制の問題にも言及しており、二〇世紀から二一世紀へのアジアにおける開発モデルの連続性と変化から、開発経済学の二一世紀の課題を論じている。

以上の、主に経済の面からグローバリゼーションに関わるアジアの動向を見極めようとする諸論文に対して、清水奈名子「グローバリゼーションとアジアの地域主義――紛争解決と安全保障を中心として」(第4章)は、アジアで生まれつつある地域主義と、そこにおける市民の新たな役割に注目したものである。それによれば、隣接する諸国家が共通の問題に対処しようとする地域主義が、近年アジアでもようやくみられるようになったという。注目されるのは、NGOやその連合体などの市民たちが構成する組織による、それら地域機構への関与の増加である。政府間交渉では依然として国家主権の尊重が重視され続けているものの、民主主義、法の支配、人権や基本的自由の尊重などを求める市民たちによるアジア大の連携が進み、地域機構に影響を及ぼし、そのことが、アジアにおける地域主義の行方に影響を与え始めている。清水は、このような新たな動きから、主権国家体制が抱える抗争性と分断性を克服するために歴史に登場した国際機構、地域機構の性格が、市民の側の動きによって新たな方向に向かい、単に国々の安全ではなく、地域に住む人々の安全を脱国境的に保障していくようになるのではないかとの可能性を指し示している。

アジアにおける、あるいはアジアが引き起こすグローバリゼーション下での世界の構造再編の動きは、そこに生きる人々の動きと互いに相関しながら生じている。第5章以下は、そうしたアジアの人々の動きの諸相を対象にした議論である。

田巻松雄「グローバル化と下層問題――野宿者・外国人労働者からみる現代日本」(第5章)は、

日本を対象にして、グローバリゼーションと呼ばれる現象が、具体的にどのようなメカニズムによって人々に迫ってくるかを解明するものである。それによれば、日本では、一九八〇年代後半から外国人労働者の流入・増大が本格化し、非正規滞在者、日系南米人、研修生として低熟練技能分野に参入し、また九〇年代には、大都市を中心に路上で野宿する者が増加した。田巻は、従来別々に論じられてきたこれら外国人労働者と野宿者を、グローバル化が進む日本社会で生まれた下層としてとらえ、かれらに共通に作用してきた経済的・制度的メカニズムについて、製造業・建設業労働市場の変容、労働力利用の徹底化を図る資本戦略、入国管理や寄せ場対策等の国の政策との関連から解明する。そして、それらの作業を通じて、グローバリゼーションの進む日本社会において、自由競争と有用性を基準にした人間の選別が強化され、その結果を自己責任の名の下に正当化するという個人化の原理が徹底されてきたこと、その結果、自立や共生のスローガンの下に、下層を選別と排除によって不可視化させるメカニズムが強く働いてきたが、それは下層だけではなく、我々すべてに働きうるメカニズムであること、そして、そうした個人化原理の徹底に抗していくには、共同性を復権させていく思惟と営為が必要であると論じている。

石井由香「アジア太平洋の人の国際移動とアジア系専門職移民」（第6章）は、田巻が対象とする階層とは対極にあるとも考えられる国際移動を行うアジアのエリート層をとりあげ、その動きの近年の変化を論じたものである。それによれば、「頭脳流出」と形容されてきたアジア系専門職移民の先進国への移動は、現在では出身国へ帰国する還流移動、第三国への移動など多方向の移動となってきた。また、出身国との関係の希薄化と永住というパターンから、出身国とのつながりを持ちながら受入国に定住することも珍しくなくなり、複数の国・社会との関係を保ち続ける移民も多い。そうした状況から、石井は専門職移民のトランスナショナルな性質とローカルな場における影響力が問われる状況が生まれているとして、移民先や環流した自国で政治・社会活動を行う者の存在に注目する。そして、複数の場所をつなぐアジア系専門職移民が、その高い経済力と情報伝達力ゆえに、これからのアジアとアジア以外の地域との関係を考えるうえで重要な存在であるとする。

専門職の国際移動は、必ずしも近年の現象ではなく、たとえば大英帝国下で、植民地インドから多くの官吏や医者、技術者が英領植民地に移動した。数的に遙かに多いクーリーを中心とした単純労働者の移民を含めれば、中国人やインド人の国際移動の数は圧倒的である(8)。それらの移動と近年の移動との違いは、移動先が、欧米諸国へと大きく比重を移しただけではなく、専門職をはじめとする中間層移民の数が大きく増加したこと、そしてその職種の幅が大きく広がったことから、相互の社会への浸透度が遙かに大きくなったことであろう。複数の社会の価値観に晒されざるをえないそのような階層の広がりは、人々の世界観、将来への展望、消費のあり方、家族関係など、人々の生に大きな影響を及ぼすものである。日本での外国人労働者について論じている田巻論文と合わせて読まれるべきである。

さて、国際的な人の移動よりもはるかに大きな規模で生じているのが、農村から都市への移動である。そして、それらの都市の一部は、巨大なガリヴァー型都市へと成長し、多国籍の人、企業、商品、情報がそこに流れ込む。それらは、まさにグローバリゼーションのショーウィンドウとして機能する。しかし、そのウィンドウの中に生きる者と、その外に生きる者との関係は、その両方の社会空間が連動して動いているという事実ゆえに、ゼロサムゲームとなることがある。鈴木規之「アジアにおける都市農村関係の変容と都市化の意味」(第7章)は、東南アジア、とくにタイに目を向ける。タイにおける二〇〇六年のクーデターは我々の記憶にまだ新しいが、鈴木によれば、その対立の要因は、政権による農村へのバラマキ型ポピュリズム政策に対する都市住民の反発、すなわち都市と農村の対立という図式としてとらえられている。そのなかで、鈴木が注目しているのは、従来型のバラマキ型政策の継続を望む農村がある一方で、市民社会型のネットワーキング形成を進める農村があるという事実である。次にとり上げられるのは、「ジャパナイゼーション」や「ファストフード化」という言葉で表現しうるような、首都バンコクから地方都市、さらには農村へと広がる新たな消費文化である。人々の新たなつながり方、そして消費のあり方の変化に象徴されるような社会変容が未曾有の規模でタイの農村で繰り広げられているという事実こそ、グローバリゼーションの強度と広まりを示すものといえよう。

本巻は、「二一世紀への挑戦」というシリーズのなかで、『日本・アジア・グローバリゼーション』と題し、日本を含むアジアを主な対象とする論考を集めたものである。「東アジアの奇跡」と呼ばれる日本、韓国、東南アジア、中国でのめざましい経済成長に、近年では、貧困の象徴とまで言われたインドまでが加わるようになった。世界のＧＤＰの地域構成比の変化を見れば、喧伝されるアジアの台頭が、世界の構造を大きく、しかも急速に変えつつあることが理解される。[9] 二一世紀はアジアの世紀であるというフレーズが、あながち間違いではないだろうとの思いを抱かざるをえない。

このような光まぶしい動きのなかで、アジアはまた多くの影の部分を引きずり、と同時に新たな影の部分を生み出している地域でもある。影は、光が強くなるほど濃くなるものであろう。そのいずれにも目を配り、アジア社会の動向を見極めていくことは、我々アジアを対象とする研究者にとっての二一世紀への挑戦でもある。

【注】

(1) ネットワークにおける領域性と関係性の問題については、水島司「はじめに」秋田茂・水島司編『現代南アジア6　世界システムとネットワーク』東京大学出版会、二〇〇三年。

(2) インドの農村・都市関係の長期的変化については、水島司『インド・から』山川出版社、二〇一〇年。

(3) M. N. Srinivas, *Religion and Society Among the Coorgs in South Asia*, Oxford: Clarendon, 1952.

(4) C. A. Bayly, *The Birth of the Modern World: 1780–1914*, USA, UK, Australia, Blackwell Publishing, 2004.

(5) Kenneth Pomeranz, *The Great Divergence: China, Europe, and the Making of the Modern World Economy*, Princeton University Press, 2000.

(6) フランク『リオリエント――アジア時代のグローバル・エコノミー』山下範久訳、藤原書店、二〇〇〇年(A. G. Frank, *Reorient: Global Economy in the Asian Age*, University of California Press, 1998)。

(7) アジアとヨーロッパの歴史発展の再評価をめぐる議論については、水島司『グローバル・ヒストリー入門』山川出版社、二〇一〇年、水島司編『グローバル・ヒストリーの挑戦』山川出版社、二〇〇八年。

（8）　インドからの人の移動に関しては、水島司「南アジア――地域ネットワークのゆくえ」『地域研究論集』国立民族学博物館、JCAS Review, Vol. 4, No. 1、二〇〇二年。

（9）　長期的な地域別の経済成長については、Angus Maddison の諸研究を参照。杉原薫作成のグラフによれば、過去半世紀で、東アジアの比率は五％から三〇％前後にまで上昇している。杉原薫「『東アジアの奇跡』と資本主義の行方」『経済セミナー』第六〇九号、二〇〇五年一〇月、二三頁。

第1章　グローバル化する中国の歴史的位相

加藤　弘之

はじめに

一九七八年の改革開放以来、中国は計画経済から市場経済への移行を着実に進めてきた。改革開放は一〇％近い高度成長が三〇年を超えて持続するという「奇跡」を中国にもたらしたが、貿易や直接投資を通じて世界経済との結びつきを格段に強めたこと、すなわち、グローバル化の進展こそが「奇跡」のもっとも重要な要因であった。

グローバル化した中国は、世界経済にどのようなインパクトを与えたのか。さらなるグローバル化の進展は、世界経済にどのような変化をもたらすことになるのか。歴史を振り返ると、一四世紀から一九世紀初頭までの中国は、唯一ではないとしても、世界の主要なコア地域のひとつであった。今日、われわれが目の当たりにしている中国の台頭は、単なる新興経済国の出現ではなく、旧いコア地域の

「復権」を意味する。そのことはなにを示唆しているのだろうか。

本章は、グローバル化する中国の現状を明らかにし、歴史的に見た中国の「復権」が世界経済にどのようなインパクトを与え、その結果、どのような変化が生じているかを論じる。第1節では、中国とヨーロッパを対比しながら、中国が産業革命に立ち後れた要因をめぐる議論を整理する。第2節では、改革開放の三〇年間に、中国がどのようにグローバル化を進めたかを跡づける。第3節では、グローバル化した中国が世界経済に与えたインパクトと、それが世界経済にもたらした不確実性の内実を明らかにする。最後に第4節では、中国の「復権」がもつ意味を考える。

1 歴史のなかのグローバリゼーション

今日の中国の台頭は、世界史（global history）の分野における新たな潮流を生み出す背景となっている。それは、いわゆる「ヨーロッパ中心主義」、すなわち、少なくとも一六世紀以来、西欧が世界経済の中心であり、西欧が資本主義発展の震源地と動力であったとする考え、の再考を促すものであると同時に、将来形成される新しい世界経済秩序のあり方に、ひとつの示唆を与えるものでもある。

(1) 「大分岐」の出現

まず、A・マディソンの長期経済推計から議論を始めたい。表1は、マディソンによる世界主要地

表1　世界のGDP分布：1700-2003年

（単位：%）

	1700年	1820年	1952年	1978年	2003年
中国	22.3	32.9	5.2	4.9	15.1
インド	24.4	16.0	4.0	3.3	5.5
日本	4.1	3.0	3.4	7.6	6.6
ヨーロッパ	24.9	26.6	29.3	27.8	21.1
アメリカ	0.1	1.8	27.5	21.6	20.6

注）ヨーロッパは西欧29カ国、東欧10カ国（トルコを含まない）。

出典）Angus Maddison, *Chinese Economic Performance in the Long Run: 960-2030*, 2nd Edition, OECD, 2007.

域のGDP分布の長期的な変動を示している[1]。これによれば、一八二〇年の中国は、世界のGDPの三二・九%を占め、ヨーロッパとアメリカを合わせたGDPを凌駕している。このとき、中国は確かに世界経済のコア地域のひとつであった。

マディソンの長期経済推計については、データの信憑性について慎重な吟味が必要とされるが、ここでは、この推計値がある程度信頼できるとしたうえで、議論をさらに進めることにしたい。現時点から振り返ると、中国が世界のGDPの三〇%以上を生産しているというのは驚くべき数字のように見えるが、必ずしもそうではない。農業以外に主たる産業がない時代、最大の人口を擁する国が最大の経済規模を持つことはある意味では当然である。問題は、その後に中国とヨーロッパの間に生じた巨大な格差である。

K・ポメランツは、同じような発展の道を歩んでいたヨーロッパ（イギリス）と中国（長江デルタ）との間に、「大分岐」（Great Divergence）が生じたとする議論を提起した[2]。

ポメランツによれば、産業革命によるヨーロッパの勃興を説明する既存研究には二つの大きな潮流がある。そのひとつは、世界システム論の観点から、資本の「原始蓄積」が産業革命の前段階に存在し、それが資本主義を生み出す原資を提供したとする議論である。いまひとつの潮流は、ヨーロッパの農村部に発生した内生的な成長が産業革命を準備したとする、いわゆるプロト工業化の議論である。そして、この二者択一を迫られると、ほとんどの学者は後者を選択し、最近その傾向がますます強化されているとする。

しかし、ヨーロッパと中国の比較を通じてポメランツが明らかにしたところでは、「少なくとも一七八九年までは、ヨーロッパの土地、労働、生産物の市場は完全競争からほど遠いものであり、アダム・スミスによって作り上げられた過程はむしろ中国のほうが進んでいた」(3)。つまり、資本主義の源流をそれ以前の時期に遡って説明するのではなく、一九世紀になってはじめて出現したと捉える。そして次のように結論づける。

「われわれは、ヨーロッパの内部で発生した生産性上昇を強調する議論が疑わしいことを検証した。……これらの〔前近代的な〕発展パターンが、『自然に』工業的な突破をもたらしたと考える理由はない。すべてのコア地域が一人当たりの緩やかな成長、つまり分業の進展と、技術と環境の制約のなかで市場のみでは解決できないような成長を経験していた」(4)。

ポメランツの議論は大きな反響を呼んだ。西洋史と東洋史を結びつける新しい枠組みを提示した画期的な研究として評価される一方、数多くの反論も寄せられた。黄宗智は、一八世紀のイギリスには、農業革命、プロト工業化、都市の発展、人口変動と消費パターンの変遷という五つの革命的な変化が生じていたが、長江デルタ（中国）にはそうした条件はひとつも備わっていなかったと批判した(5)。また、

「大分岐」の要因のひとつとして、新大陸の資源への独占的なアクセスをヨーロッパだけが持っていたことをポメランツは強調しているが、はたしてそれだけで「大分岐」のすべてを説明できるだろうか。イギリスにおいて安価な燃料（石炭）が手に入ったこと、「大分岐」以前のヨーロッパでは賃金が高く資本が相対的に豊富であったため、労働節約的で資本集約的な産業が発展したことなど、「大分岐」の要因をめぐる議論はいっこうに収束する気配がない[6]。

(2)「ニーダムの謎」をめぐる議論

ヨーロッパと中国の「大分岐」を中国に引きつけて考えれば、少なくともヨーロッパと同程度には豊かで洗練されていた中国が、なぜ一九世紀以降経済的停滞に陥ったかという問いに読み替えることができる。これは、中国の科学技術史の権威であるJ・ニーダムが最初に問題提起したことから、「ニーダムの謎」（Needham Puzzle）と呼ばれる。

「ニーダムの謎」に対して、古くからさまざまな議論が行われてきた。中国の文化、思想や宗教に立ち後れの原因を求める議論が、かつては主流であった[7]。ところが近年、中国の台頭を背景として、歴史家だけの議論に留まらず、経済学者やその他の領域の学者も参加した活発な議論が展開されている。包括的なサーベイは他の論考に譲るとして、以下では、資源、地理、制度の三つの角度から、「ニーダムの謎」に迫る近年の議論を整理してみたい[8]。

第一は、資源制約に注目する議論である。M・エルビンは、明清以降の中国の経済停滞を資源制約から説明する「高水準均衡の罠」（High-Level Equilibrium Trap）仮説をいち早く提起した[9]。エルビンによれば、中国は人口が多いため、農業技術の発展に全力を尽くし、中国の農耕技術ははるかにヨーロッパを上回る水準に到達していた。しかし、農業技術の改善がもたらした収益はすべて人口増加によって吸収され、人口増加がさらなる技術進歩をもたらすという現象が繰り返された結果、中国の農業は技術的に到達できる最高レベルの水準で巨大な人口を養うことができるようになった。他方、工業発展は資源制約に直面し、旧技術ではいかなる進歩も実現できなかった。

姚洋は、エルビンの農業発展についての説明は合理的だが、工業発展の制約については問題があるとする[10]。エルビンがいう工業の資源制約は絶対的ではなく、あくまでも相対的なものであり、なぜ資源制約に直面した中国では、新技術によって工業部門の資源制約を緩和するような現象が起きなかったのかという問いには答えていないからである。

姚洋は、農業と工業の収益率の差に、投資が農業に向かって工業に向かわなかった原因があるとする。狭い耕地面積に対して人口が多いわけだから、土地の価値は必然的に上昇する。土地収益率が高いため、余剰資金は農業に投資され、工業には投資されなかった[11]。これに対してヨーロッパでは、人口密度が低いため、比較的低い農業生産力でも増加した人口を養うことができ、工業の収益率は農業のそれを上回ったため、資金が工業に向かい、工業部門で技術的な突破が生まれたとする。

技術進歩は人口規模とも関係する。人口が多ければ蓄積される経験も多く、「天才発明家」が出現する確率も高いので、発見や発明も多く生まれるはずである。林毅夫は、一四世紀までの中国が世界の最先端にあったのはこのような理由から説明できるが、近代技術は経験の蓄積ではなく、科学実験を基礎としているので、人口が多くても技術進歩が進むとは限らないとする[12]。中国が技術革新の分野で立ち後れた理由として、中国人が「実用を重んじて分析を軽視する」志向をもつこと、科挙制度が青年の創造性の発揮を阻害したことも指摘されている。

第二は、地理的環境、要素賦存に注目する議論である。J・ダイヤモンドは地理的条件の違いが中国とヨーロッパを分けたとする[13]。中国の地形は海岸線があまり入り組んでおらず、なめらかであるのに対して、ヨーロッパのそれは海岸線が激しく入り組んでおり、五つの半島が海岸線から突出していて、その先々に島々が点在するという複雑な形状をしている。こうした地理的条件の違いは、中国が紀元前二二一年に統一されて以降、ほとんど分断された時期がないのに対して、ヨーロッパが政治的に統一されたことは一度もなかったという違いをもたらした。自然の障壁がさほどなく、地域的な結びつきが強いことは、作物、家畜や技術の伝播に有利である一方、ひとりの指導者の誤った決定が全国の技術革新の流れを差し止めてしまうといった事態をたびたび引き起こした[14]。これに対して、分裂状態にあったヨーロッパでは、数多くの小国家が乱立し、独自の技術を競い合った。他の小国に征服されたり経済的に取り残されたりするのを避けるためには、他の小国家が受け入れた技術を受け入れざるをえないため、分裂状態は技術の伝播を決定的に妨げるものとはならなかった。

文貫中は、経済地理学の観点から、地理的要因の重要性を論じた[15]。文によれば、宋代の中国は、北方の騎馬民族の圧力に晒され、領土が著しく減少する一方、人口はかえって増加した時代であった。

領土の減少は耕地面積の減少を意味するが、それは人口減少に結びつかなかった。[16] その理由は、強い人口圧力の下で都市化が進展し、工商業と海外貿易が栄え、民間が海外貿易に参入し、海外の知識や情報が活発に流入したからである。宋代は中国史上もっとも技術発明が活発に起きた時代となった。ところが、一六世紀以降、西欧が新大陸へ目を向け始めていたその時期、中国はかえって内陸部に目を向け、人口は増加したものの、空間分布は分散化した。南宋（一二〇〇年前後）の都市化率は二二％であったが、清（一八二〇年）には六・九％まで低下した。都市化の後退は、集積効果を失わせ、成長の源泉を喪失することを意味する。中国はふたたび農本社会に逆戻りしたのである。

文の議論には、資源制約を主張するエルビンの議論と事実認識の点で異なる点がある。エルビンは人口が唐・宋代より直線的に増加したと仮定しているが、元代以降、人口は起伏を繰り返している。土地面積は宋代よりも明・清代には増加し、したがって一人当たり耕地は少なくとも清代中期までは改善した。[17] 近代以前の人口や耕地面積の推計については不確実性が残るものの、新しい資料を加え、時期ごとの変遷をより詳細に検討した文の議論のほうが説得的であるといえる。

第三は、制度と制度の運用にかかわる論点である。この議論では、所有権制度、法律、契約、金融、特許など市場経済の運行にかかわる各種制度が整備されているかどうか、制度がどのように運用されているかが、「ニーダムの謎」を解くカギを握ると考える。

張宇燕と高程は、明末、海外貿易と国内長距離貿易が中国商人に巨大な利潤機会を与えたが、こうした機会を利用して、商人が新しい階級を形成することにも、社会変革を実現することにも成功しなかったと捉える。[18] 貿易によって膨大な利益を得た商人は、財産の保護を求める。中国では、「官商結合による所有権制度」、すなわち商人は科挙制度を通じて子弟のなかに官僚を作りだし、権力を利用して家族の財産を保護しようとした。子弟が科挙に通らなくても、さまざまな手段を通じて官僚に投資し、財産保護を求めると同時に、税金逃れや競争相手の排除に官僚を利用したりした。こうした特殊な所有権制度が有効に機能したため、商人は社会変革を進める力にはならなかった。そのことは、商人の側からいえば、市場競争の激化を通じた競争力向上により経済力を増強する機会を失うことになったし、統治者の側からいえば、商人の経済力の増強を国家の経済力を高める手段として利用する機会を失うことになったのである。

皮建才は、「権威委託メカニズム」から「ニーダムの謎」を説明しようとする。[19]「権威委託メカニズム」とは、中央政府と地方政府との間の権力配置を意味する。歴代王朝の権力配置の構図は、「外重内軽」（中央集権が弱く、地方分権が強い）か「内重外軽」（中央集権が強く、地方分権が弱い）のどちらかであり、両者の間を揺れ動いた。宋代以降、中央政府の「権威委託」の方向はますます「内重外軽」となり、地方分権のもとではじめて発揮される民間部門の創業精神は損なわれ、一種の「投資阻害問題」（holdup problem）[20] が発生していた。

以上のように、ここで取り上げた議論はそれぞれ「ニーダムの謎」に答えるユニークなロジックを提供している。一部事実認識で相対立する点が含まれているものの、議論は相互に補完し合う側面が強い。これに文化、思想面からのアプローチを加えた複数の視点から多面的に「ニーダムの謎」に迫ることが必要だろう。さらに、「ニーダムの謎」の解明は、けっして歴史の解釈の問題に留まらず、現在の問題でもあることを強調しておきたい。技術革新を効果的に促進する方法、集積効果を最大限に発揮する都市化の進め方、市場化を進める制度設計、中央政府と地方政府との権力配置のあり方など、いずれも現代につながる課題であるといえる。

2 改革開放三〇年とグローバリゼーション

(1) 対外開放政策の展開

改革開放政策の柱のひとつは、大胆な対外開放政策の採用である。中国は外国政府や国際機関に借款を要請するとともに、対外開放の拠点として、一九八〇年、広東省の深圳、珠海、汕頭、福建省の厦門の四カ所（のちに海南省がこれに加わる）に「経済特区」を設立し、外国直接投資を積極的に呼び込む政策を打ち出した。「経済特区」は、輸出加工基地であるばかりでなく、外国資本・技術を受け入れる窓口としての役割を担った。そこでは、外資は税制面などでさまざまな優遇措置を受けるほか、政府投資による社会インフラの重点的整備がなされた。八四年以後になると、沿海地域の一四都市が対外開放されたのを皮切りに、長江、珠江、閩南の各デルタ地域の開放、さらには遼東半島、山東半島の開放と、対外開放地域が点から面へと拡大していった。九二年には、これに長江上中流域、内陸辺境地域が加わり、中国全土に対外開放地域が広がる「全方位開放」の局面を迎えた。

中国の対外開放政策は、大きな成功を収めた。二〇〇九年末までの外国直接投資累計額（実行ベース）は九四二六億ドルに達した（ただしその九割以上は一九九一年以後の投資額）。政府の積極的な外資優遇政策に加えて、八五年のプラザ合意以降、自国通貨の急速な切上げに悩む日本、NIEs企業に低賃金の加工基地を提供できたことが、こうした成功につながった。とくに香港や台湾に近い広東省や福建省など華南地域では、「委託加工」[21]を中心とした外資企業が大量に進出した。また、外資の積極的な受入れと並行して、為替レートの切り下げ、企業や地方政府に外貨留保を許す外貨請負制度などの輸出振興策が採られた。二〇〇一年のWTO加盟は、中国が世界経済に包摂されたことを象徴するものであった。

さらに、長年、米ドルと連動した事実上の固定相場制（ドル・ペッグ制）を採ってきた政府は、好調な輸出を背景として、二〇〇五年に管理フロート制への移行を果たし、じりじりと元の対ドルレートを切り上げるようになった。その結果、二〇一〇年末までに、元はドルに対して約二五％切り上がった。

(2) 進む国際市場との接合

中国は二〇一〇年、ついに日本を抜いてアメリカにつぐ世界第二のGDP大国となったが、貿易や直接投資分野の分野ではとくに躍進が著しい。国連貿易開発会議（UNCTAD）の統計によれば、輸出ベースで測った世界貿易に占める中国のシェアは、一九八〇年の一％から二〇〇八年の九・一％に飛

図１　貿易依存度の推移

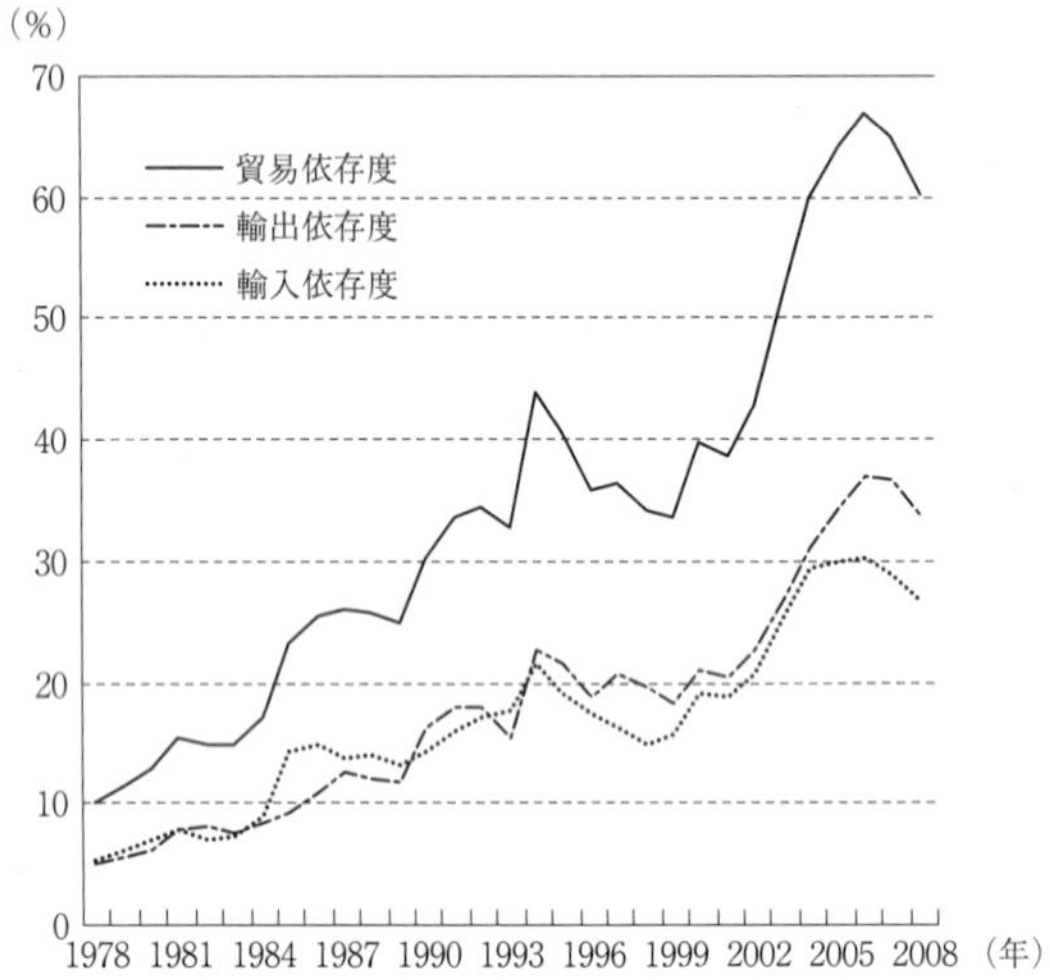

出典）『中国統計年鑑』各年版ほかより作成。

躍的に上昇した。

グローバル化の進展を測るひとつの指標は、貿易依存度（輸出入総額をＧＤＰで除した数値）の変化である。図１は、改革開放以降の貿易依存度の変化をみた。ＧＤＰの規模が大きい国では通常貿易依存度は低いはずだが、中国は例外である（たとえば日本のそれは三一・七％、二〇〇八年数字）。貿易依存度は一九七八年の九・八％から着実に増加し、二〇〇六年には六六・五％（輸出依存度は三六・六％、輸入依存度は二九・九％）まで上昇した。

中国の躍進は、アジア・アフリカ諸国との関係においていっそう顕著である。東アジア域内での貿易マトリクスを見ると、日本から東アジア域内への輸出は一九八五年の三四％から二〇〇七年の一八・六％へとシェアを落としているのに対して、中国から東アジア域内への輸出は一二・八％から二五・五％へと大きくシェアを伸ばしている。同様に、東アジア域内から日本への輸出は八五年の二六・六％から〇七年の一三・五％にシェアを落としているのに対して、東アジア域内から中国への輸出は一七％から二八・三％に上昇した。中国が輸出入両面で東アジアでのプレゼンスを高めていたことを確認することができる。

表2は、中国との貿易に依存する割合が高い上位二〇カ国を示している。モンゴルの五二・三％を筆頭にして、キルギス、北朝鮮など周辺国の依存度が高いのはある意味では当然のことだが、それに加えてスーダン、ペナン、アンゴラ、トーゴなど、アフリカ諸国が上位を占めている点に注目したい。

表2　中国に依存する国と地域（2009年）

順位		国・地域名	比率（%）
1	(3)	モンゴル	52.3
2	(1)	香港	48.7
3	(20)	キルギス	46.8
4	(6)	北朝鮮	39.2
5	(2)	スーダン	38.4
6	(48)	ペナン	35.3
7	(17)	アンゴラ	30.1
8	(102)	トーゴ	28.7
9	(4)	マカオ	28.5
10	(59)	ソロモン諸島	27.7
11	(9)	ミャンマー	25.0
12	(64)	モーリタニア	24.7
13	(129)	コンゴ（旧ザイール）	24.4
14	(163)	タジキスタン	22.5
15	(5)	ガンビア	21.9
16	(11)	韓国	21.6
17	(28)	カザフスタン	21.4
18	(10)	日本	20.5
19	(39)	コンゴ共和国	20.0
20	(16)	オーストラリア	19.6

注）（　）内は2001年の順位。台湾を除く。
出典）『日本経済新聞』2010年7月18日。

対中貿易が貿易総額に占める割合が二〇％を超える国・地域は、二〇〇一年にはアジアでは三カ国、アフリカでは一カ国であったが、二〇〇九年にはアジアで一〇カ国、アフリカでは八カ国に増えた。

他方、資本収支の自由化や為替の変動相場への移行については、中国は依然として慎重な態度を保留している。しかし、経常収支の累積的な黒字と人民元への切り上げ圧力に対応したドル買い介入のため外貨準備が急増し、二〇一〇年八月現在、二兆ドルを超える世界第一位の外貨準備保有国となっている。外貨準備のおよそ七〇％は米国債などドル資産で運用されているが、リスク回避のために日本やＥＵ諸国の国債を購入するなど、近年では外貨資金運用の弾力化が図られている。

(3) 対外開放が進めた市場移行

対外開放の進展は、経済システムの改革に直接的、間接の影響を与えずにはおかない。中国が目標モデルとする「社会主義市場経済システム」は、先進資本主義国の経済システムと本質的な違いはなく、中国は二〇〇〇年前後に狭義の市場移行を完成したと考えられる[22]。先進資本主義国と比較すると、政府が直接、間接に市場に介入する余地が大きいとはいえ、国有企業を含めて、私有企業、外資企業が国内外の市場で激しい競争を繰り広げている。

図2は、製造業分野での外資企業のプレゼンスをみたものである。改革開放が始まった一九七八年には国内に存在していなかった外資企業は、二〇〇八年までに、企業数の一八％、工業生産額の三〇％、資産総額の二六％、従業員数の二九％を占めるまで成長した。外資企業がすでに中国製造業の重要な一翼を担っていることがわかる。また、外資企業は中国の輸出総額の五六％を担っている（二〇〇九年数字）。

外資企業の急成長が持つ意味は、これらの数字をはるかに上回るものである。なぜなら、外資企業は、企業統治、会計制度、商習慣といった面でのグローバル・スタンダードを中国にもたらしたからである。国内外の市場で外資企業と激しい競争を展開するなかで、国内企業は次第にグローバル・スタンダードに接近していった。対外開放は企業レベルでのグローバル化を推し進め、市場移行を進める原動力になったといえる。

図2　工業部門における外資企業のシェア（2008年）

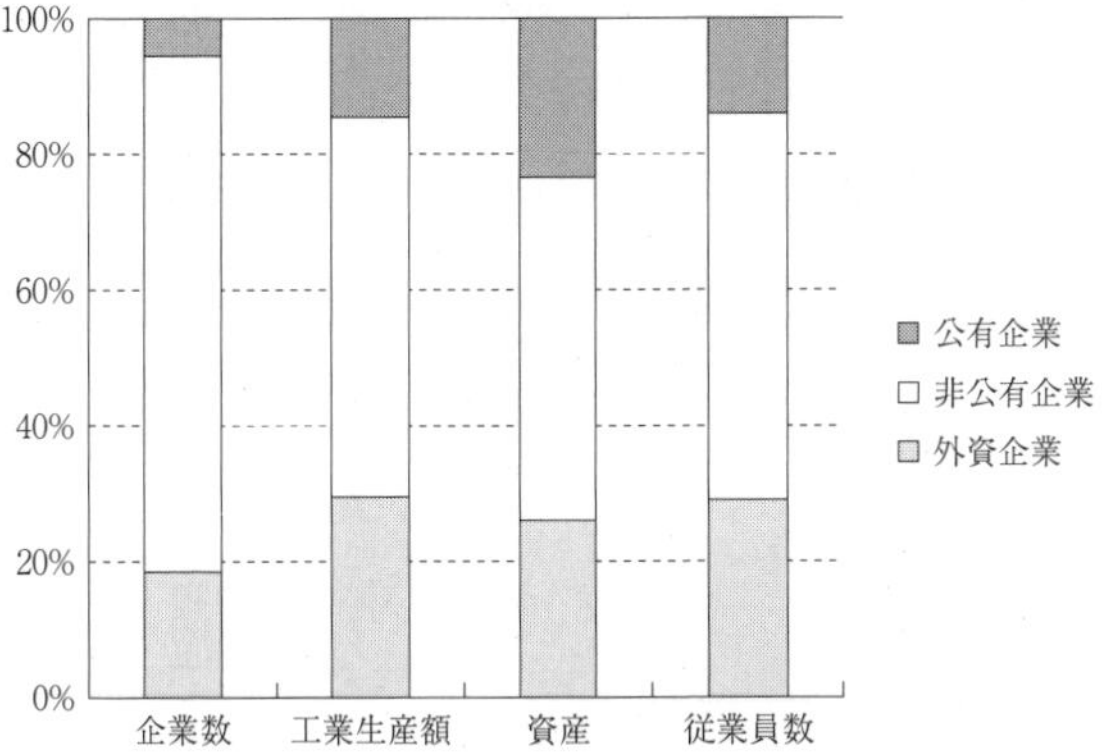

注）公有企業は国有企業、国有独資企業と集団企業を含む。外資企業は台湾・香港・マカオ企業を含む。売上高が500万元以上の企業のみ。
出典）『中国統計年鑑』2009年版より作成。

3　中国の台頭という不確実性

すでに中国は世界経済のさまざまな領域で大きな影響力を発揮し始めているが、それが既存の世界経済秩序を強化することになるのか、それとも新たな世界経済秩序の再編を促すことになるのか、いまだ明確になったとはいえない。現時点で明らかなことは、中国の台頭が世界経済の不確実性を高めたことだけである。

(1)　資源をめぐる争奪戦

急成長を遂げた中国は、資源の需要者として世界市場に登場することになった。その結果、ときに先進国と資源の奪い合いを演じたり、資源価格の高騰や不安定化を招いたりした。また、資源価格の決定にかかわる長年の慣習を中国が打ち破った。さらに、強引ともいえる資源確保の動きが先進国の政治的反発を引き起こしている側面もある。ここではその代表的な事例として、石油と鉄鉱石を取り上げる。

図3は中国の原油生産量と輸入量の推移を示した。中国は産油国のひとつであり、二〇〇九年には一億九〇〇〇万トンの原油を生産している。一九九〇年時点では原油の輸入は皆無であり、国内の生産で十分に国内需要をまかなうことができていた。ところが、一九九〇年代の半ばから、国内需要の伸びに呼応して原油の輸入が始まった。その後、輸入量は伸び続け、二〇〇九年にはついに生産量を上回る水準に到達した。将来予測によれば、原油生産は二億トン前後で頭打ちとなる一方、輸入は増加を続けるため、二〇二〇年までに対外依存度は六四％まで上昇すると予測されている[23]。石油の安定供給は世界経済の持続的な発展にとって必要不可欠ともいえる要素だが、中国の台頭はその攪乱要因となっているといえる。

他方、製鉄業とその原料である鉄鉱石についても、中国の台頭はこれまで出現したことがない新たな問題を引き起こしている。

中国は世界最大の粗鋼生産国である。二〇〇九年の粗鋼生産量は五億六八〇〇万トンであり、世界生産量の四六・四％を占める。中国はまた世界有数の鉄鉱石の生産国であり、七億トンを生産する（ただし品位が低く、世界平均に調整すると約三億三二〇〇万トン、〇七年数字）。旺盛な国内需要のため、中

図3　石油の生産量と輸入量

（単位：万トン）

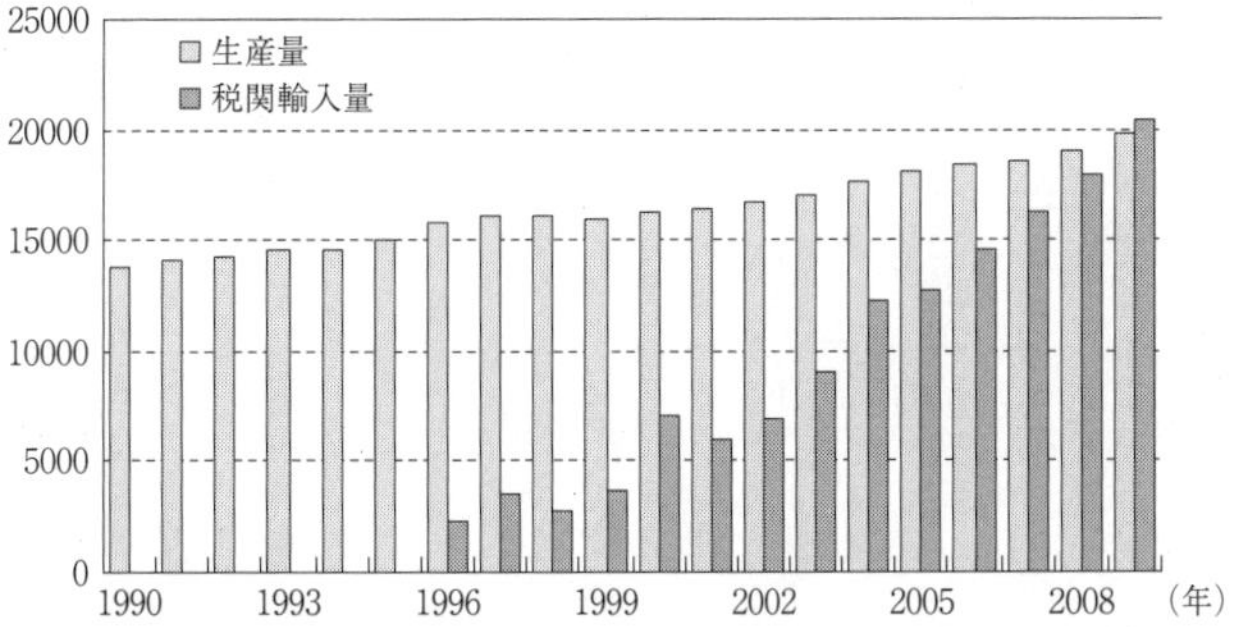

注）輸入量は税関輸入量を示し、中国の船舶、航空機が国外給油した燃料を含まない。

出典）『中国工業統計年鑑』2007年版、『中国統計年鑑』各年版より作成。

国は鉄鉱石の輸入でも世界第一位となっている。〇七年の輸入実績では、第一位の中国が三億八三〇〇万トン、第二位の日本が一億三九〇〇万トンで、両者を合わせると世界の鉄鉱石輸入量の六一％を占めている。

　興味深い点は、鉄鉱石の国際価格の決定方法を中国が打ち壊したことである。[24] 鉄鉱石の国際価格については、二〇年以上にわたって世界最大手のヴァーレと最大の顧客である新日鉄が、お互いの経営環境を考慮しながら、三カ月前後かけてじっくりと話し合いを行い、年度ごとに価格を決めていた。二社の交渉は「ベンチマーク交渉」と呼ばれる事実上のチャンピオン交渉で、世界の鉄鋼大手や資源大手は二社が合意した価格に追随してきたという経緯がある。だが、二〇一〇年から、ヴァーレは「鉄鉱石の価格はスポット価格に連動し四半期ごとに改定にする」と宣言し、これまでの慣習から訣別することを一方的に宣言した。新たな値決め方式は、直近三カ月の鉄鉱石の市場価格に四半期ごとの価格を連動させるというもので、ベンチマーク交渉の代わりに選ばれた市場価格は、インド産中国向けのスポット価格である。

このように、中国の台頭は鉄鉱石の価格決定の仕組みに重要な変更を加えたわけだが、価格変動をヘッジするためにも、資源の安定的確保が中国にとって重要な政策課題となった。政府の要請を受けた国有企業が鉱山や資源開発企業の買収を活発化させているが、そうした動きに対する先進国側の反発も大きい。

二〇〇五年、中国海洋石油（CNOOC）はアメリカの石油・ガス企業ユノカルに対して一八五億ドルの買収を提案したが、アメリカ政府は中国政府が強権をふるって世界の資産を手中に収めようとしているとして、買収を認めなかった。〇九年、中国アルミ業公司（チャイナルコ）が英・オーストラリアの資源大手リオ・ティントに一九五億ドルを出資しようとして、オーストラリアの政治的反発を招き、出資計画は取り下げられた[25]。

(2) 発展途上国市場での衝突

改革開放が始まるまでの中国は、一人当たり所得が三〇〇ドルに満たない最貧国のひとつであり、発展途上国への投資はほとんど皆無であった[26]。改革開放後もしばらくの間は、自国の経済建設が最優先され、対外投資を大規模に行う余裕はなかった。ようやく一九九九年に政府が積極的な対外進出政策（「走出去」）を掲げて以降、中国は対外投資を急速に増加させている。二〇〇八年の対外直接投資残高（金融分野を除く）は、一八三九億七〇〇〇万ドルで世界第二四位にランクされる。ちなみに国際収支ベースでは、五三四億七〇〇〇万ドルで第一一位となり、アジアでは日本（第六位）につぐ地位を占める。

　中国は、国際市場で活躍するグローバル企業の育成に乗り出し、一定の成功を収めている。二〇〇九年のフォーチュン誌が選んだ売上高ベスト五〇〇社の国別内訳を見ると、第一位がアメリカ（一四〇社）、第二位が日本（六八社）となっているが、フランス、ドイツに次いで中国企業は三七社で第五位に入っている（香港企業三社を含む）。また、二〇一〇年六月時点での時価総額によるランキングのベスト一〇社に、中国石油天然気（ペトロチャイナ）、中国工商銀行、中国移動（チャイナモバイル）、中国建設銀行の四社がランクインしている。

　表3は、フォーチュン・グローバル五〇〇社に入った中国企業の業種別内訳をみた。金融・保険、石油・エネルギー、建設、通信などは独占分野であるため当然だが、製鉄、自動車、食品などの分野でも、いずれも国が一〇〇％所有権を握る「国有独資企業」か、国が主要な株式を保有する「国有支配企業」であり、純粋な私有企業はひとつもない。政府の後押しが、短期間での中国企業の躍進につながったことがわかる。

表3　フォーチュン・グローバル500社に入った中国企業の業種別内訳

業　種	企業数
金融・保険	7
石油・エネルギー	6
製鉄	5
建設	4
通信	3
自動車	3
非鉄金属	3
運輸	1
食品	1
航空機	1
合　計	34

注）香港企業は除く。

中国企業の対外進出は資源・エネルギー分野で著しいといえるが、発展途上国市場においても、中国の新規参入により先進国は激しい競争に晒されている。その典型がアフリカ市場において観察される(27)。

中国がアフリカとの関係強化を本格化しだしたのは、二〇〇〇年一〇月に中国アフリカ・フォーラムを開催し、以後定期的に会合をもつようになってからであった。アフリカとの関係強化には、台湾との外交上の綱引きという政治面での目的もあるが、主たる目的は中国製品の市場確保と資源獲得である(28)。二〇〇八年実績をみると、アフリカからの輸入品目の六九%は原油であり、そのほかも鉄・マンガン・クロム・銅・ダイヤモンドなどの鉱石が一二%となっている。二国間貿易でみても、南アフリカからの輸入では、プラチナ・ダイヤモンドなどの貴石類と鉄鉱石などの鉱物資源が七割を占め、コンゴからの輸入では原油が九割近くを、ザンビアからの輸入では精製銅が八割強を占めている(いずれも〇九年の数字)。

中国とアフリカとの貿易額の推移をみると、二〇〇二年以降毎年三〇%以上という急激な増加率となっている。〇四年からは中国の入超である年が多い。リーマン・ショックによる世界経済の停滞から〇八年の第4四半期は中国の貿易も落ち込み、通年でも一八%増にとどまったが、対アフリカ貿易は四五%増加、とりわけ輸入は五四%も増加した。このうち貿易額が多いのは、南アフリカとスーダンである。また、対アフリカ投資も活発に行われ、〇八年末までの累計額七八億ドルは中国の対外投資の四・三%を占める。

(3) 中国の経済成長の持続可能性

中国は、リーマン・ショックにすばやく対応して四兆元（五六兆円）の公共投資を行うことを宣言し、二〇〇九年上半期には、いち早くV字回復の成功を収めた。中国のV字回復が日本をはじめ、同時不況に陥った世界経済を回復軌道に乗せるのに貢献したことは疑いない。まさに「中国の成長が世界を救う」構図が出現したのである。しかし、中国の経済成長は持続可能だろうか。

第一に、短期的に見ると、公共投資に過度に頼った経済運営には自ずと限界があるし、不良債権の累積的増加がバブル崩壊を引き起こす恐れがある。中国自身、外需依存から内需依存への転換、投資依存から民需依存への転換を進める必要性をよく認識しているが、かつての成功モデルとは異なる成長モデルはいまだ生み出されていない。また、新聞報道によれば、商業銀行が地方政府系企業に対して実施した融資七兆七〇〇〇億元のうちの約五分の一で問題が見つかり、借り手の返済能力や担保などに問題がある不良債権は、約一兆五四〇〇億元（約一九兆五〇〇〇億円）にのぼることが明らかになった[29]。

第二は、中長期的に見た成長の持続可能性にかかわる。中国をはじめとする新興経済国の台頭は、資源・エネルギーへの巨大な需要を生み出すと同時に、地球環境への脅威ともなっている。世界全体の二〇〇六年の二酸化炭素排出量は二八〇億トンであったが、アメリカにブラジル・ロシア・インド・中国を加えた五カ国が占める割合は五二%と過半数を超えている。とりわけ中国は、一人当たり所得が三〇〇〇ドルレベルにすぎないこの段階で、すでに二〇％とアメリカ（二〇・三％）に匹敵する第二位の位置にある。

近年、地球環境に対する関心が高まっているが、地球環境への負荷はすでに許容水準を超えている。二〇〇二年のエコロジカル・フットプリント（生態環境負荷）[30]の計測結果によれば、アメリカの五・五一（すべての人類が平均的アメリカ人と同じ生活をするためには地球が五・五一個必要）を筆頭として、日本は二・四四、世界平均でも一・二五と、必要とされる地球の数は一を超えている。さらに今後、中国をはじめとする新興経済国が先進国と同様の生産・消費パターンを追求するならば、地球がその負荷に耐えられないことは明らかだろう。

(4) 中国に依存した世界金融システムの脆弱性

岩井克人が正しく指摘するように、グローバル資本主義の不安定性の根源は、基軸通貨としての「ドルの危機」にある。[31]基軸通貨としてのドルをほとんどすべての市場参加者が信頼して受領するからこそ、ドル価値は維持されているわけだが、巨大な外貨準備を持つといってもいまだ発展途上にすぎない中国がドルを買い支えるという構図は、世界金融システムの安定性を著しく損なうものである。

二〇〇〇年前後から中国の外貨準備は急速に上昇し、二〇〇九年には二兆ドルを超えた。巨額の外貨準備は米国資産の購入に向かっている。公表値と推計値に違いがあるものの、中国の対外資産の五〇～七〇％が米国資産であり、とくに国債保有額は八六〇〇億ドルときわめて巨額にのぼっている。[32]

中国の対外純資産は、二〇〇八年末には一兆五二六九億ドルと急増している。

過去を振り返ると、日本やドイツも、長年にわたって中国と同様に大量の米国国債を購入してドル価値を維持してきた。基軸通貨としてのドルの信任を保つことが、日本やドイツにとって利益があるためだが、中国が日本やドイツと同じように振る舞うかどうかについては、不確定要素が多い。実際のところ、二〇一〇年に人民元の変動幅の拡大を認めたものの、中国は変動幅を厳格にコントロールしつつ、いっそうの国際化を迫るアメリカ議会の要求を尻目に、ドルを売って円やユーロを購入したり、日本国債を買い増すといった独自の動きを始めている。

さらにいえば、近年の中国の外貨準備の急増は、自国やアメリカのGDP規模に比較して日本やドイツの経験とは大きく異なる点に注意する必要がある。アメリカのGDPに占める外貨準備の割合についていえば、一九五五から七五年のドイツや日本は二%を超えていないが、現在の中国のそれは一二%である。また、日本やドイツの自国GDPに占める外貨準備は五%をわずかに超えた程度であったが、中国は五〇%を超える[33]。さらに、日本の対外純資産が急増し始めるのは、高度成長が終了した一九八〇年代以降のことであり、高度成長まっただ中で経験している中国と同列に論じることはできない。日本やドイツの経験との比較は、中国に依存した世界金融システムの脆弱性を強く示唆するものである。

4　中国の「復権」のもつ意味

中国とヨーロッパの「大分岐」と「ニーダムの謎」をめぐる議論から出発し、改革開放後、グローバル化を進めた中国の実態と、それが世界経済に与えたインパクトをさまざまな角度から論じてきた。これまでの議論を踏まえたうえで、改めてグローバル化した中国をどう捉えたらよいのだろうか。中国の「復権」はなにを意味するのだろうか。

中国の「復権」を強調するA・G・フランクは、「世界は〔西方から東方に向かって〕『方向調整』〔リオリエント〕しつつあり、中国は一八〇〇年以降、一時期停止していた世界経済の支配的地位に座るべき準備を始めている」と捉える。[34]

ただし、「中国中心」論が「西欧中心」論に取って代わるというようにフランクの主張を整理するのは必ずしも正確とはいえない。[35]フランクの主たる関心は、過去から現在に続くグローバル化の潮流のなかで、歴史的にコア地域がどのような変遷を遂げてきたのかにある。われわれがよく知るアメリカを中心とした世界経済秩序はけっして普遍的なものではなく、複数のコア地域の並存、すなわち中心がひとつではない世界のほうが歴史的に見れば普通のことなのである。

多極化した世界経済が豊かで安定したものであるためには、発展途上国が先進国にキャッチアップする過程が重要となる。この点にかかわって、G・アリギは、中国の「復権」に特別の意味を見いだす。[36]

すなわち、先進国の単なる追随ではなく、「主として内部蓄積に依存し、人的資源の動員に重点をおき、……国内市場をベースとした発展モデル」によって、中国は成功を勝ち取ったと捉えるのである。

現時点でアリギの評価に全面的に賛同することはできないが、中国の成功モデルが他の発展途上国にも有効であるとすれば、中国の「復権」と新興経済国の躍進は、先進国対途上国という、かつての二極化した構造を作り替えるかもしれない。中長期的な視点に立てば、ドルを基軸通貨とした既存の世界金融システムは、重大な変更を余儀なくされるだろう。また、先進国の一〇億人が独占的にエネルギーを消費する消費パターンから、中国、インドや他の新興経済国を含めた四〇億人が消費するパターンへの転換が起きる。その過程では、既存の生産・消費構造は抜本的な改変を迫られることになるだろう。

短期的な視点に立てば、世界は中国の存在という不確実性と正面から向き合わなければならない。現段階で明らかなことは、中国がいかに不確実な存在であろうとも、世界は中国を排除するのではなく、それを取り込むことに力を注がざるをえないということである。中国の存在は、先進国にとっては巨大市場として、途上国にとっては安価な消費財の供給元や恐れを知らない投資者として、かけがえのない存在となっている。張維迎の比喩的表現を借りれば、中国の「復権」は「〔世界経済という〕列車にもうひとつ機関車が加わったようなもの」である[37]。列車の運行速度が一二〇キロから三〇〇キロに変わったのに、信号システム（運転士の頭にある概念も含め）は、この列車が一二〇キロの速度で進むものと信じ込んでいる状態が、さまざまな摩擦や軋轢を生み出している。そうした課題をひとつひとつ解決する努力のなかに、中国が複数の中心のひとつとなる、新しい世界経済秩序のあり方が見えてくるだろう。

【注】

（1） Angus Maddison, *Chinese Economic Performance in the Long Run: 960-2030*, 2nd Edition, OECD, 2007.（中国語：『中国経済的長期表現：公元九六〇—二〇三〇年』伍暁鷹・馬徳斌訳、上海人民出版社、二〇〇八年）。

（2） Kenneth Pomeranz, *The Great Divergence*, Princeton University Press, 2000.

（3） *Ibid*., p. 17.

（4） *Ibid*., p. 107.

（5） 黄宗智「発展還是内巻？十八世紀英国与中国」『歴史研究』二〇〇二年第四期。

（6） Giovanni Arrighi, *Adam Smith in Beijing*, Verso, 2007.

（7） M・ウェーバーによるキリスト教（プロテスタント）と儒教を対比する議論、K・ウィットフォーゲルの「東洋的専制主義論」などがこれに含まれる。

（8） 包括的なサーベイとしては、たとえば趙紅軍「李約瑟之謎：経済学家応接受旧解還是新解？」『経済学（季刊）』第八巻第四期、二〇〇九年、を参照せよ。

（9） Mark Elvin, *The Pattern of the Chinese Past*, Stanford University Press, 1973.

（10） 姚洋「高水平陥穽—李約瑟之謎再考察」『経済研究』二〇〇三年第一期。

（11） 姚洋によれば、エルビンの議論が成立するためには、①人口増加がマルサス原理に符合すること（一人当たり所得が長期の均衡賃金を超えると人口が増加し、それが下回ると人口が減少する）、②工業には規模経済が存在すること（一定の規模を満たす水準になるまで収益が得られない）が必要だとする。

（12） Justin Yifu Lin, "The Needham Puzzle: Why the Industrial Revolution Did Not Originate in China," *Economic*

Development and Cultural Change, 43(2), 1995.

(13) Jared Diamond, *Gun, Germs and Steel: the Fates of Human Societies*, W. W. Norton, 1997.（『銃・病原菌・鉄』倉骨彰訳、草思社、二〇〇〇年）。

(14) たとえば、一五世紀初頭、中国は大船団をアフリカ大陸東海岸まで送り出していたが（鄭和の南海遠征）、その後、外洋航海は禁止されてしまった。

(15) 文貫中「中国的疆域変化与走出農本社会的冲動」『経済学（季刊）』第四巻第二期、二〇〇五年。

(16) 九世紀（唐代）には五〇〇〇万人だった人口が、一三世紀はじめ（南宋中期）には一億一五〇〇万人に増加した。その後人口は減少し、元の水準を回復するのは一六世紀初頭である。

(17) 文貫中「李約瑟之謎与経済地理学的啓示：答皮文的評論」『経済学（季刊）』第六巻第一期、二〇〇六年。

(18) 張宇燕・高程「海外白銀、初始制度条件与東方世界的停滞」『経済学（季刊）』第四巻第二期、二〇〇五年。張宇燕と高程の議論は商業の収益率が農業よりも高いことを前提とするが、農業の収益率が工商業より高いと考えた前出の姚洋の議論と対立する。中央集権的な政府が工商業の発展を抑圧するような介入を行っていたことが、農業の収益率を工商業よりも高めていた可能性がある（皮建才「李約瑟之謎的解釈：我們到底站在哪？」『経済学（季刊）』第六巻第一期、二〇〇六年）。

(19) 皮建才「権威委託機制与李約瑟之謎：基于文献的批判性思考」『経済科学』二〇〇九年第六期。

(20) 「関係特殊投資」（当事者間では価値があるが、他の取引では価値がなくなってしまう投資）が必要とされる状況の下で、限界収益を回収できない恐れが投資不足を引き起こすという非効率をさす。

(21) 原材料、設備をすべて外資側が提供し、加工した製品をすべて輸出する方式。加工賃だけが現地の収入となる。広東省で盛んに行われた。

(22) 加藤弘之・久保亨『進化する中国の資本主義』岩波書店、二〇〇九年。

(23) 『人民日報』二〇〇九年七月二九日。

(24) 『日本経済新聞』二〇一〇年七月二一日。

(25) 『日本経済新聞』電子版、二〇一〇年八月六日。

(26) ただし、政治的な目的からの援助は行われていた。一九七〇年代の対アフリカ援助で有名なものに、タンザニアとザンビアを結ぶタンザン鉄道がある。五年の歳月と一億八九〇〇万ドルをかけて七五年に開通したが、政治的な面が優先された鉄道は赤字に陥るなど、残念ながら所期の目的を達していない（今村弘子「最大の発展途上国の経済外交」加藤弘之・上原一慶『現代中国経済論』ミネルヴァ書房、二〇一一年）。

(27) 同前『現代中国経済論』。

(28) 二〇〇九年四月現在、台湾が外交関係を有している二三カ国のうち、大部分はアフリカ、大洋州、南米の国々である。アフリカにおける中国の援助攻勢は、チャド（〇六年）、マラウィ（〇七年）のように、台湾との外交関係を捨てて中国と国交を樹立する国を増やしている。

(29) 『日本経済新聞』二〇一〇年八月八日。

(30) エコロジカル・フットプリントとは、各国の国民と同等レベルの生活水準を地球上のすべての人々が享受すると仮定したときの、①化石燃料の消費により排出される二酸化炭素の吸収に必要な森林面積、②道路や建物などに使用される土地の面積、③食糧生産に必要な土地の面積、④紙や木材などの生産に必要な土地の面積を合計したものと定義される（大塚柳太郎「『一〇〇億人時代』をどう迎えるか」福井憲彦ほか編著『興亡の世界史二〇』講談社、二〇〇九年）。

(31) 岩井克人『二十一世紀の資本主義論』筑摩書房、二〇〇〇年。

(32) 大橋英夫「国際金融危機後の米中経済関係」『読売クオータリー』№9、二〇〇九年。

(33) 張維迎「警惕下一次危機」張維迎編『金融危機後的中国経済』上海人民出版社、二〇一〇年。

(34) Andre Gunder Frank, *ReOrient: Global Economy in the Asian Age*, University of California Press, 1998.（『リオリエント』山下範久訳、藤原書店、二〇〇〇年、中国語：『白銀資本：重視経済全球化中的東方』劉北成訳、中央編訳出版社、二〇〇八年）。

(35) フランク自身が中国語版「前書き」で次のように述べている。「もし中国の読者がそうした考えに基づき私の本を受け入れたとしたら、大いに失望する。それとはまったく反対に、本書の核心は科学的論点であり、過去から現在へと続くグローバル化が対象である。本書で考察したのは、歴史的な時期にいかなる中心もなかったこと、予見しうる未来においても、おそらくいかなる中心もないということである」。

(36) Arrighi, *Adam Smith in Beijing*, p. 389.

(37) 張維迎、前掲「警惕下一次危機」。

第2章 インド経済の躍進とアジア経済の行方(1)

佐藤　隆広

はじめに

新世紀に入ってから、インドは目覚ましい経済成長を実現している。市場価格表示の実質GDP成長率の数値を追っていくと、二〇〇一年の五・一%、二〇〇二年の三・七%、二〇〇三年の八・〇%、二〇〇四年の八・〇%、二〇〇五年の八・九%、二〇〇六年の九・〇%、二〇〇七年の九・二%、二〇〇八年の五・〇%、二〇〇九年の七・四%となっている。(2) 二〇一〇年の成長率の予測値は、要素価格表示の実質GDP成長率については、OECDの八・三%、インドの国立応用経済研究所の八・四%、インドの首相経済諮問会議・インド大蔵省・アジア開発銀行の八・五%、暦年ベースの市場価格表示のそれについては、IMFの九・七%となっている。(3) 二〇〇二年は深刻な旱魃《かんばつ》が発生した年であり、成長率が落ち込んでいるが、その後、八%を超える高い成長率が五年連続実現している。さらに、注目すべきことは、二〇〇八年以降の世界同時不況下においてもインドが高い経済成長を維持していることである。

二〇〇三年に公表されたゴールドマン・サックス（Goldman Sachs）のレポート「ＢＲＩＣｓと共に見る夢」は、二〇四〇年までにブラジル・ロシア・インド・中国からなるＢＲＩＣｓ全体のＧＤＰが米国・日本・イギリス・ドイツ・フランス・イタリアのＧ6全体のＧＤＰを追い抜くことを予想している。同レポートの予想によれば、インドは、ＧＤＰでみて、二〇二〇年までにイタリアとフランス、二〇二五年までにはイギリスとドイツ、二〇三五年までには日本をも凌駕する。[4] 実際、右で確認したように、インドは新世紀に入ってから高度経済成長の軌道に乗り、米国と中国に次ぐ世界第三位の経済大国への道を歩んでいるかのようである。

そこで、現在のインドの高度成長を長期的な視点から把握してみよう。図表1は、インドのＧＤＰとその世界シェアの推移を示している。これによれば、インドのＧＤＰは一九八〇年から二〇〇八年にかけて、規模でみて六倍、世界シェアでみて五％ポイント上昇していることがわかる。すなわち、一九八〇年代からすでにインド経済の躍進が始まっているのである。また、二〇〇〇年代に入ってから、その成長が加速していることも理解できるだろう。

本章の目的は二つある。第一は、高度成長しているインド経済の現状を解明することである。とくに、世界同時不況下のインド経済については、依然として十分な分析が深められているとは言い難い研究状況にある。世界同時不況前後のインド経済を検証することによって、インドの経済発展に果たしたグローバリゼーションの役割を浮き彫りにしたい。第二は、東アジア重視政策（ルック・イースト政策）を掲げているインドが東アジア経済へ現在どのように関わっているのかを検討することである。

図表1　実質GDPの推移（1990年ドル価格表示）

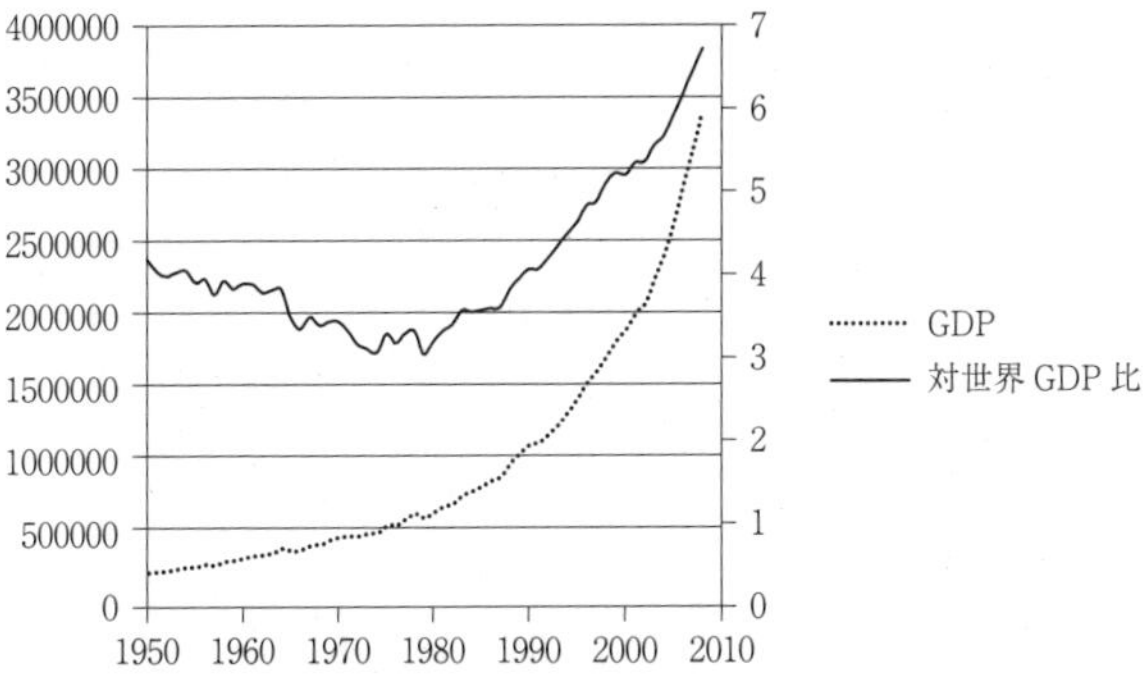

注1）GDP（左目盛）は、100万ドル単位であり、1990年ドル価格で表示されている。GDPシェア（右目盛）は、世界全体のGDPに対するインドのそれを％単位で見たものである。

注2）とくに断らない限り、この図表を含む以下の図表では年は暦年ではなく財政年度を表す。

出典）Angus Maddison, *Historical Statistics of the World Economy: 1-2008 AD.*

実際に、インドは、東アジア経済との相互依存関係を深めつつあり、タイ・シンガポール・ASEAN・韓国・日本・マレーシアとの間で地域貿易協定（Regional Trade Agreement）の締結や合意に成功を収めている。こうした近年の動きを検証することによって、今後のインドと東アジア経済の行方を展望したい。

　本章の構成は、以下のとおりである。第1節では、二〇〇八年の世界同時不況前のインド経済のマクロパフォーマンスを検証する。第2節では、世界同時不況下のインド経済とそのマクロ経済政策を考察する。第3節では、インドと東アジアとの経済関係を解説する。最後に、本章をとりまとめたい。

1　世界同時不況前のインド経済

インド経済のグローバリゼーションは、ＩＭＦと世界銀行との提携下で一九九一年七月にスタートした。グローバリゼーションに関わる重要な経済改革は、第一に、産業許認可制度の廃止、第二に、独占および制限的取引慣行法の大幅緩和、第三に、政府独占産業分野の縮小、第四に、直接投資規制の大幅な緩和、第五に、輸入許認可制度の撤廃、第六に、段階的国産化計画の廃止、第七に、政府保有の公企業株式の放出、などを含む極めて包括的なものであった。これは、イギリスからの政治的独立以降インドが採用してきた政府主導の輸入代替型工業化開発戦略からの大転換を意味するものであった。一九九一年以降現在に至るまで、インドは、グローバリゼーションに向けた様々な経済改革を実行している。(5)

以上を念頭に置いたうえで、本節は、二〇〇一年から世界同時不況前までのインド経済のマクロパフォーマンスを検証したい。まず、図表2で示されているボンベイ証券取引所の代表的株価であるBSE Sensex の推移を確認しよう。株価は、ＢＲＩＣｓレポートが公表された二〇〇三年から急激に上昇しており、二〇〇一年からピーク時点の二〇〇七年後半を比べると六倍近くも上昇している。株価と並行して、二〇〇一年から二〇〇七年にかけて全国住宅銀行（National Housing Bank）が公表している住宅価格指数である NHB Residex も二・五倍になっている。

図表2　株価指数（BSE Sensex）と住宅価格指数（NHB Residex）

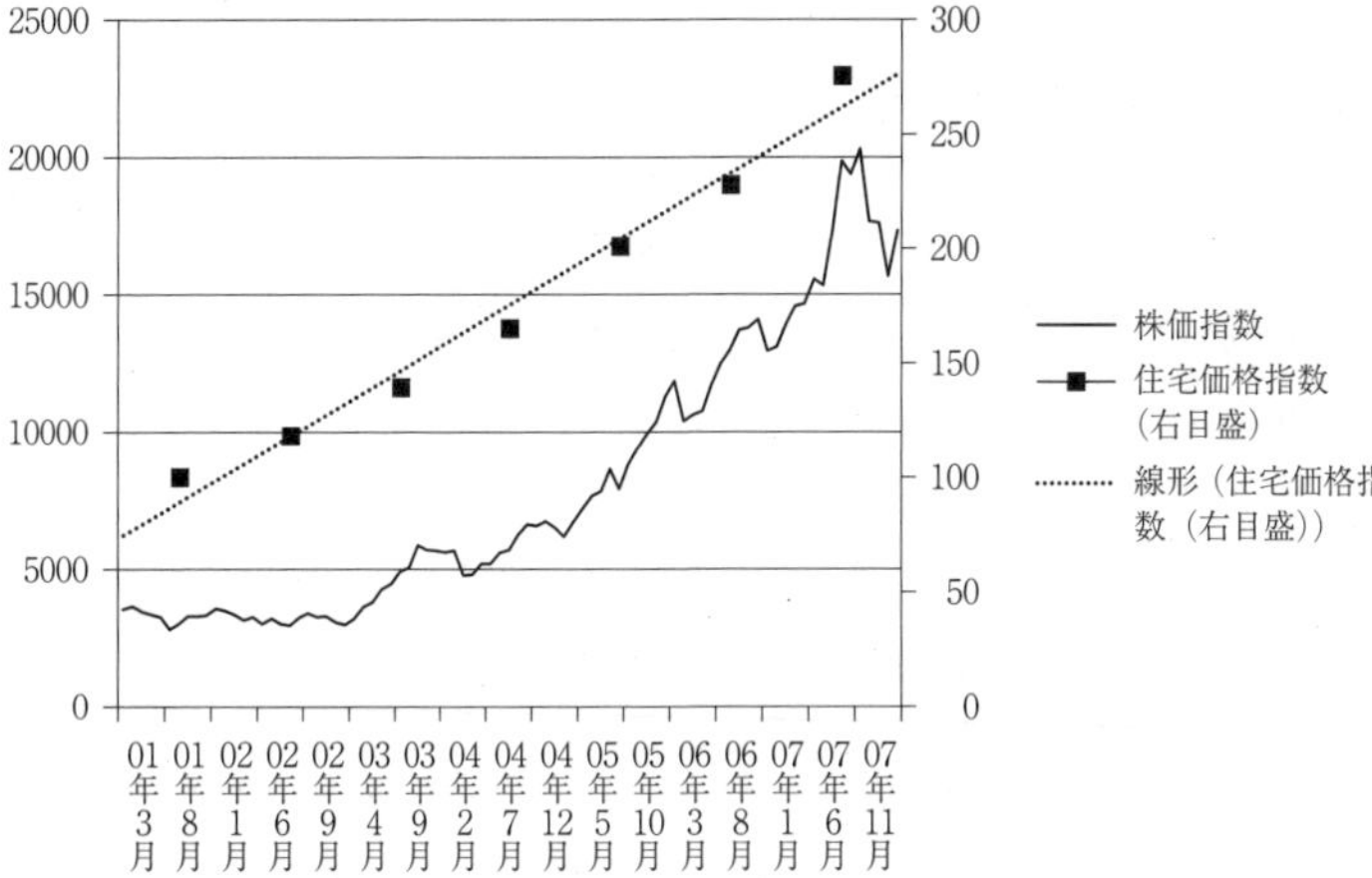

出典）Yahoo!India（http://in.finance.yahoo.com/q/hp?s=^BSESN）, National Housing Bank（http://nhb.org.in）.

　こうした株価や住宅価格の急騰の背景には、外国からの旺盛な資金流入があった。図表3では、外国機関投資家（Foreign Institutional Investor：FII）による資金純流入の二〇〇一年以降の累積額を示している。これによれば、FIIによる資金流入が増加し続け、二〇〇一年から二〇〇七年にかけての資金純流入総額が五〇〇億ドル以上にも上っていることがわかる。そして、これに対応して、外貨準備も二〇〇一年の約四〇〇億ドル程度の水準から二〇〇七年のピーク時点の三〇〇〇億ドルにまで急増しているのである。

　外国からの資金流入による株式と不動産ブームは、企業の資金調達コストを低める一方、家計部門の資産効果を通じてテレビなどの家電製品・オートバイ・自動車などの耐久消費財の需要を拡大させることによって、企業の設備投資

図表3　外貨準備残高と外国機関投資家（FII）による証券投資累積額

（単位：100万米ドル）

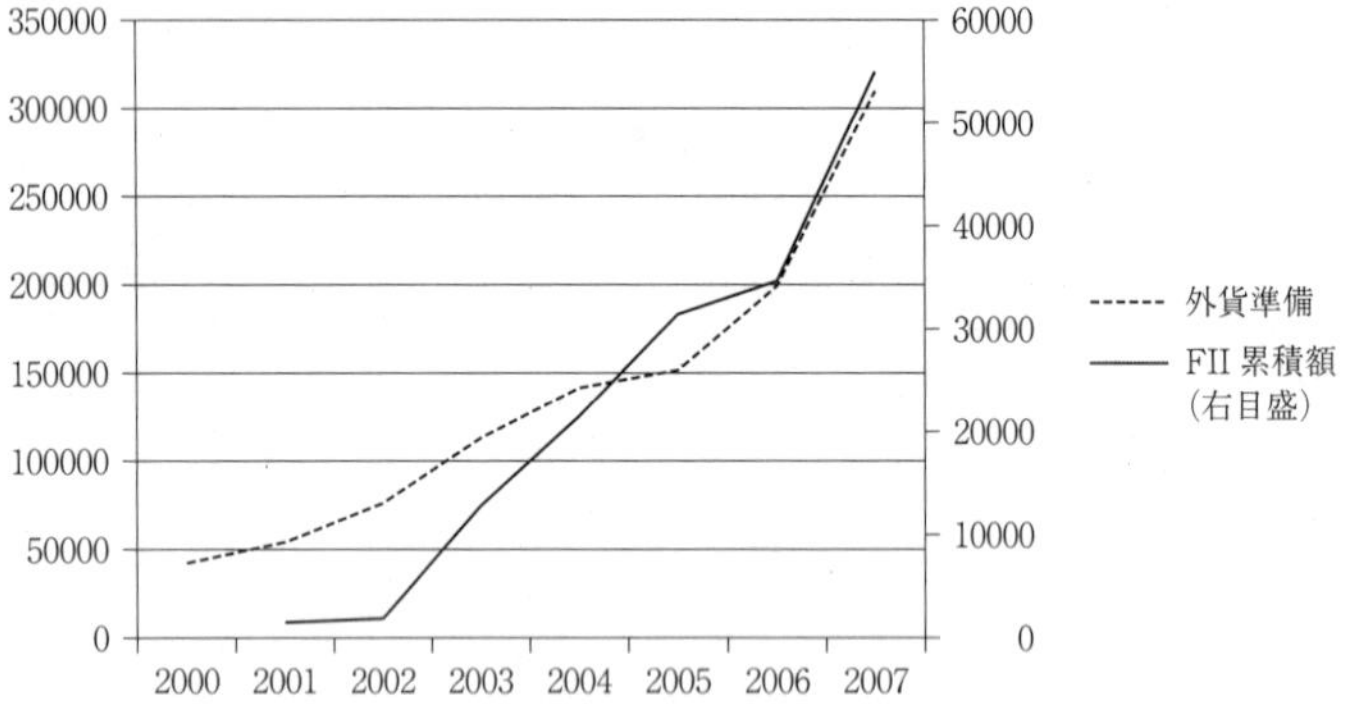

出典）Reserve Bank of India, *RBI Bulletin*, various months, and *do., Handbook of Statistics on the Indian Economy 2008-09.*

を促進させた。図表4は、非政府系公開会社による新株発行と株式公開を通じた資金調達額の件数と金額の推移を示している。これによれば、二〇〇一年から二〇〇七年にかけて、資金調達総額が五六九億ルピー（約一三億ドル）から六三六四億ルピー（約一四一億ドル）、総件数が一九件から一一五件にまで増加していることがわかる。

図表5は、代表的な耐久消費財の生産台数を示したものである。いずれの耐久消費財の生産台数をみても、二〇〇一年以降、急激に増加していることがわかる。二〇〇八年の生産台数でみて、冷蔵庫とテレビが七六〇万台、洗濯機が二三〇万台、エアコンが八〇万台、二輪自動車が八四〇万台、四輪自動車が二三〇万台にまで達している。最も注目されている耐久消費財産業は、四輪自動車であろう。インドは、二〇〇九年現在、世界で第七番目の自動車生産大国となっている。二〇一五年には、年産五〇〇万台が予想されている。それ

図表4　非政府系公開会社による資本市場からの資金調達

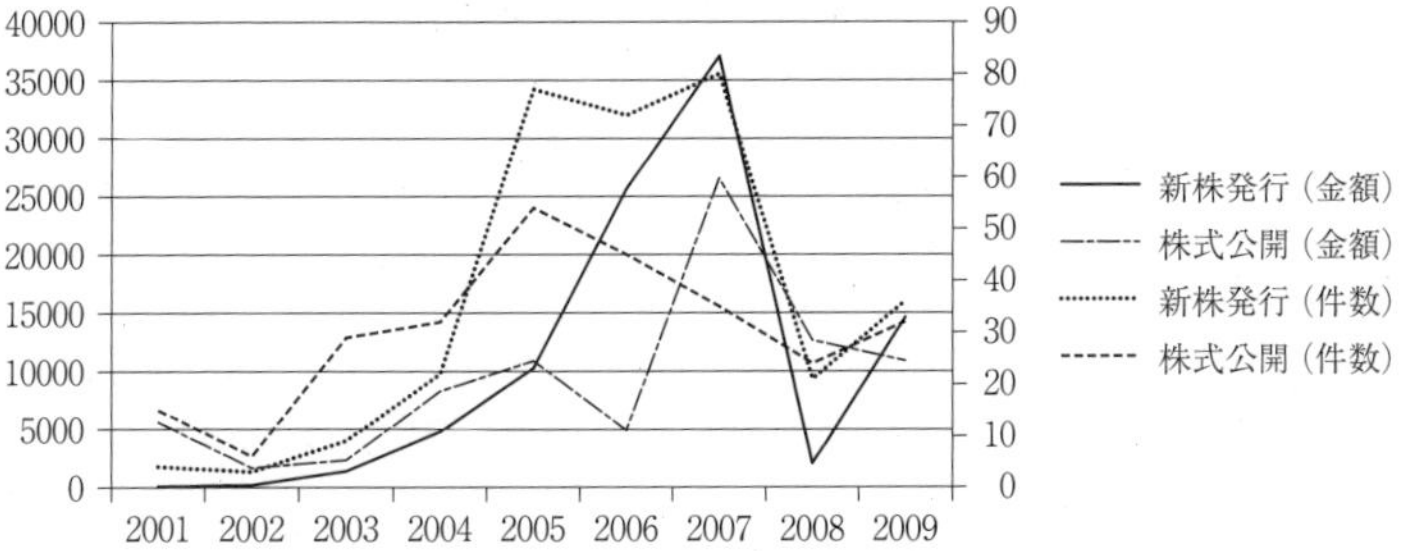

注）金額は1000万ルピー単位であり、左目盛で表示されている。
出典）Reserve Bank of India, *Handbook of Statistics on the Indian Economy 2009-10.*

図表5　耐久消費財の生産台数

（単位：台）

	洗濯機	冷蔵庫	エアコン	テレビ	二輪自動車	四輪自動車
2001	778,689	2,469,400	83,916	1,979,300	4,324,631	814,611
2002	1,165,639	2,765,100	207,136	2,188,000	5,087,539	894,796
2003	1,438,411	3,715,300	276,110	3,572,300	5,624,950	1,161,523
2004	1,588,775	4,360,300	387,264	5,063,800	6,454,765	1,511,157
2005	1,731,052	5,158,800	515,485	6,059,800	7,601,801	1,638,674
2006	1,935,271	6,490,100	492,046	5,853,200	8,436,186	2,019,808
2007	2,168,858	7,393,000	773,035	5,767,900	8,009,292	2,253,729
2008	2,344,542	7,614,700	801,905	7,574,300	8,361,411	2,314,662
2009	—	—	—	—	—	2,632,694

出典）Central Statistical Organisation, *Monthly Abstract of Statistics*, various months, International Organization of Motor Vehicle Manufacturers（http://oica.net/category/production-statistics/）.

が実現すれば、生産台数でみて、ブラジルと韓国を抜き去り、中国・日本・米国・ドイツに次いで世界第五位になる[6]。

以上のような耐久消費財ブームを踏まえたうえで、図表6によって、投資率の推移を確認したい。二〇〇一年から二〇〇七年にかけて、投資が対GDP比でみて二五%から四一%へと上昇し、一六%ポイントも急増して

図表6　サービス部門とグロス資本形成（対GDP比）

（単位：%）

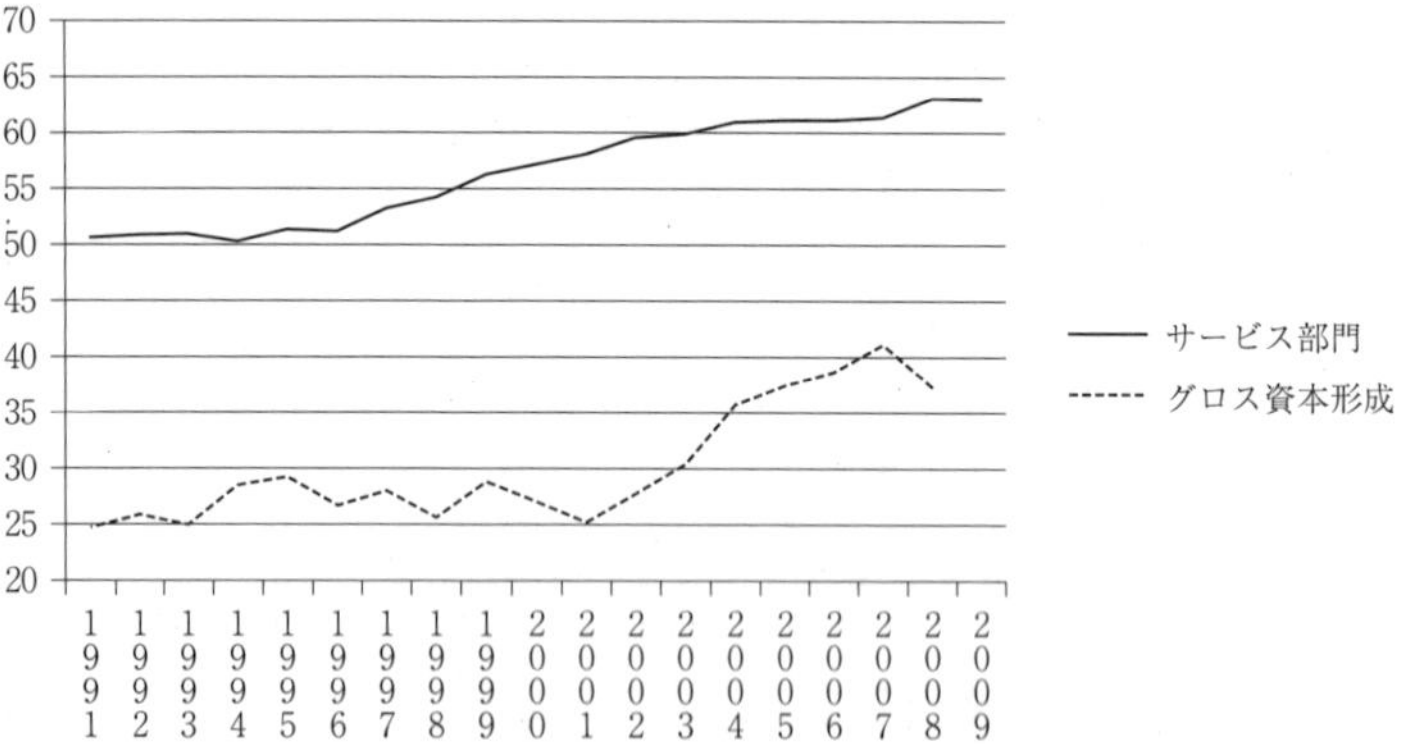

注1）ここで用いたデータは、2003年以前の旧系列を、2004年の新旧系列比率を用いて2004年以降の新系列に変換したものである。

注2）RBIの定義にならって、建設をサービス部門のなかに組み入れている。

出典）Reserve Bank of India, *Handbook of Statistics on the Indian Economy 2009-10.*

いる。すなわち、この意味で、近年のインドの高度成長は投資主導型である。

さらに、インドの高度成長の特徴を把握するうえで、サービス部門が果たした役割も軽視できない。図表6によれば、インドのGDPに占めるサービス部門のシェアは、二〇〇七年で六〇%を超える水準にまで達しており、一九九一年からみると対GDP比一〇%ポイント以上も増加している。この意味で、インドの高度成長はサービス部門主導型でもある。

すなわち、サービス部門は、インド経済におけるリーディングセクターである。なかでもとくに、ITと通信部門の発達が目覚しい。実際、図表7によれば、ソフトウェアサービスとビジネスサービスの輸出総額は二〇〇四年の二二九億ドルから二〇〇八年の六三三億ドルにまで増加している。IT部門の売上げの約八割が海外

図表7　携帯電話加入者数とIT関連サービス輸出

（単位：100万人、億米ドル）

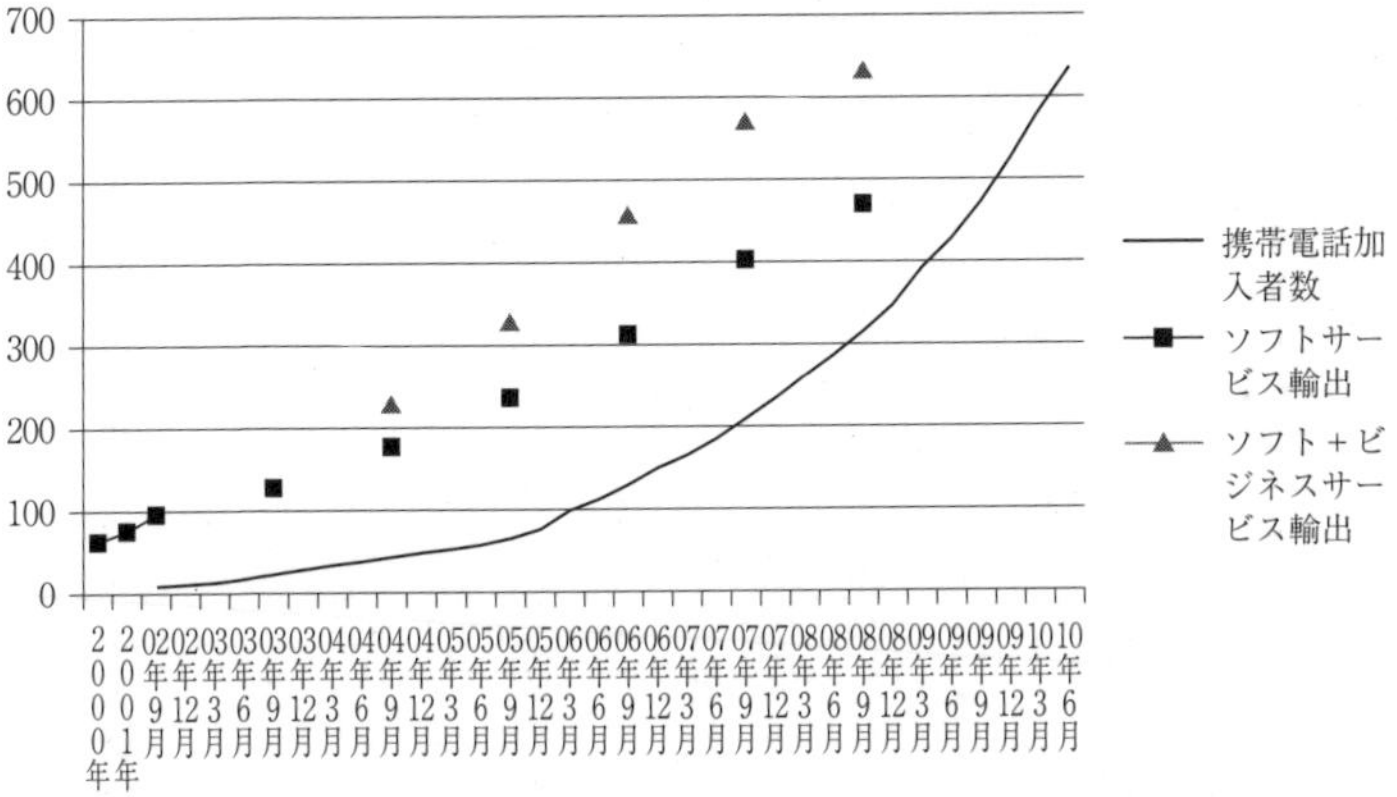

出典）Telecom Regulatory Authority of India, *The Indian Telecom Services Performance Indicators*, various issues, and Reserve Bank of India, *Handbook of Statistics on the Indian Economy 2008-09*.

からのものであり、その輸出志向ぶりはインドの産業のなかでも群を抜いている。また、通信部門では携帯電話の爆発的な普及が注目される。図表7によれば、携帯電話加入者総数は、二〇〇五年に五〇〇〇万人を突破したあと、二〇〇六年に一億人、二〇〇七年に二億人、二〇〇八年に三億人、二〇〇九年には五億人、二〇一〇年には六億人に達した[7]。

このように、二〇〇一年以降のインド経済の高度成長は、投資とサービス部門によって主導されてきた。設備投資が外国からの資金流入によって支えられたこと、IT部門が海外市場に依存して急成長したこと、通信部門も技術と資本などの面で海外と深い関わりを持っていることなどから考えれば、近年のインド経済の高度成長はグローバル経済に組み込まれたかたちで実現した、といっても過言ではない。

2　世界同時不況下のインド経済

二〇〇八年九月、米国における大手投資銀行リーマン・ブラザーズ（Lehman Brothers）が経営破綻した。いわゆるリーマン・ショックである。これを直接的な契機とする世界同時不況は、インド経済を直撃した。この点について、ブラジル、ロシア、インドや中国などのＢＲＩＣｓをはじめとする新興市場国の内需は堅実であり先進国の不況による影響は軽微であろうという「デカップリング論」が流布していたが、それは大きな間違いであることが判明した。なぜなら、世界同時不況の影響を被り、新興市場国の景気も急激に悪化したからである。

世界同時不況は、第一に、冷戦体制崩壊後、全世界的なグローバリゼーションが進行している真只中で初めて発生した世界的な規模での経済危機であること、第二に、ブレトンウッズ体制の崩壊や二度にわたる石油危機とは同列に論じることが困難なグローバル金融危機に端を発する経済危機であること、などの二点において際立っている。

以下では、世界同時不況下のインド経済とそのマクロ経済政策を検討するが、その前に、世界同時不況の発生過程を改めて整理しておきたい。すなわち、二〇〇七年に米国でサブプライムローン問題が表面化し、フランス大手金融機関のＰＮＢパリバ（PNB Paribas）が同年八月に傘下にあるファンドの解約を凍結し（パリバ・ショック）、二〇〇八年九月にはリーマン・ブラザーズが破綻した（リー

図表8　外貨準備残高と株価指数

（単位：100万米ドル、BSE Sensex）

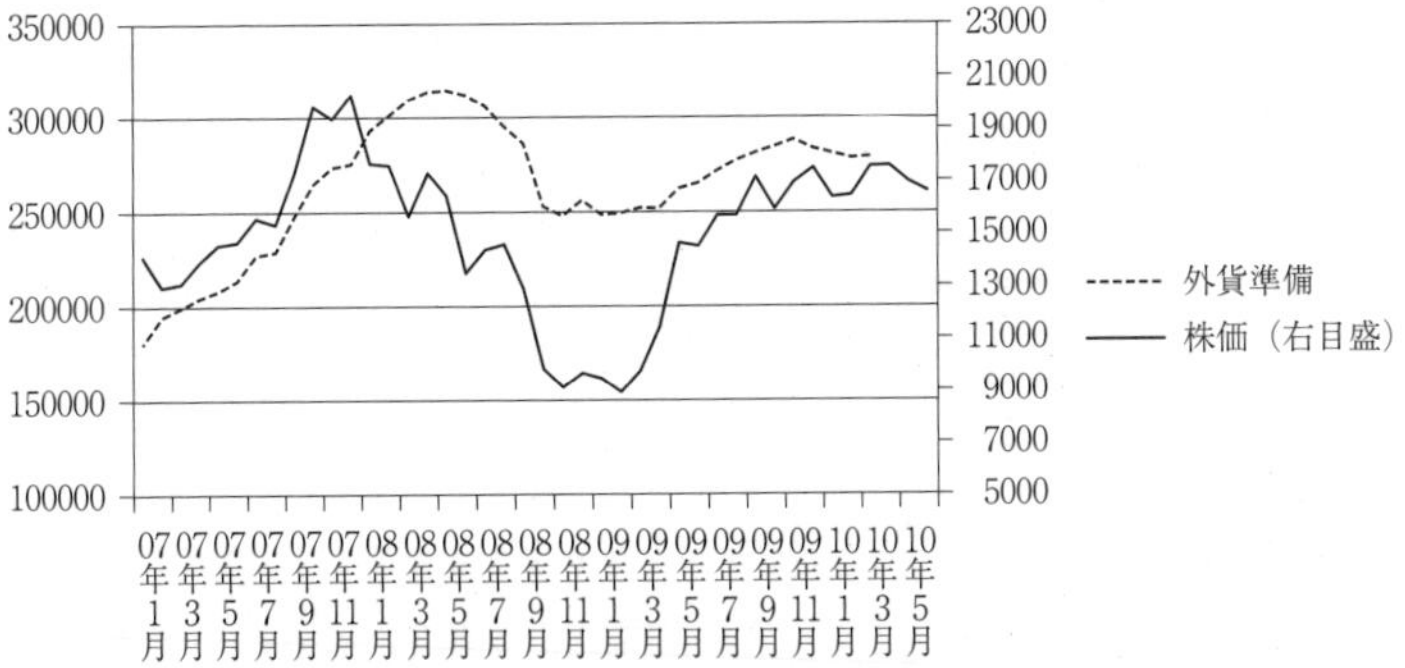

出典）Reserve Bank of India, *RBI Bulletin*, various months, *do.*, *Handbook of Statistics on the Indian Economy 2008-09*, Yahoo!India（http://in.finance.yahoo.com/q/hp?s=^BSESN）.

マン・ショック）。二〇〇七年八月のパリバ・ショックに追い打ちをかけるような二〇〇八年九月のリーマン・ショックによって決定的になった世界的な金融危機が、世界同時不況をもたらした。以下で示す図表を確認するうえで、パリバ・ショックとリーマン・ショックが時期区分としては重要である。

それでは、世界同時不況下のインド経済を検討しよう。図表8によれば、インドの株価は二〇〇七年後半から急落し、外貨準備も二〇〇八年後半から大幅に減少していることがわかる。とりわけ、株価の下落は激しく、ピーク時点からみて二〇〇九年一月時点を比較すると半減した。株価と外貨準備の減少は、外国資本の逃避が主要な原因である。

実際、図表9によれば、FIIによる資金流入がパリバ・ショック直後から反転し、大幅な資金流出が発生する。これは、パリバ・ショックによる金融不安でドル資金調達に支障がでた欧州系金融機関の換金売りが引き金

図表９　外国機関投資家（FII）による証券投資と輸出成長率（対前年同月比）

（単位：100万米ドル、％）

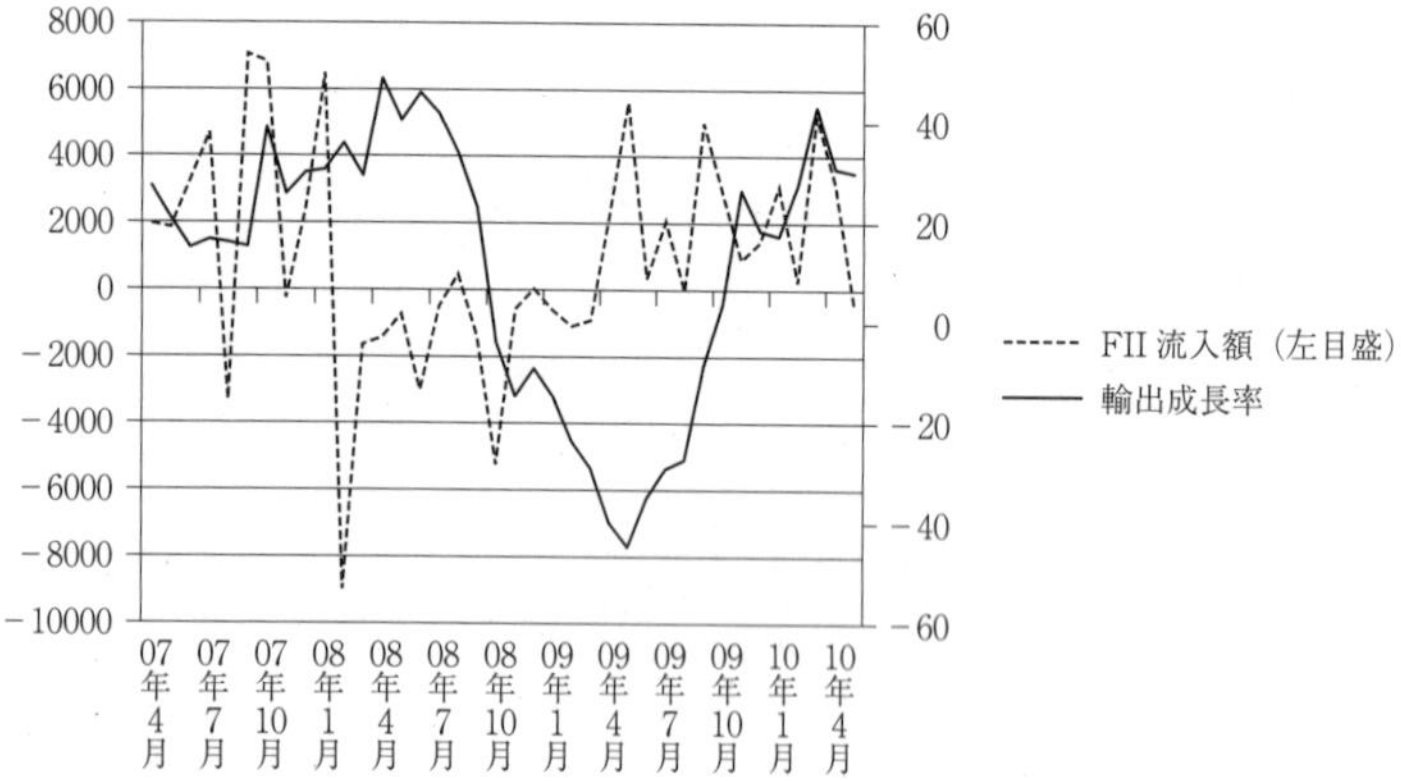

出典）Reserve Bank of India, *RBI Bulletin*, various months, and *do.*, *Handbook of Statistics on the Indian Economy 2008-09*.

であった。さらに、これにリーマン・ショックが追い打ちをかけた。実際、ＦＩＩによる資金流出は二〇〇九年前半まで続き、二〇〇八年四月から二〇〇九年三月までをとったときに、史上初めて年間を通じてＦＩＩの資金が純流出したのである。

また、住宅価格の上昇も頭打ちするようになった。図表10によれば、リーマン・ショック後、経済的に必ずしも重要ではないコルカタやボパールでは住宅価格が上昇しているものの、経済的に最重要な大都市の一つであるバンガロールやデリーで住宅価格が下落している。さらに、インド最大の商業都市であるムンバイでも住宅価格の上昇が鈍くなっている。

リーマン・ショック直後、株価や不動産価格などの資産価格下落による逆資産効果と資金調達コストの上昇を通して、これまでインドの高度成長を牽引してきた企業の活発な設備投資にもブレーキがかかりかねなかった。さらに、図表９によれば、二〇〇

図表10　住宅価格指数（NHB Residex）

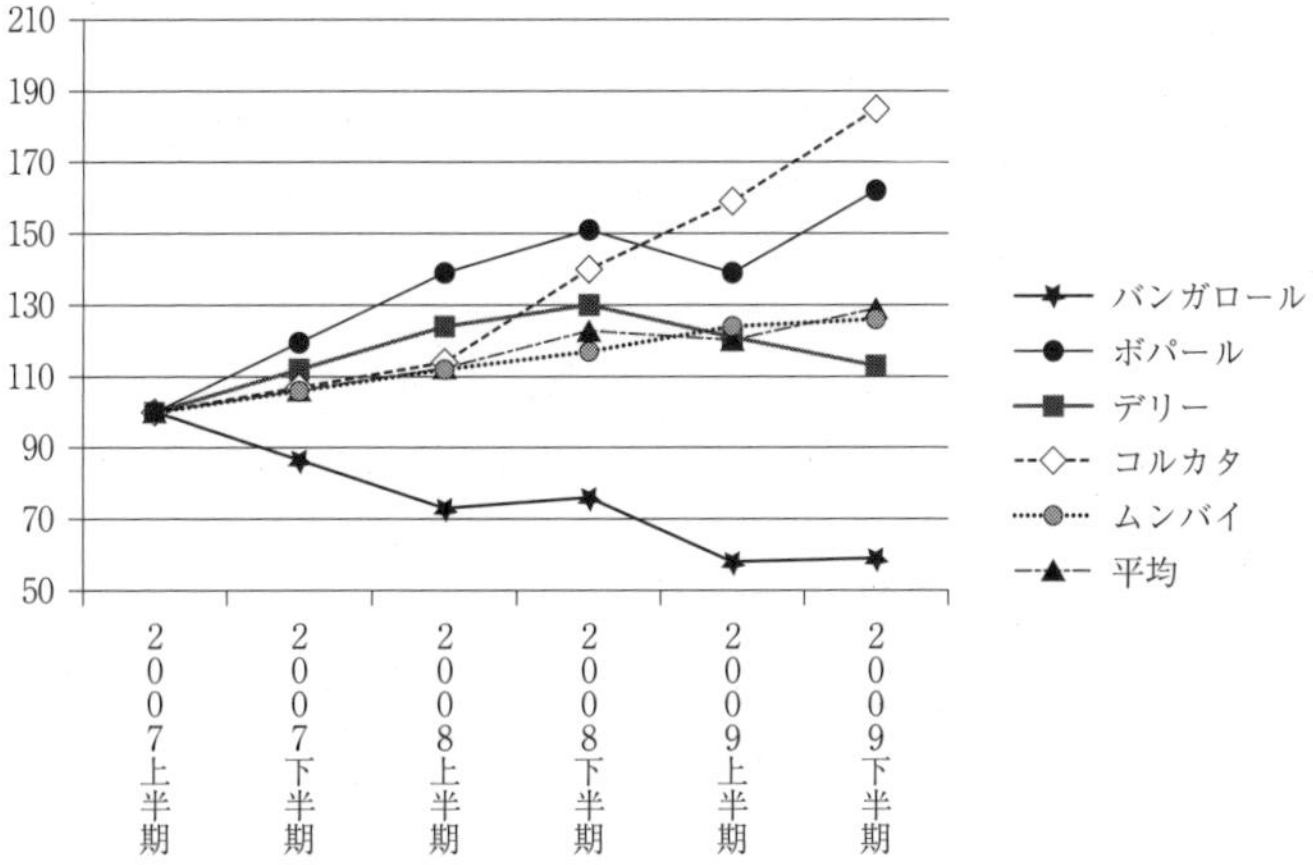

出典）National Housing Bank（http://nhb.org.in/Residex/Data&Graphs.php）.

九年三月から六月にかけて財の輸出が対前年同月比でみて連続して三〇％以上も減少し続けた。世界同時不況はインドの外需を直接的に収縮させたのである。

　図表11によれば、二〇〇八―〇九年第４四半期の実質ＧＤＰ成長率は対前年同期比でみて前年の八・六％から五・六％にまで下落し、工業生産の成長率は同期間で六・三％から一・四％にまで落ち込んでいることがわかる。すなわち、海外発の金融面および実物面における負のショックが、インド経済の成長軌道を低めた。「はじめに」でも言及したように、リーマン・ショックが発生した二〇〇八年のＧＤＰ成長率は、前年と比較して四・二％ポイント下回る五・〇％になった。インド経済も、世界同時不況の悪影響を大きく被ったのである。

　こうした景気後退に対して、財政赤字の対ＧＤＰ比四％ポイントもの拡大と対ＧＤＰ比七％に相当す

図表11　製造業と GDP 成長率（対前年同期比）

（単位：%）

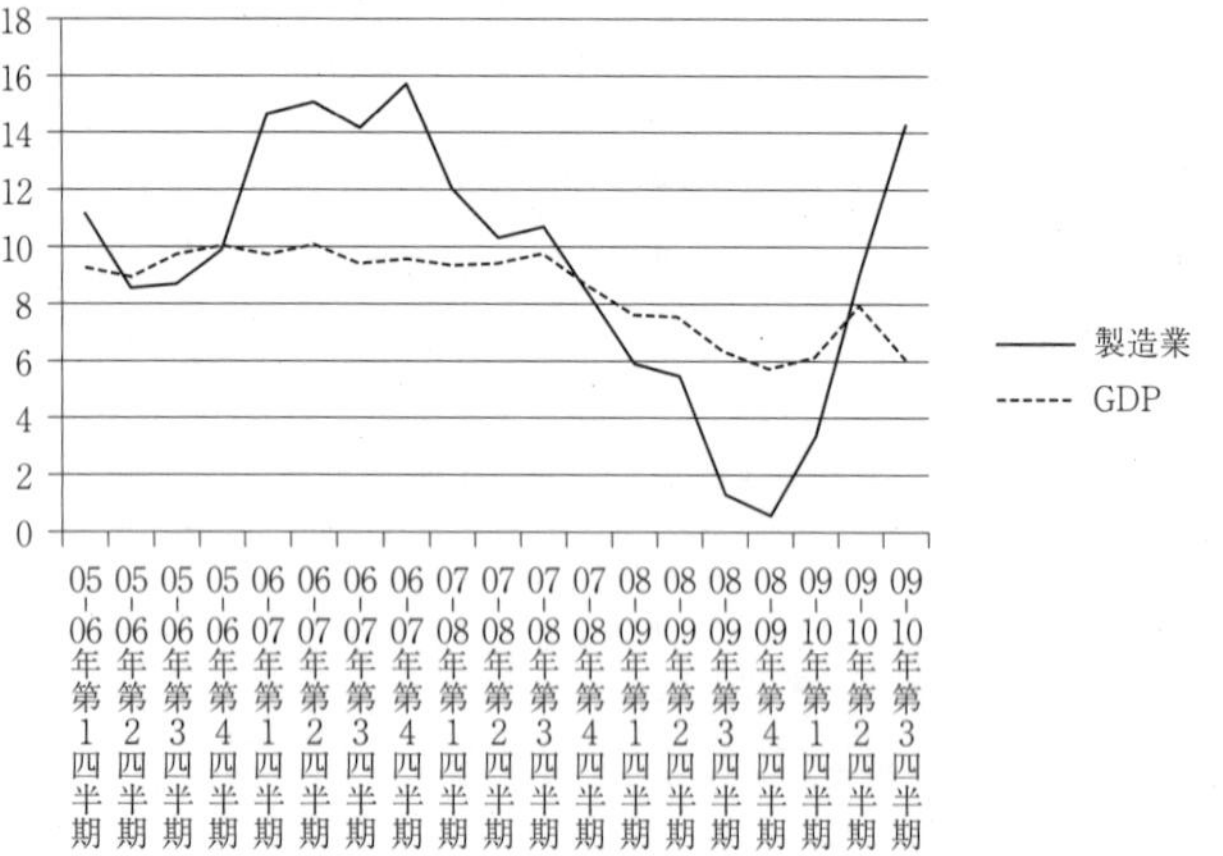

出典）Ministry of Statistics and Programme Implementation（http://mospi.nic.in/t1.htm).

る流動性供給などを通じて、インドは、政府と中央銀行が一体となって、景気の底割れを防止する果敢なマクロ経済政策を実施するにいたった[8]。財政赤字の推移を示している図表12をみると、リーマン・ショック後、財政赤字水準が平均的にみて三倍程度膨らんでいることがわかる。

　また、コールレートと法定準備率を示している図表13によって、金融政策の動向をみたい。図表13によれば、二〇〇五年から二〇〇八年半ばまで、金融政策は、石油価格をはじめとする資源価格の暴騰による国内のインフレ圧力を抑制するために引き締め基調で推移していることがわかる。これが反転するのが、リーマン・ショック直後である。リーマン・ショックから二〇〇九年初頭にかけて、コールレートの六%ポイントもの低め誘導と法定準備率の四%ポイン

図表12　中央政府の財政赤字

（単位：1000万ルピー）

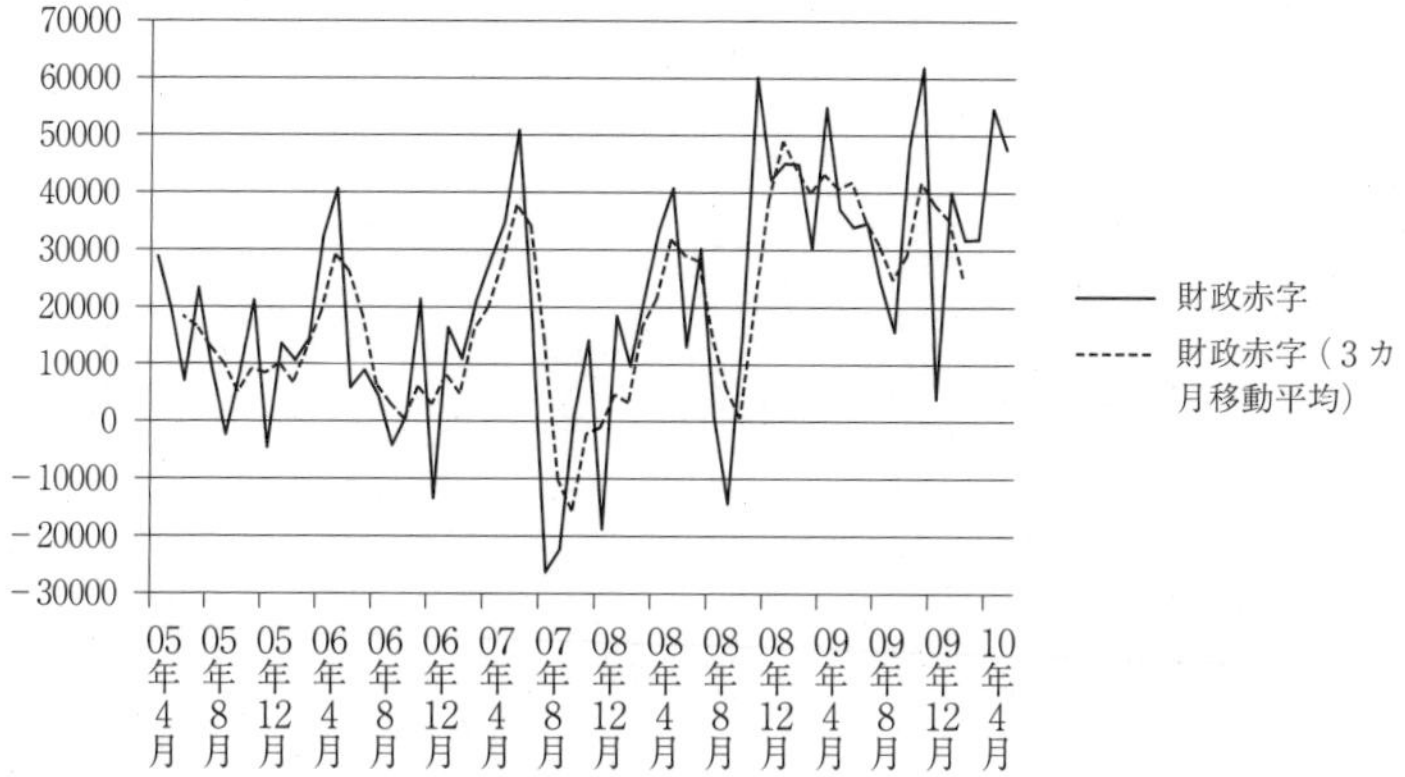

出典）Controller General of Accounts（http://www.cga.nic.in/）.

図表13　コールレートと法定準備率

（単位：%）

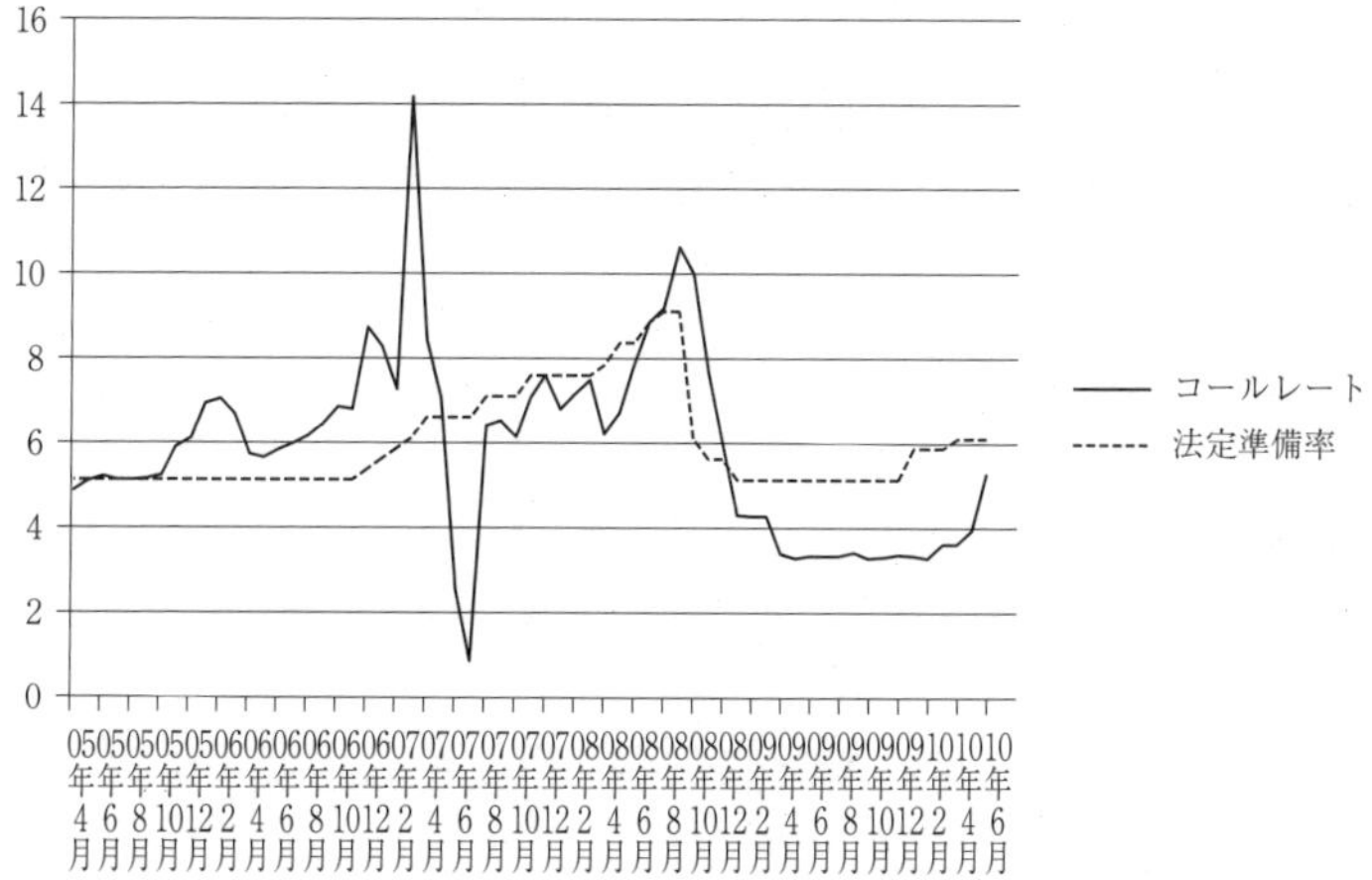

出典）Reserve Bank of India, *Handbook of Statistics on the Indian Economy 2008-09.*

図表14　工業生産成長率と卸売物価上昇率（対前年同月比）

（単位：%）

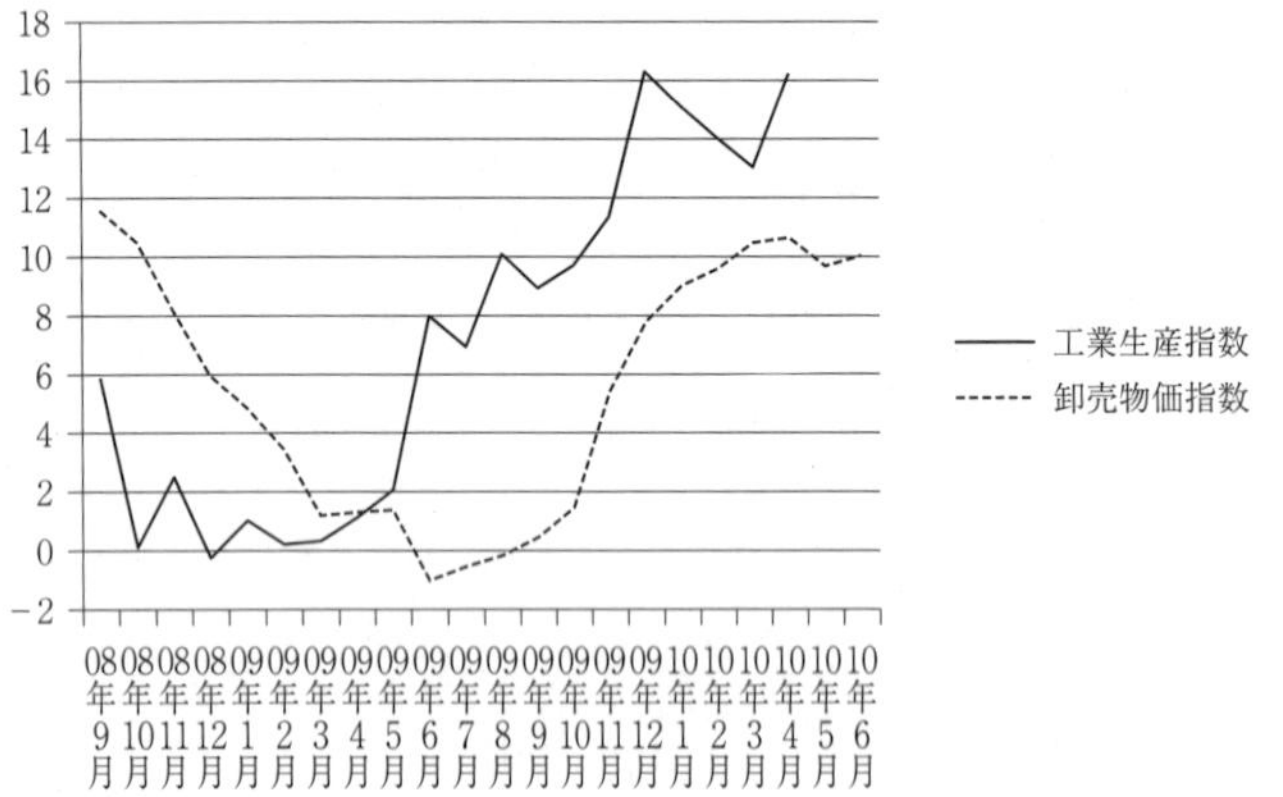

出典）Office of the Economic Adviser（http://eaindustry.nic.in/indx_download/month2.xls）and Ministry of Statistics and Programme Implementation（http://www.mospi.gov.in/mospi_iip.htm）.

トもの引き下げなど、極めて大胆な拡張的金融政策が発動されていることがわかる。

こうした二〇〇八年後半からの果敢なマクロ経済政策が、インド経済の景気の落ち込みを防ぐ役割を果たした。図表14によれば、二〇〇八年九月のリーマン・ショックから大きく落ち込んだ生産成長率や物価上昇率が急激に回復していることがわかる。生産については二〇〇九年初頭、物価については二〇〇九年六月を底に急激な勢いで上昇している。直近の二〇一〇年五月の生産成長率は対前年同月比でみて一六%、二〇一〇年六月の物価上昇率は一〇%となっている。

景気が過熱気味になっていることもあり、インドの中央銀行であるインド準備銀行（RBI）は世界同時不況対策の拡張的金融政策の「出口戦略」の一環として二〇一〇年三月一九日に政策金利であるレポレート（ＲＢＩによる市場への貸付金利）を引き上げ、その後、連続的に政策金利の引き上げ措置を講じるに至った。

インドの世界同時不況からの回復スピードは、世界のなかでも最も速い部類に入る。しかしながら、世界的な資源価格再高騰の予兆のなかで、出口戦略として実施された政策金利の引き上げがインフレの抑制にどの程度の効果を発揮するのか、さらには、相対的な高金利が海外投資家によるインド経済の成長期待とあいまって資本流入を呼び込み資産バブルを引き起こしかねないのではないか、と懸念される。加えて、世界同時不況対策によって膨らんだ財政赤字をいかにスムースに削減するかは、財政政策に課された今後の重要な課題である。インドが今後とも持続的な高度経済成長を実現できるのかどうかは、出口戦略の成功にかかっている。

3　インドと東アジアの経済関係

まず、インドと東アジアの貿易関係の推移を確認したい。図表15は、インドと日本をはじめとする東アジア主要国の貿易マトリックスを示している。このマトリックスは、つぎのように読む。輸入側のインドの一九八〇年を見ると、輸出側のインドには一切数値が入っていない。自国が自国から輸入することは不可能だからである。その横の中国を見ると、八三という数値になっている。これは、一九八〇年にインドは中国から八三〇〇万米ドルを輸入していることを意味する。

図表15　貿易マトリックス

（単位：100万米ドル）

年	輸出側／輸入側	インド	中国	日本	東アジア	世界
1980	インド		83	815	1,976	14,822
1990			31	1,801	3,789	23,991
2000			1,449	2,016	9,486	50,336
2005			9,926	3,855	29,992	139,888
2009			32,651	6,965	78,147	257,504
1980	中国	0		5,169	6,392	19,505
1990		97		7,656	25,484	53,810
2000		1,350		41,520	95,159	225,175
2005		9,780		100,468	261,506	660,224
2009		13,725		130,928	342,426	1,003,910
1980	日本	1,020	4,346		29,298	141,298
1990		2,075	12,057		54,031	235,361
2000		2,637	55,156		132,350	379,624
2005		3,194	108,439		199,851	515,223
2009		3,729	122,536		212,707	551,862
1980	東アジア	1,554	10,463	29,967	81,806	268,490
1990		4,422	46,967	76,812	230,336	604,636
2000		10,844	176,297	166,689	620,111	1,325,401
2005		27,530	335,843	258,781	1,077,638	2,273,795
2009		43,076	430,770	291,007	1,339,928	2,946,325
1980	世界	7,680	18,715	125,005	242,454	1,919,630
1990		20,851	88,653	309,908	646,656	3,517,430
2000		47,731	398,419	512,506	1,562,327	6,593,710
2005		111,476	997,999	657,789	2,668,777	10,744,000
2009		179,082	1,475,230	646,255	3,355,630	12,886,200

注）中国の数値は香港を含まない値である。また、ここでいう「東アジア」は香港・中国・インドネシア・日本・韓国・マレーシア・フィリピン・シンガポール・タイを意味する。

出典）International Monetary Fund, *Direction of Trade Statistics*, CD-ROM, September 2010.

図表15によれば、金額ベースでみて、インドと東アジアとの貿易が順調に増加していることがわかる。とりわけ、インドと中国の貿易が二〇〇〇年以降、急激に拡大している。実際、インドの東アジアからの輸入額は二〇〇〇年の九五億米ドルから二〇〇九年の七八一億米ドル、中国からのそれは一四億米ドルから三二七億米ドルにまで増

加している。同期間でみて、インドの東アジアへの輸出額は一〇八億米ドルから四三一億米ドル、中国へのそれは一四億米ドルから一三七億米ドルにまで増加している。このことを念頭に置いて、金額ベースの貿易マトリックスをもとに、各国の輸出入総額に対する各国ごとの輸出入の比率を計算した図表16を検討しよう。

図表16のパネル(A)をみると、インドの総輸入額に占める東アジアのシェアが一九八〇年の一三%から二〇〇九年の三一%にまで上昇している。とりわけ、中国のシェアが一九八〇年の一%から二〇〇九年の一三%と急激に上昇している。これに対して、日本のシェアは六%から三%にまで減少している。また、東アジア全体の総輸入額に占めるインドのシェアは微増している（一九八〇年の一%から二〇〇九年の一・五%）。同図表のパネル(B)をみると、インドの総輸出に占める東アジアのシェアも増加しているが（一九八〇年の二〇%から二〇〇九年の二四%）、急激な上昇を示しているのが中国のシェアである。一九八〇年にはゼロであったのが、二〇〇九年にはインドの総輸出の八%を占めるに至っている。これに対して、日本のシェアは激減している（一九八〇年の一三%から二〇〇九年の二%）。また、東アジア全体の総輸出額に占めるインドのシェアは微増している（一九八〇年の一%から二〇〇九年の二%）。

すなわち、このことは、インドと東アジア（ただし、日本を除く）との貿易依存関係が近年飛躍的に緊密化しつつあることを指し示している。今のところ、成長著しい東アジア経済におけるインド経済のポジション自体は必ずしも大きなものではないが、以上の検討を通じて、インド経済が東アジア

図表16　貿易マトリックス

(A)　（単位：％）

年	輸出側＼輸入側	インド	中国	日本	東アジア	世界
1980	インド		0.56	5.50	13.33	100.00
1990			0.13	7.51	15.79	100.00
2000			2.88	4.00	18.84	100.00
2005			7.10	2.76	21.44	100.00
2009			12.68	2.70	30.35	100.00
1980	中国	0.00		26.50	32.77	100.00
1990		0.18		14.23	47.36	100.00
2000		0.60		18.44	42.26	100.00
2005		1.48		15.22	39.61	100.00
2009		1.37		13.04	34.11	100.00
1980	日本	0.72	3.08		20.73	100.00
1990		0.88	5.12		22.96	100.00
2000		0.69	14.53		34.86	100.00
2005		0.62	21.05		38.79	100.00
2009		0.68	22.20		38.54	100.00
1980	東アジア	0.58	3.90	11.16	30.47	100.00
1990		0.73	7.77	12.70	38.09	100.00
2000		0.82	13.30	12.58	46.79	100.00
2005		1.21	14.77	11.38	47.39	100.00
2009		1.46	14.62	9.88	45.48	100.00
1980	世界	0.40	0.97	6.51	12.63	100.00
1990		0.59	2.52	8.81	18.38	100.00
2000		0.72	6.04	7.77	23.69	100.00
2005		1.04	9.29	6.12	24.84	100.00
2009		1.39	11.45	5.02	26.04	100.00

(B)　（単位：％）

年	輸出側＼輸入側	インド	中国	日本	東アジア	世界
1980	インド		0.45	0.65	0.81	0.77
1990			0.03	0.58	0.59	0.68
2000			0.36	0.39	0.61	0.76
2005			0.99	0.59	1.12	1.30
2009			2.21	1.08	2.33	2.00
1980	中国	0.00		4.13	2.64	1.02
1990		0.47		2.47	3.94	1.53
2000		2.83		8.10	6.09	3.41
2005		8.77		15.27	9.80	6.15
2009		7.66		20.26	10.20	7.79
1980	日本	13.28	23.22		12.08	7.36
1990		9.95	13.60		8.36	6.69
2000		5.52	13.84		8.47	5.76
2005		2.86	10.87		7.49	4.80
2009		2.08	8.31		6.34	4.28
1980	東アジア	20.24	55.91	23.97	33.74	13.99
1990		21.21	52.98	24.79	35.62	17.19
2000		22.72	44.25	32.52	39.69	20.10
2005		24.70	33.65	39.34	40.38	21.16
2009		24.05	29.20	45.03	39.93	22.86
1980	世界	100.00	100.00	100.00	100.00	100.00
1990		100.00	100.00	100.00	100.00	100.00
2000		100.00	100.00	100.00	100.00	100.00
2005		100.00	100.00	100.00	100.00	100.00
2009		100.00	100.00	100.00	100.00	100.00

出典）International Monetary Fund, *Direction of Trade Statistics*, CD-ROM, September 2010.

経済へ接近していることを確認できるだろう(9)。

こうしたインドの東アジアへの接近の背景の一つには、インド政府による一九九一年からの東アジア重視政策すなわちルック・イースト政策（Look East Policy）がある。当時、インドは、深刻な国際収支危機に直面しており、IMFと世界銀行主導の経済改革を実施していた。同年には、インドが外交的にも経済的にも緊密な関係を維持してきた旧ソ連が崩壊し、冷戦体制が終焉を迎えた。また、一九九〇年のイラクのクウェート侵攻に端を発する一九九一年の湾岸戦争も、インド人による中東石油産出諸国への出稼ぎをはじめとして中東諸国と経済関係が緊密であったインドに多大な悪影響を与えた。こうした状況下で採用されたのが、経済成長著しい東アジア（とりわけ当初は東南アジア諸国であった）との外交および経済関係強化を図るルック・イースト政策であった。

さらに、インドの対外経済政策を考える上で無視できない世界経済の潮流は、世界貿易機関（WTO）主導による多角主義（マルチラテラリズム）から二国間・多国間の地域貿易協定（Regional Trade Agreement：RTA、以下、自由貿易協定・関税同盟・経済連携協定・経済協力協定などの総称としてRTAという略称表記を利用する）を中心とする地域主義（リージョナリズム）への移行である。欧州連合（EU）や北米自由貿易協定（NAFTA）の成立が多角主義から地域主義への移行にとって画期であった。たとえば、南アジアについてみれば、南アジア地域協力連合（SAARC）という南アジアの八カ国（インド、パキスタン、バングラデシュ、ネパール、ブータン、スリランカ、モルディブ、アフガニスタン）が加盟している地域協力機関が存在する。SAARCは一九八五年に設立され、その事務局はネパールのカトマンドゥに置かれている。一九九五年発効の南アジア特恵貿易協定（SAPTA）と二〇〇六年発効の南アジア自由貿易協定（SAFTA）は、SAARCの地域経済協力活動によって実現したものである。南アジア各国との二国間のRTAとして、インドは、二〇〇一年にスリランカ、二〇〇三年にアフガニスタン、二〇〇六年にブータンと締結している。最近年になって、インドは、アジア域外地域とのRTAの締結にも積極的である。たとえば、二〇〇七年のチリと二〇〇九年のブラジル・アルゼンチン・ウルグアイ・パラグアイから成る南米南部共同市場（MERCOSUR）とのRTAの発効に成功を収めている。また、二〇一〇年現在、ECとヨーロッパ自由貿易地域（EFTA）とのRTA交渉を継続している。[10]

ここで検討の対象にしている東アジアについてみれば、二〇〇四年のタイとのRTAの前倒し措置（Early Harvest Scheme）を嚆矢として、二〇〇五年のシンガポール、二〇一〇年に韓国とASEANのRTAの発効を実現した。二〇一〇年には、日本とマレーシアともRTAについて正式合意がなされた。そこで、これらの協定内容について、ごく簡単に解説しておこう。[11]

①タイとの枠組み協定（Framework Agreement with Thailand）

二〇〇一年一一月に、インドとタイの両首脳が自由貿易地域協定を検討する合同研究会の設立に合意した。その後、二〇〇三年一〇月には、枠組み協定が調印された。その前倒し措置として、家電製品や自動車部品など八二品目の関税を、二〇〇四年一月一日時点の最恵国待遇税率をベースに二〇〇四年九月一日に五〇％引き下げ、さらに二〇〇五年九月一日に七五％引き下げた。二〇〇六年九月一日には、関税を相互に撤廃するに至った。財の貿易については二〇〇五年三月までに交渉を完了する予定だったが、交渉が難航している。

②シンガポールとの包括的経済協力協定（Comprehensive Economic Cooperation Agreement between India and Singapore）

同協定は、二〇〇五年六月二九日に調印され、二〇〇五年八月一日に発効した。対象分野としては、財・サービス貿易、投資・二重課税防止・保険・教育・メディア・観光分野での協力をカバーしている。インドはＨＳコード八桁レベルで五〇六品目の関税を協定発効時に撤廃、段階的に撤廃予定だった二二〇二品目の関税についても二〇〇九年六月に撤廃が完了した。二〇〇九年六月までに、二四〇七品目の関税も二〇〇九年四月一日時点の最恵国待遇税率でみて五〇％引き下げられた。例外品目は、六五五一品目となっている。これに対して、シンガポールは、インドからの全輸入品目の関税を撤廃している。加えて、両国は二〇〇七年一二月、例外品目に含まれていた機械類や化学品など五三九品目の関税を二〇〇八年一月一五日から二〇一五年一二月一日までの期間で段階的に撤廃、もしくは引き下げることに合意している。

③ＡＳＥＡＮとの包括的経済協力枠組み協定（Framework Agreement on Comprehensive Economic Cooperation between India and the ASEAN）

二〇〇三年一〇月に、インドとＡＳＥＡＮの間で包括的経済協力枠組み協定が締結された。同協定には、関税引き下げの前倒し措置の実施、二〇〇六年一月から関税引き下げの開始、二〇一六年末までに本協定の締結が盛り込まれていた。しかし、交渉が難航し、関税引き下げの前倒し措置は中止された。二〇〇九年八月一三日、「財貿易に関する協定」(The Agreement on Trade in Goods) が調印され、二〇一〇年一月一日に発効した。同協定は、貿易品目でみて八〇%以上、貿易額でみて七五%以上の範囲で二〇一二年までに段階的に関税を撤廃する。ゴムなど一部農産品を中心とする四八九品目は関税引き下げの例外品目とされた。

④韓国との包括的経済連携協定 (Comprehensive Economic Partnership Agreement between India and Korea)

二〇〇四年一〇月に、包括的経済連携協定 (CEPA) の可能性を研究する合同研究会の設立について合意がなされた。CEPAは、一二回にわたる政府間交渉を終え、二〇〇九年八月に調印、二〇一〇年一月に発効した。同協定は、インドにとっては、初めてのOECD加盟国とのRTAである。財・サービス・投資やその他二国間協力をカバーしている。インドの関税品目でみて八五%、韓国のそれでみて九三%を対象に、関税引き下げとその撤廃がなされる。また、同協定は、サービス貿易の推進のために、専門職やITなどのサービス事業者などの移動にも踏み込んだ内容になっている。

⑤日本との包括的経済連携協定 (Comprehensive Economic Partnership Agreement between India and Japan)

二〇〇四年一一月に、CEPAを協議する合同研究会設立について合意がなされた。二〇〇七年一月以降、一四回にわたって正式交渉がなされた。懸案となっていた製薬分野で歩み寄りが見られ、二〇一〇年一〇月二五日、両国首脳はCEPA交渉が完了したことに合意した。両国にとって、これまで締結に合意したRTAのなかでは、相手国の経済規模が最大である。二〇〇六年の貿易実績で測って、インドからの輸入総額の九七・五％、インドへの輸出総額の九〇・三％、両国間の貿易総額の九三・七％に対して、関税引き下げとその撤廃がなされる。日本側では、HS九桁ベースの貿易品目数でみて、全九〇四二品目のうち、関税を即時撤廃するものが七一四三品目、段階的に撤廃するものが七〇八品目、関税撤廃の例外となるものが一一九一品目になる。インド側では、HS九桁ベースの貿易品目でみて、全一万一二九〇品目のうち、即時撤廃するものが二〇四七品目、段階的に撤廃するものが七六七五品目、関税撤廃の例外となるものが一五四〇品目になる。二〇一一年での協定発効が目指されている。

⑥マレーシアとの包括的経済協力枠組み協定（Agreement on Implementation of Comprehensive Economic Cooperation between India and Malaysia）

二〇〇四年一二月に、CECA締結を検討する合同研究会が設立された。二〇〇八年二月から、第一回目の政府間交渉が始まった。二〇一〇年一〇月二七日、両国首脳はCECAを二〇一一年一月三一日までに調印し、同年七月一日から発効することで合意した。関税引き下げや撤廃については、インドとASEANの「財貿易に関する協定」以上の実現が目論まれている。また、CECA発効によって、二〇〇八年に一〇〇億ドルであった両国の貿易額が二〇一五年までには一五〇億ドルにまで拡大することが見込まれている。

以上紹介してきたように、最近年になって、インドは東アジアとのＲＴＡを次々と合意ないし締結している。インドがＲＴＡ締結に合意していない東アジアの大国は、中国のみと言ってよい。しかしながら、インドと中国の間においても、ＲＴＡに関する政府間交渉が進行していることに注意したい。二〇〇三年に、両国は、ＲＴＡに向けた合同研究会を設立することに合意した。その後、二〇〇五年に、合同研究会は、両政府に対してＲＴＡの実行可能性を検証するためのタスクフォースの設立を勧告し、実際に、この勧告に沿ってタスクフォースが設立された。二〇〇七年には、タスクフォースはＲＴＡに関わる諸問題に関する報告書の草案を作成し終えている。現在のところ、インドと中国の間で交渉の進展は見られないが、もし協定締結が実現したならば、巨大なアジア経済圏が出現することになる。

それでは、仮にＲＴＡを通じて巨大なアジア経済圏が実現したならば、その経済的インパクトは果たしてどの程度のものになるのであろうか。すでに、応用一般均衡モデルを利用して、この素朴な疑問に答えを与えている研究が存在する。そこで、その結果を紹介しよう。図表17は、インドが参加する場合と不参加の場合のアジア経済圏の形成が、世界経済に如何なる影響を与えているのかを定量的に示したものである。

図表17で示されているシミュレーションの結果から、以下の諸点を指摘したい。第一に、インドが参加しないアジア経済圏の形成はインドの内需を〇・一四％、厚生を六億五〇〇〇万米ドル、交易条件を〇・四％ポイント、輸出を〇・一八％低めることがわかる。第二に、インドが参加する場合には、

図表17　地域貿易協定（RTA）の経済的効果

	ベース	インドが参加しないアジア経済圏				インドが参加するアジア経済圏			
	内需（10億米ドル）	内需変化率（%）	厚生変化（10億米ドル）	交易条件（ベース=100）	輸出変化率（%）	内需変化率（%）	厚生変化（10億米ドル）	交易条件（ベース=100）	輸出変化率（%）
中国	1224	0.74	9.00	98.90	4.05	0.76	9.32	98.90	4.07
高所得アジア地域	5266	0.24	12.47	100.80	1.46	0.26	13.48	100.90	1.47
中所得アジア地域	182	0.50	0.91	99.90	1.98	0.99	1.80	100.10	1.82
その他アジア地域	317	0.22	0.70	99.10	3.45	0.44	1.41	99.50	3.26
インド	476	−0.14	−0.65	99.60	−0.18	0.05	0.22	97.40	6.95
NAFTA	11764	−0.01	−1.32	99.90	−0.04	−0.01	−1.51	99.90	−0.04
EU	8668	−0.02	−1.81	99.90	−0.04	−0.02	−2.02	99.90	−0.04

注）高所得アジア地域：オーストラリア、ニュージーランド、日本、韓国、台湾、シンガポール。中国：中国、香港。中所得アジア地域：その他東アジア、マレーシア、その他オセアニア。その他アジア地域：インドネシア、フィリピン、ヴェトナム、その他東南アジア。

出典）Scott McDonald, Sherman Robinson and Karen Thierfelder, "Asian Growth and Trade Poles: India, China, and East and Southeast Asia," *World Development*, 36 (2), 2008, table 4の一部を抜粋した。

その交易条件は二・六％ポイント減少するものの、内需が〇・〇五％、厚生が二億二〇〇〇万米ドル、輸出が六・九五％増加する。第三に、アジア経済圏全体でみると、インドが参加する場合のほうが内需や厚生水準が大きく改善する。ただし、輸出に関しては、インドが参加することによって中所得およびその他アジア地域でその成長率がわずかに低下する。第四に、アジア域外にあるNAFTAやEUはアジア経済圏の形成によって、内需・厚生・交易条件・輸出のすべてにおいて悪影響を被る。とくに、インドが参加することで厚生水準への悪影響の度合いが高まってしまう。

上記のシミュレーション結果は、インドのルック・イースト政策の合理的根拠を強く示唆しているのみならず、世界経済の再編成に与えるインド経済の台頭の持つ意味をも明示するという点で興味深い。すなわち、インドは、経済統合が進展しつつある東アジア経済圏に参入しなければ不利な状況に追い詰められるが、いったん東アジア経済圏に参入すればプラスの恩恵を享受できる。これに対して、アジア域外地域にとっては、東アジア経済圏の形成はマイナスの経済効果を持つ。さらに、インドが東アジア経済圏に参入した場合、そのマイナスの効果がより強まってしまう。

ＲＴＡの経済効果としては、貿易創出効果と貿易転換効果の二種類を考えることができる。前者は協定締結域内地域で新しく貿易が生み出されることを、後者は域外地域との貿易が域内地域のそれに振り替えられることを意味する。すなわち、ＲＴＡは貿易転換効果を持つことから、その域外地域にとってみれば、ＲＴＡ域内地域との貿易が損なわれる。この貿易転換効果を防ぐためには、域外地域はＲＴＡ域内地域とＲＴＡを締結すればよい。

したがって、アジア域外地域は東アジアのみならずインドとのＲＴＡの締結に向けた強い誘因を持っていることになる。二〇一〇年になって、シンガポール・ニュージーランド・チリ・ブルネイの四カ国からなる環太平洋経済連携協定（Trans-Pacific Strategic Economic Partnership Agreement：ＴＰＰ）に米国・オーストラリア・ペルー・ベトナム・マレーシアが加盟を予定し、日本も加盟の検討を開始していることは、こうした文脈のなかで理解できる。

おわりに

近年のインド経済の高度成長は、投資とサービス部門が主導して実現したものである。投資率が飛躍的に伸びたことも、ＩＴや通信部門をはじめとするサービス部門が活況を呈していることも、海外から資金や技術が国内に流入したことや世界市場へのサービス輸出が急増したことなどの影響を軽視できない。すなわち、インドの高度成長は、グローバル経済のなかに組み込まれることによって実現した。

したがって、高度成長の条件であるグローバル経済そのものの変動は、直ちにインド経済に影響を及ぼす。その意味で、世界同時不況がインド経済に悪影響を与えたのは当然である。この世界同時不況に対して、インドは、中央銀行と政府が一体となって積極的で大胆なマクロ経済政策を行使することによって急激なスピードで景気回復を実現した。そして、二〇一〇年一一月現在、景気過熱を抑えるために「出口戦略」を模索している最中である。

さらに、長期的な視点に立ってみると、グローバル経済はインドの高度成長の条件ではあるが、逆に、躍進するインド経済がグローバル経済の条件そのものを改編しつつあることにも注意する必要がある。とくに、ルック・イースト政策とＲＴＡ締結運動を通じて、インドが東アジア経済に接近しつつあることは、東アジアのみならずグローバル経済そのものの地図を塗り変える潜在力を秘めている。

環太平洋経済連携協定（ＴＰＰ）の拡大は、インド経済の躍進に対するグローバル経済からのリアクションだと解釈することも可能であろう。われわれは、インド経済の動向を無視してアジア経済の行方を展望することが不可能な時代に入ったのである。

【注】

（1）本研究は、科学研究費補助金の新学術領域研究（研究領域提案型）「持続的経済発展の可能性」（研究代表者：上垣彰、課題番号：20101004）の研究成果の一部である。

（2）資料は、Reserve Bank of India, *Handbook of Statistics on the Indian Economy 2009-10* である。二〇〇四年以前の数値は旧系列から、二〇〇五年以降のそれは新系列から計算した。また、以下、本章では、とくに断りのない限り、年次データは四月から翌年三月までの財政年度がベースになっている。

（3）Reserve Bank of India, *Macroeconomic and Monetary Developments Second Quarter Review 2010-11*, p. 73.

（4）D. Wilson and R. Purushothaman, "Dreaming With BRICs: The Path to 2050," *Global Economics Paper*, No. 99, 2003.

（5）一九九一年以降のインド経済とその経済改革に関する評価については、たとえば、絵所秀紀編『現代南アジア2――経済自由化のゆくえ』東京大学出版会、二〇〇二年、佐藤隆広『経済開発論――インドの構造調整計画とグローバリゼーション』世界思想社、二〇〇二年、内川秀二編『躍動するインド経済――光と陰』日本貿易振興機構アジア経済研究所、二〇〇六年、絵所秀紀『離陸したインド経済――開発の軌跡と展望』ミネルヴァ書房、二〇〇八年、小田尚也編『インド経済――成長の条件』日本貿易振興機構アジア経済研究所、二〇〇九年、佐藤隆広編『インド経済のマクロ分析』世界思想社、二〇〇九年、石上悦朗・佐藤隆広編『現代インド・南アジア経済論』ミネルヴァ書房、二〇一一年近刊予定、佐藤隆広「新興国経済――インド経済」神戸大学経済経営学会編

『ハンドブック経済学』ミネルヴァ書房、第二五章所収、二〇一一年、Hideki Esho and Takahiro Sato (eds.), *India's Globalising Political Economy: New Challenges and Opportunities in the 21st Century*, The Sasakawa Peace Foundation, 2009 などを参照されたい。

(6) インドとその他のBRICs諸国との比較については、吉井昌彦・西島章次・加藤弘之・佐藤隆広『BRICs経済図説』東洋書店、二〇一〇年、を参照されたい。

(7) インドにおける携帯電話の普及の詳細については、佐藤隆広「インドにおける携帯電話の普及について」『RIEB LIAISON CENTER ニュースレター』第六九号、二〇〇八年、を、IT産業については、石上悦朗「グローバル化とIT-BPO産業」赤羽新太郎・夏目啓二・日高克平編『グローバリゼーションと経営学——二一世紀におけるBRICsの台頭』ミネルヴァ書房、第六章所収、二〇〇九年、を参照されたい。また、本章では言及できなかった重要なサービス部門である建設・住宅・不動産産業については、佐藤隆広「インドの不動産市場と資産価格バブル」（未定稿、二〇一〇年）で詳しく検討している。

(8) Duvvuri Subbarao, "India–Managing the Impact of the Global Financial Crisis," Speech delivered at the Confederation of Indian Industry's National Conference and Annual Session 2009 in New Delhi on March 26, 2009.

(9) 佐藤隆広「国際貿易と資本移動」石上・佐藤編、前掲『現代インド・南アジア経済論』は、本章では紙数制限のために触れることができなかったインドの貿易構造の特徴やその変化などを詳しく検討している。

(10) インド商工業省（Ministry of Commerce and Industry）のウェブページで、発効済みの協定の正式文書が利用可能である。また、そこでは発効に至る経緯が簡単にとりまとめられている（http://commerce.nic.in/trade/international_ta.asp）。

(11) インド商工業省のウェブページに加えて、以下の協定内容については、ジェトロのウェブページ（http://www.jetro.go.jp）での解説を中心として、絵所秀紀「台頭するインドと東南アジアの経済関係」『経済志林』第七七巻第一号、二〇〇九年、菅原淳一「インドとASEAN諸国のFTA」『みずほレポート』二〇〇七年六月二五日、菅原淳一「韓国・インド包括的経済連携協定（CEPA）」『みずほ政策インサイト』二〇〇九年八月一四日、椎野幸平『インド経済の基礎知識　第二版』日本貿易振興機構アジア経済研究所、二〇〇九年、小島真「東アジア経済に接近するインド経済」浦田秀次郎・深川由起子編『経済共同体への展望』岩波書店、第一〇章所収、二〇〇七年、Government of India, *Economic Survey 2009-10*, chapter 7 外務省『日・インド経済連携協定（概要）』二〇一〇年一〇月二五日や *The Hindu* の記事（http://www.hindu.com/2010/10/28/stories/2010102866070100.htm、http://www.hindu.com/2010/10/28/stories/2010102864701700.htm）などを参考にした。

第3章　二〇世紀の開発システムをどう見るか

――二〇世紀から二一世紀への開発システムの変化と連続性

朴　一

はじめに――三つの開発モデル説に対する疑問

二〇世紀を飾った途上国の開発システムには、以下のような三つのモデルがあったと言われている。一つは、社会主義モデルと言われ、ロシア・旧ソ連で始まり、冷戦期に東側世界に普及していった社会主義イデオロギーに基づく計画経済の試みである。一般的な社会主義経済のモデルは、土地と生産手段の国家（協同組合）所有、工業化計画に基づく指令生産と原料・機械の割当、労働に応じた所得配分、貿易の国家独占などを特徴とする中央集権的な計画経済に基づく開発と理解されるが、そのシステムは国によって異なる。この社会主義モデルは、アジアの途上国では、中国、北朝鮮、ベトナム、ビルマ（ミャンマー）、カンボジア、ラオスなど多くの国々で採用され、途上国の独立後の国民経済形成に大きな影響力を与えた。

二つ目は、大戦後、資本主義的な国民経済形成を目指す多くの新興独立国で採用された輸入代替工業化モデルである。輸入代替工業化とは、高関税障壁や輸入数量制限などによって、外国製品（完成品）の輸入を規制し、外国製品との競争から国内市場を保護することで、国内の工業品生産を促し、輸入を国内生産で代替させることが可能となる工業化を導くというものである[1]。米国、ドイツ、日本など多くの先進国における工業化はこうした輸入代替によって実現したものであり、戦後もラテンアメリカ諸国をはじめ、一九五〇年代から六〇年代にかけて韓国、台湾、タイ、マレーシア、インドネシア、フィリピンなどアジアの多くの途上国で輸入代替工業化戦略が実施された。

三つ目は、一九六〇年代以降、アジアやラテンアメリカの輸入代替工業化に行き詰まった途上国で、新たに採用された輸出志向工業化モデルである。輸出志向工業化とは、特定の輸出産業にさまざまな特恵を与えたり、多国籍企業の生産拠点を国内に設置したフリー・トレード・ゾーンに誘致するなど、積極的に世界経済にコミットすることで、欧米市場に対する工業製品輸出を増大させ、工業化を促すことである。一九六〇年代に入り韓国・台湾・シンガポールなどアジアＮＩＥＳが、輸入代替工業化から輸出志向工業化に政策転換をはかり、急速な経済成長を達成してから、このモデルは世界の開発エコノミストの関心を集め、「東アジアの奇跡」と呼ばれることになった[2]。

こうした三つの開発モデルを「社会主義」対「資本主義」、「計画経済」対「市場経済」、「輸入代替工業化」対「輸出志向工業化」、「保護主義的工業化（内向き工業化）」対「対外開放的工業化（外向き工業化）」、「政府主導の工業化」対「市場主導の工業化」というような二分法的な構図で分類し、前者を失敗、後者を成功と結論づけるエコノミストが少なくない[3]。確かに、現時点から判断すると、社会主義的な中央集権的計画経済モデルや輸入代替工業化モデルに基づいて開発を進めた途上国の工業化は挫折し、輸出志向工業化モデルに依拠して開発を進めた途上国は大きな成功を収めたようにも見える。

だが、こうした理解は正しいのだろうか。筆者は、こうした二分法的な理解、また前者を失敗、後者を成功という捉え方に、次のような疑問を感じている。

①多くの開発エコノミストは、途上国の政府が複数の開発モデルからあるモデルを選択したかのように論じているが、独立当初の途上国には社会主義モデルや輸入代替工業化モデルを採用せざるをえなかった歴史的あるいは政治的背景があったのではないか。

②多くの開発エコノミストは、社会主義モデルや輸入代替工業化モデルに基づいた工業化は挫折し、輸出志向工業化モデルに基づいた工業化は成功を収めたと論じているが、実際は社会主義計画経済や輸入代替である程度成功を収めた時期もあり、一方輸出志向工業化が行き詰まりを見せた時期もあったのではないか。

③多くの開発エコノミストは、こうした複数の開発モデルを対比し、切り離して論じているが、国によって複数のモデルが併存して採用された時期があったのではないか。

④多くの開発エコノミストは、三つのモデルの違いを強調するが、三つのモデルには開発モデルとして本質的な類似性が見られるのではないか。

以下では、こうした問題意識から、独立後に輸入代替工業化から輸出志向工業化へと転換を遂げた韓国と台湾、また社会主義計画経済の下で国民経済を形成してきた中国と北朝鮮を事例に、二〇世紀に開花した三つの開発モデルの歴史的背景、成果と問題点、類似点と共時性について考察したうえで、新しい時代（二一世紀）の開発システムの課題を考えてみたい。

1　韓国と台湾の輸入代替工業化政策は「失敗」だったのか

(1)　戦後多くの途上国で輸入代替工業化政策が採用された歴史的背景

社会主義圏を除く開発途上国の工業化戦略をめぐっては、戦後暫くの間、開発エコノミストたちの間で輸入代替工業化モデルと輸出志向工業化モデルの優劣や適用可能性について激しい論争が行われてきた。しかし、植民地が独立を遂げた一九五〇年代から六〇年代においては、国連のラテンアメリカ地域委員会のR・プレビッシュ事務局長に代表される「輸入代替派」が大きな影響力を持っていたこともあって、輸入を規制して国内市場向けの工業生産を増大させる輸入代替工業化政策を採用する途上国が多かった(4)。

輸入代替工業化モデルが戦後多くの途上国で受け入れられた背景には、当時の途上国が置かれていた不平等な国際経済環境があった。R・プレビッシュがかつて国連貿易開発会議で指摘したように、当時の貿易システムは先進国に有利に作用していた。途上国の主要な輸出品である一次産品の価格が低迷する一方、先進国から輸入する工業製品の価格は上昇し続けていたからである。このような世界経済システムに参入しても途上国の開発は望めないという考え方が、途上国では支配的であった[5]。

とりわけ西側先進国に植民地支配を受けた経験のある途上国では、無防備に国内市場を開放すれば、再び先進国経済に従属した「新植民地」に転落するという考え方も強かった。したがって、途上国が世界経済システムに組み込まれない、国内産業の育成に有利な「内向き」で「保護主義的」な開発モデルである輸入代替工業化モデルが途上国の支持を集めることになったのである。

(2) 韓国における輸入代替工業化

日本の植民地を経験した韓国ではどうか。日本の植民地時代に独立運動の有力な指導者の一人であった李承晩が初代大統領になった韓国では、植民地時代の後遺症から一貫した反日政策が展開された。一九五二年、李承晩大統領は朝鮮半島周辺の水域に李ラインを設け、ライン内に侵入した日本漁船を拿捕し、多くの日本漁民を釜山収容所に抑留した。その後も対日禁輸を断行するなど、日本とは経済的に距離をとる政策を続けた。

こうした李承晩政権の排他的な対日強硬政策を可能にしていたのは、米国からの大規模な経済援助であった。韓国に対する米国の経済援助は、朝鮮戦争休戦後の一九五三年に入ってから本格化し、六〇年まで韓国に投入された米国援助の総額は二一億ドルに達した（韓国銀行『調査月報』各年版）。援助の大半は、小麦、原糖、原毛、原綿などの原料であり、李政権はこの米国の援助物資を利用した輸入代替工業化で朝鮮戦争によって疲弊した経済を立て直し、復興を遂げようと考えたのである。

李政権は援助物資の輸入代替工業化を促すために、さまざまな保護政策を展開した。まず李政権が取り組んだのは、国内の輸入代替業者に有利な為替管理を行ったことである。一九五三年から五五年までの公定為替レートは一ドル一八ウォンに設定されていたが、当時の実勢レートは一ドル五〇ウォンであった。公定レートで外国為替を得ることができた輸入代替業者は、実勢よりもはるかに安い価格で輸入材を手に入れることができた。また政府は、輸入項目を①事前承認を経ないで輸入しうる項目、②事前承認を必要とする項目、③輸入禁止項目に細かく分類し、輸入代替すべき最終財の輸入を禁止し、輸入代替を促す生産財の輸入を優先する輸入統制にも着手した。さらに政府は、特定の輸入代替企業には市場の実勢金利よりも大幅に低い金利で市中銀行の資金を貸し出す低金利政策を実施し、輸入代替工業化を誘導した。

こうした米国の援助と政府の保護政策によって、韓国の輸入代替工業化はその後「三白産業」と言われた製粉・精糖・繊維産業を中心に活況を呈し、工業生産は一九五六年に朝鮮戦争前のピークを超え、一九六〇年に韓国の工業化率（国内総生産に占める工業部門生産額の比率）は一四％に達した。こうした輸入代替工業化による経済成長を担ったのは、米国の援助物資と政府の手厚い保護を受けることができた一部の特権的大企業であったため、大企業と中小企業の格差が著しく拡大したという批判もある。(6) しかし、米国援助に基づく輸入代替工業化が、いくつかの産業部門の自給生産を促し、輸出余力を与え、六〇年以降の経済成長を牽引した輸出企業の育成に繋がったことを考えると、当時の李政権の工業化戦略を「失敗」と見なすこともできない。むしろ五〇年代の輸入代替工業化による民族企業の育成は、六〇年代の輸出志向工業化の土台を形成したという意味で、きわめて重要な歴史的役割を果たしたと評価できるのではないだろうか。

(3) 台湾における輸入代替工業化

台湾の場合はどうか。戦後の台湾の工業化も、やはり輸入代替工業化からスタートしている。そもそも台湾は砂糖、米、バナナなどの農作物生産で有名な農業国家であり、戦後の復興も農業を中心に行われてきた。戦後、台湾を占領した蒋介石・国民党は、農地改革を基礎に農村の再建と農業の安定をはかり、農業近代化に取り組んだ。しかし、植民地宗主国であった日本との関係が絶たれたことで伝統的な砂糖の輸出市場が失われるとともに、大陸中国からの大量の人口流入によって米の輸出余剰は年々減少し、米糖依存経済からの脱却が急務の課題となっていた。

こうした状況のなかで、国民党政府は、一九五〇年代に入ってから輸入代替工業化の途を模索するようになった。台湾に輸入代替工業化を導いた外的要因は、韓国と同じく米国からもたらされた大規模な経済援助である。当時、韓国と同じくアジアにおける反共防衛ラインの拠点であった台湾にも、米国から経済援助が提供され、援助の総額は一九五一年から六五年まで計約一五億ドルに達した。国民党政権は一九五三年から第一次経済四カ年計画（一九五三〜五六年）および第二次五カ年計画（一九五七〜六〇年）を立て、この援助物資を活用した輸入代替工業化に乗り出す。

この際、台湾の国民党政府もまた、輸入代替工業化を後押しするため、さまざまな支援策を展開した。政府のよる輸入代替支援策の第一は、一九五一年に導入された複数為替レートである。国民党政府は、重要と認める投入財の輸入には過大評価された低い公定レートを適用し、また機械設備や米国の援助を受けた財の輸入業者に優先して最恵国待遇を与えるよう為替レートを組織した。第二は、輸入統制である。政府は、韓国と同じように輸入項目を①許可、②統制、③停止、④禁止の四つのカテゴリーに分類し、輸入代替すべき最終財の輸入を禁止し、輸入代替を促す生産財の輸入を優先した。第三は関税政策である。国民党政府は、一九五〇年代の初めに関税法を改正し、金属製品や機械類など非輸入代替財の関税率は引き下げられ、繊維製品や電気機器などの輸入代替財の関税率は引き上げられた。こうした関税政策によって、台湾国内の輸入代替業者は外国製品との競争から保護されることになった[7]。政府による手厚い保護政策の結果、肥料、紡績、食品、製紙、セメントなどの分野で輸入代替工業化が進展し、台湾の工業化率は一九五一年の二三・八%から五九年には三〇・二%まで上昇し、一九五二年から輸入代替工業化が終了した六〇年までの経済成長率は年率八・一%を記録した。こうした台湾の輸入代替工業化についても、保護政策が公営企業や少数の特権的大企業に利するものであったため、その歪みを問題にする研究者もいる[8]。しかし、エズラ・ボーゲルも指摘しているように「国民党が輸入代替政策を実施した一〇年間は、絶大な成功を収めた[9]」と言うべきであろう。なぜなら、蔣介石政権がこうした輸入代替工業化を行わなければ、少なくとも紡績、セメント、雑貨などいくつかの部門では、五〇年代に成長を遂げて自給を達成し、その後の輸出志向工業化につながる輸出余力を持つことができなかったからである。[10]

2 輸出志向工業化の光と影——韓国と台湾の事例

(1) 韓国と台湾の「経済成長メカニズム」をめぐる論争

韓国と台湾は、一九六〇年代に入ってから著しい高度成長を遂げ、八〇年代に入ると新興工業国(NIES)として認知されることになり、多くの開発エコノミストから途上国の開発モデルと評されるまでになった。

こうした韓国・台湾の一九六〇年以降の「経済成長」の特徴としては、一般的なコンセンサスとして、①一人当たりGNPの大幅な上昇、②就業人口に占める製造業比率の上昇、③貿易依存度の上昇、④貿易構造に占める日米市場の比重の大きさ、⑤所得分配の改善などが指摘されている。つまり、韓国と台湾は、一九六〇年代に入ってから日本から中間財や資本財を輸入し、国内の低賃金労働力を用いて、それを加工した最終財を米国に輸出するというやり方で工業化を進め、経済成長とともに所得分配の改善も達成したというわけである。[11]

しかし、なぜ両国の高度成長が可能であったのかという「経済成長メカニズム」については、現在なおいくつかの論点において、開発エコノミストたちの間で意見が分かれている。まず韓国・台湾の「成長メカニズム」をめぐる争点の一つは、両国の成長が「輸入代替工業化から輸出志向工業化への政策転換」によってもたらされたという説は正しいかという問題である。新興工業諸国における「輸入代替工業化から輸出志向工業化への転換」説は、B・バラッサと渡辺利夫の研究が有名である。バラッサは、韓国・台湾などのアジアNICsは、長期にわたる輸入代替工業化によって生じた深刻な経済停滞を、市場自由化政策をはじめとする輸出志向工業化への急速な政策転換によって打破し、輸出拡大と経済成長を実現したと主張する。[12] また渡辺利夫は、バラッサが指摘した「輸入代替から輸出志向への政策転換」のプロセスを韓国と台湾を事例に詳しく検証し、韓国が高度成長を実現しえたのは、こうした政策転換に際し、対外的にも対内的にも市場自由化政策を果敢に展開できたからであると、論じている。[13]

こうした「保護主義的な輸入代替工業化から市場自由化を基調とする輸出志向工業化への転換」説に対しては、柳原透による批判がある。まず柳原は、輸入代替と輸出志向は必ずしも明確な選択肢として問題となるとは限らないとし、「一時点で産業部門を横並びに見るとき、ある部門では輸入代替が、他の部門では輸出志向が、というように両者が併存していることがある」[14]と述べ、韓国と台湾は「七〇年代に入ってから六〇年代の輸出志向政策に加えて、中間財・資本財分野での輸入代替政策を図る複線型工業化政策が進められた」とし、輸入代替工業化から輸出志向工業化への転換説を否定している。[15]

韓国・台湾の「成長メカニズム」をめぐるもう一つの争点は、両国の経済成長に市場と政府、どちらが主導的な役割を果たしたかという問題である。先のバラッサやクルーガーは、韓国や台湾では政府の市場への介入が抑制されたことで、市場が有効に機能し、経済成長が達成されたと指摘する。[16]

一方、アムスデンは輸出補助などの企業に対する優遇措置、開発計画の策定、研究開発機関の設立など、韓国の経済成長に果たす政府の役割を重視し、こうした政府の介入こそが漢江の奇跡を主導したと主張している。[17] この点について、韓国・台湾における労働集約的な輸出工業部門と中間財・資本財部門の連関について実証研究を行った今岡日出紀等の研究グループも、両国における輸出志向工業化が単なる自由化政策ではなく、政府の様々な介入を伴うものであり、輸入代替部門の育成策も正当化しうることを明らかにし、経済成長に果たした政府の役割の重要性を指摘している。[18]

以下では、こうした論争を踏まえ、一九六〇年・七〇年代の韓国と台湾を事例に、輸入代替工業化と輸出志向工業化の関係、政府の市場への介入の実態などについて検証してみたい。

(2) 韓国と台湾の高度成長期における開発戦略と政府の役割

一九五〇年代末から六〇年代の前半にかけて、韓国や台湾では輸出志向工業化への取り組みが始まる。両政府が輸入代替から輸出志向に工業化政策をシフトさせたのは、六〇年代に入ってから、輸入代替工業化の基礎になった米国からの経済支援が打ち切られるとともに、国内市場の狭隘性から多くの輸入代替産業が生産過剰に陥ったためである。

韓国では、一九六〇年の四月革命を機に、輸入代替工業化期に政府と癒着し不正蓄財を行ったとされる財閥に対する国民の怒りが高まるなか、軍事クーデターによって政権を奪取した朴正熙を中心とする軍部は、翌六一年「金融機関臨時特例法」を発表し、財閥所有の市中銀行株を買収し、財閥に対する発言権をいっきに高めた。朴正煕は大統領に就任するや、大統領を頂点とする権威主義的な政治体制を敷いて「不正蓄財処理要綱」を発表し、李承晩政権期に政治献金や脱税などを行って不正な利益を得てきた財閥のオーナーたちを次々に逮捕し、経済の病巣にメスを入れた。朴大統領の狙いは、財閥のオーナーたちに罰金に相当する金額を政府が進めようとしていた経済開発五カ年計画の工業化プロジェクトへ代替投資させることで、五〇年代に蓄積された財閥の商人資本を工業投資に向けさせることにあった(19)。

当時、まだまだ資本や技術が不足していた韓国において、限られた資源を効率的に配分するために、朴政権は経済テクノクラートを集めた経済企画院で開発計画を策定させ、特定の分野に企業を誘導することで、政府主導型の工業化を推し進めようとしたのである。朴政権がこうした経済開発計画で力を注いだのは、輸出志向工業化の担い手となる輸出産業の育成である。朴政権は、開発計画に呼応した企業に工業用地の提供から資金調達まであらゆる便宜をはかった。とりわけ政府が選定した輸出企業には、輸出用設備・原材料への関税減免、輸出支援金融など数々の支援が行われた。また政府は各地に輸出自由地域や輸出工業団地を設置し、外資系企業を誘致し、国内企業との合弁による輸出促進に努めた(20)。

この結果、韓国では六〇年代に繊維、木材、履物などの労働集約型産業の分野で、新興財閥と呼ばれる多くの大企業が生み出され、彼らを担い手とする輸出志向工業化が進展し、高度成長が実現することになった。ポリエステルの鮮京、ナイロンのコーロン、履物の国際などが、当時政府の輸出振興策に呼応して急成長を遂げ、財閥化した企業グループである。各財閥は、政府が経済開発計画で選定した産業分野に次々と参入し、タコ足のように系列企業の輪を広げ、六〇年代の経済成長の担い手となった。

台湾でも、一九五〇年代末頃から、蔣介石総統をトップとする権威主義的な開発体制の下で、輸出志向工業化に向けた政府の介入が行われた。国民党政府が輸出振興を計るために最初に行ったのは、為替改革である。国内市場の狭さゆえに輸入代替工業化が限界に差し掛かった一九五八年、政府は為替の複式レートを一本化すると同時に、輸出に不利な為替レートの過大評価を是正した。ついで一九六〇年、輸入代替工業化期に採られてきた経済統制や為替管理を緩和し、市場の正常な機能を回復することを目的とした「一九項目財経改革措置」が発表され、実施された。さらに同年、投資と輸出の奨励、そのための租税の減免、外資の持株制限の撤廃、内国待遇の保証、利潤送金規制の緩和などを定めた投資奨励条例が制定され、台湾への投資環境が大きく整備されることになった。また一九六五年には高雄に輸出加工区が設置され、外資系企業を誘致して輸出を促す体制が整えられた(21)。

こうした国民党政府による輸出振興を目的とした制度改革によって、台湾の輸出企業は低賃金労働に特化した食品飲料、紡績アパレル、プラスチック製品、電気電信などの労働集約的輸出加工業を中心に発展を遂げ、台湾の経済成長を牽引していくことになる。

(3) 韓国・台湾の重化学工業化期における工業化戦略

韓国と台湾は、一九七〇年代に入ってから、ともに重化学工業化に乗り出す。両国が重化学工業化に着手した背景には、七〇年代における国際情勢の大きな変化が反映している。一九七〇年代に入って当時の米国大統領のニクソンが中国を訪問し、劇的な米中関係の正常化がなされてから、世界は冷戦からデタント時代に突入することになり、韓国と台湾における米軍の再編・部分的撤収が叫ばれるようになった。だが、米中関係が変化しつつも、中国や北朝鮮の軍事的脅威にさらされ続けざるをえない台湾と韓国は、在台米軍や在韓米軍の存在感が希薄化するにつれて、自主国防力を強化するために重化学工業化に取り組まざるをえなくなったのである。

韓国の重化学工業化は、第三次経済開発五カ年計画期間中の一九七二年から七六年にかけて、政府主導下で大規模かつスピーディに進められた。計画初年度の一九七二年には、早くも蔚山に石油化学コンビナートが完成したが、翌七三年に朴政権は重化学工業建設計画を発表し、鉄鋼、機械、電子、造船、石油化学、非鉄金属を六大重点産業に選定し、各地に大規模な重化学工業地帯を造成していった。七三年には浦項総合製鉄所の第一期工事が完了し、続く七四年には現代造船の第一期工事が完了した。その後も昌原、亀尾など六カ所に大規模な重化学工業団地が建設された。さらに同年、政府は長期自動車工業振興計画を発表し、起亜や現代自動車による国民車の生産が開始された。こうした政府による重化学工業化振興政策によって、鉄鋼、造船、石油化学、自動車などの部門で、七〇年代前半期の韓国経済は飛躍的な発展を遂げることになった。

このような韓国の重化学工業化政策は、六〇年代の輸出志向工業化において輸入需要が高まった中間財・資本財の輸入代替工業化を進めたという点で大きな成果を収めたと言える。だが、一九七二年以降きわめて低い水準に置かれた韓国の制度金融の実質利子率は、政府が投資目標に掲げた重化学工業部門へ市場需要を超えた設備投資を助長する役割を果たした。七〇年代の後半期に入ると、政府の金利政策の歪みから生じた投資競争は、とりわけ資本集約的重化学工業分野での設備過剰状態を一層深刻化させ、国内企業の生産停滞・操業率の低下をもたらし、インフレと不況を同時に進行させた。こうして政府の重化学工業化政策が招いた過剰投資に第二次石油危機という対外要因も重なって、韓国経済は七〇年末に低成長・企業倒産・失業の連鎖という深刻な経済危機に直面することになった。

台湾でも、韓国とほぼ同時期に重化学工業化への取り組みが始まっている。台湾では、一九七三年に蔣介石の息子である蔣経国が総統に就任すると、「十大建設」と呼ばれるインフラ整備と重化学工業の振興を目的とした十項目の国家プロジェクト投資が行われることになった。台湾政府が重化学工業化に力を入れるようになったのは、先に挙げた政治的要因に加え、一九六〇年代に輸出志向工業化が進展した結果、石油化学原料や鉄鋼素材への輸入需要が増大し、規模の経済性から見て、これを輸入代替的に自給生産する必要性に迫られていたからである。そのため、計画されたプロジェクトのうち、造船、鉄鋼、石油化学の三項目が投資額全体の四割という大きな比重を占めていた(22)。台湾政府はこうした重化学工業部門に公営企業を次々と設立し、集中的に大規模な投資を行うことで重化学工業化を牽引した。

台湾政府による重化学工業の振興策で成果を上げたのは、石油化学部門と鉄鋼部門であった。台湾における石油化学は、すでに六〇年代から広範な川下加工部門を擁していると言われ、七〇年代に入ってからの投資の拡大は、川上・川中部門の輸入代替的中間原料の自給率を高めた。それでも需要が追いつかず、一九八〇年に第四エチレンプラントの追加投資が行われ、同年のエチレンの年間生産能力は九五万トンに達した。台湾は、こうして化繊紡績やプラスチック加工業における原料の自給体制を七〇年代に確立した。そして、八〇年以降は石油化学原料の輸出市場への進出を遂げることになった。さらに鉄鋼の分野では、一九七七年末に第一期計画の粗鋼年間生産一五〇万トンのプラントが完成し、八二年には、第二期工事で年間三二五万トン規模の生産力を擁するまでになった。しかし、政府の重化学工業振興策によって七四年に民営企業として設立された中国造船公司は、第一次石油危機による造船不況で深刻な経営不振に陥り、民間資本が撤収した。国営企業に改組された後、輸出船の建造に活路を見出だそうとした中国造船公司であったが、第二次石油危機による造船不況で再び大打撃を受けることになった[23]。

(4) 韓国・台湾の六〇・七〇年代の工業化戦略をどのように理解すべきか

以上、韓国と台湾における六〇・七〇年代の工業化のプロセスを検証してみると、次のようなことがわかる。

両国の場合、まず、六〇年代における輸入代替工業化から輸出志向工業化への転換、七〇年代における輸出志向工業から重化学工業への転換に際し、政府がきわめて大きな役割を果したことである。計画の立案から、プロジェクト参入企業への金融支援、輸出志向工業化や重化学工業化を促すための様々な振興策の展開、重点産業部門への国営企業の設置、輸出加工区や重化学工業団地の設置など、こうした政府の介入がなければ、おそらく両国における六〇・七〇年代の輸出志向工業化や重化学工業化の進展はなかったことを考えると、韓国や台湾で政府の市場への介入が抑制されたが故に経済成長が達成されたというバラッサ・クルーガー説には大きな疑問を感じる。むしろ七〇年代後半の台湾の造船部門における重化学工業化の失敗や、韓国の重工業化過程における政府の金利政策の歪みから生じた過剰投資とそれを背景とした経済危機は、政府主導の工業化によってもたらされた歪みであったと言える。

次に、韓国と台湾の七〇年代の重化学工業化の過程を検証してみると、両国とも、中間財・資本財部門での輸入代替と労働集約的な部門での輸出志向が併存・同時進行した「複線型工業化」が認められる。少なくとも韓国や台湾のケースを見る限り、「輸入代替工業化か、それとも輸出志向工業化か」という二者択一の議論では重化学工業化のプロセスは理解できないことがわかる。韓国と台湾の七〇年代の工業化過程を経済開発モデルとして改めて整理するなら、これまでの通説的な「輸出志向工業化から重化学工業化」ではなく、「輸出志向一本槍の工業化」から「輸入代替と輸出志向の複線型工業化」への転換モデルとして理解すべきであろう。

3　社会主義計画経済の理想と現実──中国と北朝鮮の事例

(1)　中国における社会主義計画経済

戦後独立を勝ち取った途上国のなかで、マルクス主義に基づく社会主義を開発モデルとして選択した国は少なくない。かつて欧米日列強による植民地・半植民地支配を体験した独立国では、極力外国資本を排除し、自立的な国民経済を創りだすことが、国家建設に際して最も重要な課題であった。こうした独立国の指導者にとって、社会主義は外国資本から自国を守ると同時に、宗主国に従属した植民地国家を「我々の国家」に改造するための解放思想でもあった(24)。

中華人民共和国の建国の父とも言える毛沢東の場合はどうか。一九四九年一〇月、毛沢東は中華人民共和国の建国を宣言するが、当時の毛沢東にとっての最大の問題は、長く続いた抗日戦争とその後の国民党との内戦による破壊と混乱から、いかに中国経済を復興させ、対外的にも対内的にも自立した国に立て直すかという点にあった。

毛沢東は最初、世界の社会主義運動を牽引してきたソ連の社会主義を発展モデルに据えることで、経済の近代化を遂げようとした。一九五三年、中国共産党による一党独裁体制を確立した毛沢東は、ソ連をモデルにした計画経済のシステムを導入し、国家主導による上からの工業化と農業集団化を推し進めた。ソ連の中央計画経済をモデルにして作られた第一次五カ年計画（十五計画：一九五三〜五八年）

では、①重工業の推進と②農業や私営企業の協同組合化が目標として設定された。この計画では、多くの生産設備がソ連から導入され、工業のなかでも重工業が重視され、全投資額のうち五八・二％が工業部門に向けられ、さらにその八割が重工業に配分された。こうした第一次計画を通じた重工業への偏重投資の結果、鉄鋼や発電など一部の重工業部門はめざましい発展を遂げることになり、同計画期間中の工業生産増加率は年平均一九・二％、経済成長率は年平均五・七％に達した[25]。

また、毛沢東自ら農村視察を続けた結果、農業集団化も加速した。農業集団化のプロセスは当初、土地所有権が農民にある互助組合や初級農業組合を経て、土地を含むすべての生産手段を協同組合に提供する高級協同組合へと徐々に移行していく予定であった。しかし、五六年に入ると初級協同組合を飛び越えて高級協同組合に加入する農家が急増し、その比率は全体の九割近くに達した[26]。こうして毛沢東は、建国からわずか七年で、形式上の社会主義モデルを実現する。

毛沢東が経済の近代化にあたってソ連型の社会主義モデルを導入したことが妥当であったかどうかは、エコノミストによって評価が分かれるかもしれない。だが、少なくとも五〇年代末までは、ソ連型の社会主義モデルに基づく中国経済の近代化は、疲弊していた農業を活性化し、貧しい国民に食料を配給し、重工業を中心とする工業化の進展をもたらしたという意味で大きな成果を収めたと思われる。

ところが、スターリン批判を開始したソ連が、これまでの反帝路線を変更し米国との平和共存路線を打ち出すや、毛沢東はソ連モデルからの決別と「自力更生」という中国独自の社会主義的な建設モデルを模索するようになる。[27] こうして一九五八年から開始されたのが大躍進運動である。「一五年でイギリスに追いつき、追い越す」をスローガンに、工業と農業の同時発展を目指して始まった大躍進運動では、まず工業生産を拡大させるために鉄鋼増産運動が行われた。毛沢東は「土法高炉」と呼ばれる伝統的な製鉄技術を全国に広め、農家、工場、学校などにその施設を作らせ、そこで鉄鋼生産を行うよう民衆に呼びかけた。こうした運動を通じて、農民は昼は農地で働き、夜は土法高炉で鉄生産に従事するという厳しい勤労生活を余儀なくされた。またこの大躍進運動の過程で、これまでソ連のコルホーズを模倣して作られた集団経営の農村（農業生産協同組合）は人民公社と呼ばれる大規模な農村組織に再編され、学校、病院、託児所、食堂などを備えた公社の中で農民たちは共同管理され、厳格な思想・労働統制が行われた。[28]

しかし、大躍進運動は大失敗に終わる。土法高炉で作られた鉄は使いものにならず、その多くはくず鉄にすぎなかった。また、農民は農作業のみならず鉄生産にも従事させられたため、極度に疲弊し、徐々に労働意欲を失うようになった。一九六〇年には自然災害も影響して穀物生産は四割減少し、中国は大飢饉に直面する。この年だけでも一〇〇〇万人の国民が餓死し、一九五八年まで年率六％程度の安定成長を続けてきた中国は、大躍進運動以降深刻な経済停滞期を迎えることになる。

大躍進運動の失敗が明らかになった一九五九年、毛沢東は国家主席のポストを辞任し、政治の表舞台から一時退く。毛に替わって国家主席のポストについた劉少奇は、六〇年代に入ってから改革派の鄧小平と組み、経済の立て直しに着手する。劉少奇と鄧小平は、農民たちの自由耕作地、自由市場、独立採算性などを部分的に容認し、個々の農家がそれぞれの生産を請け負い、規定分を上納し、余剰分は自由市場で売買して儲けてもよい個別農家請け負い制を実行し、働けば働くほどよい収入が得られるシステムを作りだした。こうした経済調整の結果、中国経済は急速に回復し、一九六二年には落ち込んでいた経済状況がほぼ回復するようになった[29]。

だが、一九六二年に政界の表舞台に復帰した毛沢東は、経済調整を進める劉少奇や鄧小平たちのグループを「資本主義の途を歩む実権派」と見なし、彼らを打倒するために、中国からブルジョワ的要素を完全に取り除くことを目的とした文化大革命を展開した。毛沢東思想に染まった紅衛兵は北京市内に繰り出し、市内の歴史遺産や名所旧跡を封建遺制として破壊した。さらに彼らは「造反有理」を叫び、中央指導部の要人を大衆集会に呼び出し、徹底した糾弾を加え、リンチを行った。批判集会の対象は、中央指導部のみならず、中級・下級レベルの幹部や大学教授にまで及んだ。こうした文化大革命が中国経済に及ぼした悪影響は甚大であった。この政治思想運動によって、多くのエリートの命が奪われると同時に、大学をはじめ高等教育機関が閉鎖されたことで、中国の貴重な人的資源が失われることになった。文化大革命の後遺症は大きく、その後、一九七〇年代末に中国が鄧小平体制下で再び「改革開放」路線に転換するまで、中国経済は長い停滞を余儀なくされるのである。

(2) 北朝鮮における社会主義計画経済モデル

建国初期において中国以上にソ連の強力な指導の下で社会主義計画経済モデルに基づく国家建設が

行われた国が、朝鮮民主主義人民共和国（以後、北朝鮮と表記）である。一九四五年八月、日本の植民地支配から解放された朝鮮半島は、暫くの間、三八度線の北側はソ連軍、南側は米軍によって占領・統治されることになった。そしてソ連の占領下に置かれた朝鮮半島の北側では、ソ連の指導の下で農地を地主から没収し農民に分与する農地改革が実施されると同時に、重要産業施設の国有化が進められた。こうした政策は、一九四八年に同地域に誕生した金日成を首相とする北朝鮮政府にも引き継がれ、翌四九年には国有（協同所有）企業が工業総生産額の九割を占めるようになった(30)。

一九五〇年から五三年まで続いた朝鮮戦争は北朝鮮経済に甚大な損害を与えたが、金日成は休戦後、北朝鮮経済のさらなる社会主義化を進めることで、戦後復興に取り組んだ。五三年八月、金日成は戦後復旧のロードマップとして、半年から一年をかけた戦後復旧のための準備期間、国民経済復旧発展三カ年計画（戦後復旧三カ年計画）、国家の全般的工業化のための五カ年計画（第一次五カ年計画）という三段階の経済開発計画を発表した。それは、朝鮮戦争で破壊された経済を戦前のレベルまで復興させながら、社会主義経済の基礎を固めようとするものであった。

まず一九五四年から始まった戦後復旧三カ年計画では重工業を発展させることに重点が置かれ、ソ連・中国から大規模な経済援助を受けたことで、工業総生産年平均増加率は同期間（一九五四〜五六年）四一・七％を記録し（『朝鮮中央年鑑』各年版）、朝鮮戦争前の生産水準を取り戻すという目標を達成することができた。ついで一九五七年から始まった第一次五カ年計画では、一日に千里走るという伝説の馬のようなスピードで経済建設を進めようという上からの大衆動員運動（「千里馬運動」）が展開された結果、一九五七～五九年の工業総生産年平均増加率は三六・六％を記録（同上、『朝鮮中央年鑑』各年版）し、当初の目標は一九六〇年に二年半繰り上げて達成された。またこの期間に農業や中小商工場において、土地や生産手段は協同所有、すべての農民は協同農場に属することになり、社会主義的な所有制が確立された(31)。

こうした一九五四年から六〇年までの朝鮮戦争後の経済復興・経済建設期を金日成は「社会主義の勝利」と評したが、この時期に北朝鮮が社会主義計画経済体制の下で工業化を進展させ、大きな経済的成果を収めたことについては、多くの研究者が認めるところである(32)。北朝鮮が歩んできた歴史的経緯や当時の国際情勢から考えて、金日成が朝鮮戦争後の復興にあたって、ソ連型の社会主義を開発モデルとして採用したことはごく自然な流れであったと言えるし、またその選択によって、五〇年代の北朝鮮には少なくない経済的果実がもたらされたと言えるだろう。

だが六〇年代に入って、金日成が「民族自立経済」を掲げ、中央集権的な指令経済に基づく独自の開発路線を歩み始めると、北朝鮮経済は低迷期を迎えることになる。金日成は北朝鮮建国後、社会主義陣営に所属し、ソ連と中国という社会主義大国から大規模な経済援助を受けながら経済復興を遂げる一方で、次第にソ連や中国から自立した国造りを行うべきであるという考えを持つようになっていった。金日成が自らの権力基盤を安定させるためには、ソ連や中国の内政干渉を許してきた国内のソ連派と延安派の影響力を排除する必要があったからである。そのため、金日成はソ連派・延安派のみならず南朝鮮労働党など金日成に批判的な勢力を次々と粛正して自らの権力基盤を強化するとともに、経済計画においても外国にできるだけ依存しない「民族自立経済」の樹立を掲げるようになった。北朝鮮が「民族自立経済」というスローガンを掲げるようになったのは、五〇年代末から始まった第一次五カ年計画においてである。一九五八年三月、金日成は同五カ年計画の実施にあたり、「民族自立経済」の建設を「われわれがすべてを自分でまかなって、十分に暮らしていけるような、つまり自給自足できるような国を作ることを意味する」[33]と解説し、ほとんどのものを外国に依存せず、生産できるフルセット型の自立経済を目指すことを宣言した。

やがて、北朝鮮がこうした「自立的民族経済」の路線を鮮明にするにしたがって、ソ連との関係は悪化していくことになる。一九六二年、ソ連が社会主義的国際分業の枠組みを拡大するため、北朝鮮にコメコンへの参加を要請すると、北朝鮮はソ連の対応に不快感を示し、北朝鮮とソ連の経済協力関係に決定的な溝が生まれることになった。一九六一年から開始された第一次七カ年計画（一九六一～六七年）では、当初「重工業を優先した工業化の進展」が目標として掲げられたが、一九六二年のキューバ危機を契機に計画が見直され、経済建設とともに国防建設が急務の課題になった。これによって、国家財政に占める軍事費の比率が著しく高まる一方、ソ連との関係が悪化するなかで、これまで北朝鮮の経済計画を財政面で支えてきたソ連からの援助が大幅に削減されたことで、期間内での計画遂行が困難になった。結果的に六七年に完了する予定だった同計画は、三年後の七〇年まで延長され、同七カ年計画の工業総生産年平均増加率も一二・八％にとどまり、五〇年代のような高成長を達成することはできなかった（前掲『朝鮮中央年鑑』各年版）。

一九七一年から開始された六カ年計画（一九七一～七六年）では、当初「重労働と軽労働、工業労働と農業労働の差異をなくし、婦人を家事労働から解放する三大技術革命を遂行する」ことが目標として掲げられていた。しかし、金日成総書記の意向にそって計画期間内に何度も目標が変更されることになった。一九七三年には当初の計画にはなかった西海岸地域における大規模工業地帯の建設が新たな目標として掲げられ、七四年には鉄鋼一二〇〇万トン、非鉄金属一〇〇万トン、石炭一億トン、セメント二〇〇〇万トン、化学肥料五〇〇万トンなどの「十大建設目標」が掲げられ、いずれも六カ年計画で掲げられた目標値をはるかに上回るものであった[34]。

とはいえ、「十大建設目標」で示された工業建設に必要な近代的なプラントは、ソ連など社会主義国からすべてを確保することが困難であった。そのため、北朝鮮は、これまで原則的に認めてこなかった資本主義国からのプラント導入に踏み切ることを決意する。こうして北朝鮮は、日本や西ドイツなどの西側世界から大量の資材や機械設備を輸入すると同時に、過大な目標を達成するため一九七五年九月から全国の労働者をそれぞれの建設現場や生産現場に七〇日間連続で総動員する「七〇日戦闘」という上からの大衆運動まで展開した。この結果、六カ年計画は期間中の工業総生産年平均増加率が一六・三％と第一次七カ年計画を上回るペースで増加し、計画目標は一年四カ月繰り上げて達成された（『朝鮮中央年鑑』各年版）。だが、西側世界からの大規模なプラント導入は対外債務を大きく膨らませることになり、一九七五年以降、北朝鮮は債務の償還ができなくなった。

石油危機が顕在化した一九七〇年代末から、北朝鮮は「工業生産を飛躍的に上昇させる」ことを意図した第二次七カ年計画（一九七八〜八四年）をスタートさせる。しかし八〇年代に入ると、この計画とは別に八〇年代末までに達成すべき「十大展望目標」（電力一〇〇〇億kwh、石炭一億二〇〇〇万トン、鉄鋼一五〇〇万トン、非鉄金属一五〇万トン、化学肥料七〇〇万トン、セメント二〇〇〇万トン、穀物一五〇〇万トンなど）が新たに発表され、七カ年計画よりも「十大目標」に重点が置かれるようになり、それぞれの生産・建設現場へ労働力や資材が集中的に動員されていくことになった。

だが、度重なる大衆動員運動にもかかわらず、「十大展望目標」は予定期間内には達成されなかった。北の関係者の証言では、一九九〇年の時点で電力が五六四億kwh（目標値一〇〇〇億kwh）、石炭八七〇〇万トン（目標値一億二〇〇〇万トン）、鉄鋼七二万トン（目標値一五〇〇万トン）など、いずれの項目でも目標値を大きく下回ることになった(35)。北朝鮮では原料や燃料が恒常的に不足し、債務不履行問題が表面化してからは、西側世界からのプラント輸入が困難になり、生産設備も老朽化していたためである。また中国の「大躍進運動」の影響を受けて始まった生産・建設現場への大衆動員運動も、度々繰り返されたことで、国民の勤労意欲を徐々に枯渇させ、結果的に生産物の品質低下や粗悪化がめだつようになった。

北朝鮮は八〇年代の末までに達成する予定であった「十大展望目標」を九三年まで延期し、それを実現させることを一九八七年からスタートさせた第三次七カ年計画（一九八七〜九三年）の目標に設定した。しかし、同時期にスタートした「首都大建設運動」の展開がこの計画の実現を困難にした。一九八九年の世界青年学生祭典の開催に備えて始まった「首都大建設運動」は、数百の記念碑的な建物をいっせいに建設するために、莫大な資金（四七億ドル）、労力、資材、設備が必要とされ、世紀の大建設工事と言われた[36]。金正日書記が音頭をとったこの運動を通じて、平壌では計八万世帯の壮大な建設ラッシュが始まったと言われている。当初計画になかった巨大プロジェクトの展開は、資金面でも人的資源の利用面でも第三次七カ年計画の遂行に大きなダメージを与えることになった。「首都大建説運動」によって、平壌は立派な施設を整えることができたが、一方で地方の人民生活は疲弊の一途をたどった。一九八九年の世界青年学生祭典開催後、全国の工場・企業の稼働率は一〇％程度にまで低下し、深刻化する食糧危機を乗り越えるために「一日二食運動」まで行われた[37]。

さらに九〇年代に入ってからの対外情勢の変化が、北朝鮮を窮地に追い込むことになった。一九九〇年九月に北朝鮮を訪れたソ連の外相は、韓国と国交を結ぶことを伝えるとともに、北朝鮮との貿易を今後は国際市場価格によるハードカレンシー決済に変更することを一方的に通告した。それまで、北朝鮮はコメコンの準加盟国と見なされ、ソ連との貿易は友好価格に基づくバーター取引であった。こうしたソ連との貿易制度の転換は、北朝鮮に大打撃を与えることになった。「朝ソ間経済取引を新形態に移す政府間協定」調印後、ソ連からの燃料輸入が減退し始め、輸入量は一九九一年にはこれまでの一〇分の一まで激減することになった。こうしたエネルギー危機によって、北朝鮮の火力発電所、製鉄・製鋼所、セメント工場などソ連からの輸入燃料に依存してきた重化学工業は壊滅状態に追い込まれることになった[38]。一九九三年一二月、党中央第六期第二一回総会で、北朝鮮は第三次七カ年計画の主要目標が達成できなかったことを公式に認めた。これは、北朝鮮政府が閉鎖的な計画経済の失敗を初めて認めたものであり、その後の北朝鮮の限定的な「対外開放」路線への政策転換を決定づけた事件であった。

4 東アジアにおける開発モデルの転換

(1) 政府主導から民間主導、開発独裁から民主化へ

〈ポストコロニアリズムとしての開発独裁〉

第1節と第2節で考察してきたように、韓国と台湾は、五〇年代の輸入代替工業化の段階から、六〇年代の輸出志向工業化の段階、さらに七〇年代の重工業化の段階を通じて、政府が経済過程に大きく介入し、経済開発を主導する政府主導型の工業化が行われてきた。独立後、経済開発を国家の第一目標として設定した両政府は、開発計画を立案し、基幹産業部門に国営企業を設置する一方、さまざまな政策や法令を通じて直接・間接的に市場に介入し、国民経済形成をリードしてきた。

こうした政府主導型の工業化は、けっして韓国や台湾に特有のものではない。東アジアの多くの途上国に見られた現象である。アジアの開発途上国がこうした政府主導型の工業化に乗り出した背景には、すでに述べたように、それぞれの国が植民地から独立後ながらく絶対的な貧困状況に置かれ、民族資本が十分に育っていなかったことが挙げられる。

実際、韓国・台湾をはじめ東アジアで開花した政府主導型工業化は、政府が貧しい資源を効率的に

配分し、開発計画の立案から執行にいたるまでの意思決定権を特定の機関に集中させることで開発計画の実効性を高め、政府の庇護の下で民族資本を育て、経済成長を導いたという点で、大きな成果をあげたと言える。

だが反面、こうした政府主導体制には、開発過程における意思決定権が、強い権限をもった政治指導者や特定の利権集団に集中したため、民意が政治に反映されず、民主主義が形骸化したという批判もある。政治学者の高橋進は「経済成長のためには政治的安定が不可欠であるとして、政治体制への参加を著しく制限する独裁を正当化している体制[39]」を「開発独裁」という言葉で表現したが、韓国、台湾のみならず、シンガポール、マレーシア、フィリピン、インドネシアなど東アジアの多くの国々では、ながらく経済開発を口実に政治独裁が正当化され続けた。

これらの国々では、開発独裁体制下で憲法や労使関係法が改定され、労働者は基本的な権利である労働三権が保障されず、国の労働政策に批判的な左派の労働組合は解体に追い込まれ、政府の認可した労働組合も御用組合の役割しか果たさなかったため、労働運動はほとんど機能不全の状態に置かれてきた。韓国の朴正熙、台湾の蒋介石・蒋経国、シンガポールのリー・クァンユー、フィリピンのマルコス、インドネシアのスハルトなどの政治指導者が、開発独裁体制下で労使関係の安定性を演出し外資の誘致に成功したのは、このような労働者の犠牲を代償にしたものであった。

〈経済の自由化と政治の民主化〉

しかし、一九八〇年代に入ると、国内外情勢の変化によって、こうした東アジアの開発体制は揺らぎ始める。まず、最初の変化は、七〇年代末の第二次石油危機を契機に、韓国や台湾の重化学工業化の事例で見たように、政府主導による高度成長の歪みが顕在化し、政府主導の有効性に疑問が投げ掛けられたことである。こうした時代の変化のなかで、これまで政府主導の工業化を進めてきた東アジアの多くの国々も、政府による市場機能への介入を減らし、徐々に資本取引を自由化し、自由競争を促進することで民間活力を強化していく方向性を打ち出していくようになる。

韓国では一九八一年に第五次五カ年計画が発表され、八〇年代の経済運営を民間主導で臨む方針が打ち出され、同年「資本自由化計画」が発表され、八四年には外資導入法が改正されて導入業種がネガティブリスト方式に転換されるなど、その後は資本取引の自由化に向けた対内直接投資の自由化措置が次々と採られるようになった。また対外直接投資についてきわめて制限的な政策を採ってきた台湾でも、八五年から国内企業による海外への直接投資が解禁され、対外直接投資の規制緩和が進んだ。石油危機を契機に経済が低迷していたフィリピンやインドネシアでも、ＩＭＦや世界銀行の要請で、政府によるさまざまな規制が緩和されたり、撤廃されることになった。[40]

これに続く変化は、東アジアの国々で経済が成長し、一人当たりの国民所得が上昇するにつれて、開発独裁の正当性が失われ、権威主義政治に対する不満が噴出し、アジア各地で民主化運動が活発化したことである。まず一九八六年、フィリピンで長期に渡って独裁政治を続けてきたマルコス大統領が、民主化を掲げるアキノ女史をリーダーとする「黄色い革命」によって退陣を余儀なくされる。ついで一九八七年、韓国で市民による民主化要求が高まるなか、独裁政治を続けてきた全斗煥大統領が退陣し、後継者の盧泰愚大統領候補によって「民主化宣言」が行われ、韓国でも大統領直接選挙が復活することになった。同じく八七年、台湾でも一党独裁を続けてきた国民党が野党結成の自由を認め、政治的自由を抑圧してきた戒厳令を解除した。こうしたフィリピン、韓国、台湾における民主化運動の勝利は、これらの国々の高度成長を支えてきた開発独裁モデルの限界と終焉を告げるものであった。

(2) 中国と北朝鮮で進む一党独裁下での「市場経済化」

こうした流れを見ると、東アジア諸国の開発モデルは、政府主導から民間主導、開発独裁から民主化の方向へ向かっているようにも見える。しかし、東アジアにおいて開発独裁モデルが姿を消したわけではない。高所得国に属するシンガポールでは現在なお開発独裁体制下で経済開発が進められているし、中国や北朝鮮でも、中国共産党や朝鮮労働党の一党独裁体制下で「市場経済化」の動きが見られる。

北朝鮮では、金正日が事実上の後継者に就任した九〇年代に入ってから「改革・開放」に向けた法制度改革が始まり、二一世紀に入ってから「改革・開放」を目指すより具体的な取り組みが見られるようになった。二〇〇一年四月に開催された最高人民会議では、韓国企業から原料や半製品を手に入れて完成品を造り、加工代金を取る委託加工について取り組めた「加工貿易法」など、本格的な外資導入に向け新たに三つの対外経済関連法が制定された。さらに二〇〇二年七月、北朝鮮は「経済管理改善措置」を発表し、①配給制の見直し、②価格統制の緩和、③賃金の引上げ、④企業の自主権の拡大、⑤賃金の成果主義の導入など、大胆な経済改革に乗り出した。これらの措置は、配給制や価格統制などの社会主義的な経済システムを見直し、実利主義の観点から経済運営に市場経済的要素を加えようとするものである[41]。

こうした北朝鮮における政府主導の経済改革は限定的であり、かつての韓国や台湾の政府主導型の開発モデルとは比べられないかもしれない。だが、現在の中国における一党独裁下の市場経済化モデルは、権威主義的な政府主導の下でより明白な「対外開放（輸出志向工業化）」政策が展開されているという点で、一九六〇・七〇年代高度成長期の台湾や韓国の開発独裁モデルと重なる部分が少なくない。

中国では一九七八年に鄧小平が政権の座についてから、かつての社会主義計画経済の時代にはみられなかったドラスティックな経済改革が行われるようになった。農村では毛沢東時代のシンボルであった人民公社が解体され、家族農業を復活させた。また国家による買い上げ品目を減らし、買い上げ価格を引き上げた。農民は国家から請け負った農産物さえ納めれば、後は自由に販売できるようになり、農民の労働意欲は著しく高まった。この結果、中国の農業生産は飛躍的に増大し、農家所得も大きく上昇した。

中国の経済発展戦略にも大きな変化が見られた。最大の変化は、中国が「内向的発展」から「外向的発展」に方向性を大きく転換したことである。社会主義計画経済の時代、中国は「自力更生」をスローガンに国際社会、とりわけ西側世界から距離を置いた「内部自給型産業国家」の創造が大きなテーマであった。しかし、鄧小平は経済の近代化を実現するには、海外から資本や技術を導入することが不可欠と考えた。そのため、中国は一九八四年、対外開放の拠点として深圳、珠海、汕頭、アモイの四カ所に経済特区を設置し、その後も沿海地域の一四都市を対外開放したのを皮切りに、長江、珠江などのデルタ地域、さらには遼東半島、山東半島へと対外開放地域を広げていった。

政府の対外開放政策の結果、中国の経済特区には世界中から多くの多国籍企業が進出することになった。一九八〇年代には日本のカメラメーカーや台湾の靴メーカーが進出して産業基盤が築かれ、九〇年代に入ると日本の家電メーカーや台湾のパソコンメーカーなどが進出して地場産業が発展を遂げた。さらに九〇年代半ばからはコピー機やプリンターの世界的な生産拠点になり、九〇年代後半になると米国や韓国の企業も進出した。こうして広東、深圳、上海、蘇州などの対外開放地域は、世界に類を見ない裾野の広い産業集積地に成長した[42]。

中国の輸出額も大きく拡大した。一九九五年に一五〇〇億ドルであった中国の総輸出は、二〇〇〇年には三一〇〇億ドルと五年間で二倍以上の急成長を示した。輸出の成長に牽引され、中国のＧＤＰも飛躍的な成長を見せてきた。「改革・開放」が始まった一九七八年から二〇〇一年までの二三年間に、中国のＧＤＰは二六倍以上に増加し、その間のＧＤＰ成長率は年平均で約一〇％を記録している[43]。こうした「改革・開放」後の中国経済の躍進と持続的成長は、良かれ悪しかれ、開発経済学に「社会主義市場経済」という新たな（二一世紀型）開発モデルを提示していると言えるだろう。

むすびにかえて——二一世紀における開発モデルの課題

中国がこれだけ長期間にわたって高成長を持続できたのは何故か。まぎれもない事実は、中国がかつての台湾や韓国のように開発独裁体制の下で、世界経済にリンクする「市場経済化」を推し進めてきた結果、「世界経済の奇跡[44]」が導かれたことである。この事実を開発エコノミストはどのように受け止めればよいのだろうか。

米国の中国研究者であるG・K・ラモは、政府の役割を限定し徹底した市場主義を追及する欧米型開発モデル（ワシントン・コンセンサス）に対し、「市場経済化」を認めながらも権威主義的な政府が経済活動に介入することで経済成長を追及しようという開発モデルを「中国モデル（北京コンセンサス）」と名づけ、これを一つの成功モデルとした。一方、北京大学の姚洋は「中国が経済成長と社会的安定を維持するには民主化以外の選択肢はない」と「中国モデル」を批判している[45]。姚洋は、社会的な不安定を招く開発独裁的な中国モデルでは高度経済成長は維持できないと主張しているのである。

さらに「中国モデル」に対する批判の背景には、既得権益層が富の再分配に抵抗しているために拡大する格差問題や、中国共産党の一党独裁という抑圧的な政治体制の下で労働者の人権が脅かされているという人権問題などが存在する。しかしそれでもなお「中国モデル」が支持されているのはなぜだろうか。一九九七年のアジア通貨危機以降、不況に陥った多くの国が欧米型の開発モデルを導入して政治面での民主化と経済面での構造改革を進めたものの、金融危機後の対応が迅速に進まないまま長い景気低迷期を迎えたが、一党独裁下の中国では強力な政府主導体制によって金融危機への迅速な対応ができた。その事実が「中国モデル」に説得力を与えているのである[46]。

グローバル化が進展するなかで先進国のマネーゲームに翻弄されてきたアジアの国々では、国家や政府の役割の重要性が再びクローズアップされているが、「中国モデル」をめぐるこうした論争は、開発モデルにおいて「国家とは何か、市場とは何か」という根源的な問題を再び私たちにつきつけていると言える。国家による暴力とグローバリゼーションの脅威から労働者の人権をどう守り、持続的な成長をどうすれば維持できるのか。開発経済学はこれからもこの困難な課題に悩まされ続けなければならない。

【注】

(1) 渡辺利夫『開発経済学研究——輸出と国民経済形成』東洋経済新報社、一九七八年、一〇九頁。
(2) World Bank, *The East Asian Miracle: Economic Growth and Public Policy*, Oxford University Press, 1993.
(3) 渡辺利夫『成長のアジア／停滞のアジア』東洋経済新報社、一九八五年。平川均「東アジア工業化のダイナミズム」粕谷信次『東アジア工業化のダイナミズム——二一世紀への挑戦』法政大学出版局、一九九七年。Bela Balassa, "The Process of Industrial Development and Alternative Developing Strategies", in his *The Newly Industrializing Countries in the World Economy*, New York, Pergamon Press, 1981.

(4) 柳原透「輸出志向工業化」渡辺利夫『もっと知りたいＮＩＥＳ』弘文堂、一九八九年、七五頁。
(5) 郭洋春『アジア経済論』中央経済社、一九九八年、八九—九〇頁。
(6) 渡辺利夫『アジア中心国の挑戦』日本経済新聞社、一九七九年、七七—七八頁。
(7) 長谷川啓之『アジアの経済発展と政府の役割』文眞堂、一九九五年、一九三頁。
(8) 渡辺、前掲『アジア中心国の挑戦』八一—八二頁。
(9) Ezra F. Vogel. *The Four Little Dragons*, Harvard University Press, p.15（エズラ・ボーゲル『アジア四小龍』中公新書、一九九三年、二五頁）。
(10) 劉進慶「台湾の産業」隅谷三喜男・劉進慶・徐照彦『台湾の経済』東京大学出版会、一九九二年、一〇五—一一二頁。
(11) 服部民夫・佐藤幸人「韓国・台湾比較研究の課題と仮説」服部民夫・佐藤幸人『韓国・台湾の発展メカニズム』アジア経済研究所、一九九六年、五頁。
(12) Bela Balassa, *op. cit.*
(13) 渡辺、前掲『開発経済学研究』一五三—一五九頁。
(14) 柳原、前掲「輸出志向工業化」八一頁。
(15) 同前、八五頁。
(16) Bela Balassa, *Development Strategies in Semi-Industrializing Economies*, Baltimore: Johns Hopkins Univ Press, 1982. Anne O. Kruger, "Trade Policy as an input to Development", *American Economic Review*, 70 (2), 1980.
(17) Alice H. Amsden, *Asia's Next Giant :South Korea and Late Industrialization*, New York: Oxford Press, 1989.
(18) 今岡日出紀・大野幸一・横山久『中進国の工業発展——複線型工業化の論理と実証』アジア経済研究所、一九八五年。
(19) 朴一「韓国の工業化と支配三者体制」『経済評論』一九九〇年四月号。
(20) 劉進慶「韓国における重化学工業化と政府主導経済の問題」『アジア経済』一九八三年一二月号、一〇—一三頁。
(21) 同前、一一三頁。

(22) 同前、一二七頁。
(23) 同前、一二八頁。
(24) 国分良成『中華人民共和国』ちくま新書、一九九九年、七八頁。
(25) 国分良成「中華人民共和国」小島朋之他『東アジア』自由国民社、一九九七年、二六七頁。
(26) 同前、二六九頁。
(27) 小島朋之『中国現代史』中公新書、一九九九年、五三頁。
(28) 竹内実『毛沢東』岩波新書、一九八九年。
(29) 国分、前掲「中華人民共和国」二七九―二八〇頁。
(30) 室岡鉄夫「北朝鮮：孤立と低迷」渡辺利夫編『アジア経済読本』一九九四年、二一九―二二〇頁。
(31) 同前、二二〇頁。
(32) 梁文秀『北朝鮮経済論』信山社、二〇〇〇年、一〇一頁。
(33) 『金日成選集』第五巻、朝鮮労働党出版社、一九六〇年、三六三―三六四頁。
(34) 玉城素「破綻する経済計画」玉城素・渡辺利夫『北朝鮮――崩落か、サバイバルか』サイマル出版会、一九九三年、四七頁。
(35) 同前、六二頁。
(36) 『民主朝鮮』一九八七年六月一八日。
(37) 玉、前掲「破綻する経済計画」六二―六四頁。
(38) 同前、六五頁。
(39) 高橋進「開発独裁と政治体制危機――スペイン、イラン、韓国の場合」『世界』一九八〇年二月号、一七〇頁。
(40) 河合正弘『アジアの金融・資本市場：自由化と相互依存』日本経済新聞社、一九九六年、二八―二九頁。
(41) 朴一「太陽政策期における北朝鮮の政治・経済システムの変化と連続性」『経済学雑誌』第一一一巻一号、二〇一〇年。
(42) 末廣昭『進化する多国籍企業』岩波書店、二〇〇三年、一二六頁。

（43）田代秀敏・賀暁東・英華『沸騰する中国経済』中公新書、二〇〇二年、五頁。
（44）同前、五頁。
（45）『日本経済新聞』二〇一〇年三月二九日。
（46）鄭永年『中国モデル——経験と困難』浙江人民出版社、二〇一〇年。

第4章　グローバリゼーションとアジアの地域主義
——紛争解決と安全保障を中心として

清水　奈名子

1　問題の所在

二一世紀のアジア諸地域について考察する際の主要な課題のひとつに、この地域における紛争解決と安全保障という問題がある。今日の世界における「紛争」や「安全保障」とは、武力紛争や大量破壊兵器の拡散などの軍事的な問題群をはじめ、領土・領海紛争などの国家間の国際法上の権利義務の衝突、経済社会分野における摩擦や対立などに限定されるものではない。それらに加えて、海賊やテロ行為、人身取引、感染症など、私的集団や個人をも視野に入れた非軍事的分野にも広がりをもつ、いわゆる「非伝統的」な安全保障上の問題を含む概念として理解されるようになっている(1)。そしてアジア諸地域は現在、これらの多様な紛争や安全保障上の問題を多く抱えていることで知られており、それらの平和的な解決が長年懸案となってきた(2)。とくに冷戦終結後には各分野で進行するグローバリゼーションの影響を受けて、脱国境的な戦争経済の発達、犯罪組織間の提携強化、貧富の格差の拡大による社会の不安定化、排外主義と結びついた自民族中心主義的なナショナリズムの高揚などが、新たな安全保障上の脅威を世界的に増幅させていると言われており、アジア地域もその例外ではない(3)。

具体的にみれば、まず北東アジア地域では、南北朝鮮半島の分断や中台問題など、残存する冷戦構造がしばしば地域の緊張を高めており、また日韓の竹島問題や日中の尖閣諸島問題など、国家間の領有権をめぐる紛争も未解決のままである。東南アジア地域では、フィリピンのミンダナオ島におけるイスラム分離独立運動など、国内紛争を抱える国が存在し、さらにタイとカンボジア間の国境紛争など、国家間紛争も残存している。さらに南アジア地域では、インドとパキスタンという核保有国同士が睨み合い、テロやクーデターが絶えない。

これらの紛争をいかに解決し、地域の包括的な安全を保障していくのか、という問題に取り組む際に、今日世界的に見られるのは、「地域主義（regionalism）による対応」という処方箋である。本章が扱う地域主義とは、隣接する地域に存在する国家をはじめ、市民組織などを含む多様な主体が、協力関係を組織化し、共通の問題に対処しようとする過程一般を指す(4)。その最も分かりやすい事例は、主権国家間の地域協力関係を組織化した地域的な国際機構（地域的機構）であり、ヨーロッパ地域では欧州連合（EU）、欧州安全保障協力機構（OSCE）が、アフリカ地域ではアフリカ連合（AU）や西アフリカ諸国経済共同体（ECOWAS）などが知られている。さらに米州地域の米州機構（OAS）、中東地域のアラブ連盟（LAS）、中央アジア地域の上海協力機構（SCO）など、主要な地域には必ずと言ってよいほど地域的機構が存在しているのが、現代世界の特徴となっている。アジア地域においても、東南アジア諸国連合（ＡＳＥＡＮ）などが創設されてきた。[5] これらの機構は、地域で共通する問題に加盟国が協力して対応することで、各地の政治、経済、社会問題が紛争へと発展する前に予防し、さらに紛争が発生した場合にはその平和的な解決を目指して、協力関係を制度化してきたものである。一国では解決できない問題が年々増加するグローバリゼーションの時代において、地域ごとにまとまって対応する必要性が高まっている状況を映し出しているのが、地球規模で見受けられる諸々の地域的機構の存在であると言えるだろう。

こうした「地域主義による対応」という切り口から分析すると、アジアはしばしば地域主義が停滞しているとの評価を受けてきた。この評価は、ヨーロッパなどの機構の組織化が進んだ地域との比較が前提となっており、それらの機構に比べて組織化の度合いが低いという点に加えて、全アジア地域を包摂して活動する機構が不在であることも、その批判的評価の根拠となってきた。アジアにおいては、いまだに多くの国家が自国の主権的自由に強くこだわっており、その主権の一部を国際機構に委譲してまで地域的機構を強化することには抵抗を覚えている。そのために機構自体の問題解決能力も低く、結果として同地域では政治的対立や紛争が絶えないとみなされているのである。[6]

しかし、こうした批判的な評価がある一方で、二一世紀に入ったアジア諸地域において、地域主義を強化しようとする動きが見られるようになったこともまた事実である。二〇〇五年の東アジア首脳会議では、参加国政府が正式に「東アジア共同体」の設立を政治的な議題として取り上げるに至った。

さらに二〇〇七年には、ＡＳＥＡＮのすべての加盟国が二〇一五年までに「ＡＳＥＡＮ共同体」を設立することを定めた「ＡＳＥＡＮ憲章」に調印しており、同憲章は翌二〇〇八年に発効している[7]。前者はアジア広域を加盟国とする地域的機構の出現を予想させるものであり、後者は組織化への志向が弱かったＡＳＥＡＮにとって大きな変化を画する出来事であった。

二一世紀に入ってからのアジアにおけるこうした地域主義への流れは、深化するグローバリゼーションへの対応として理解できるのであろうか。そしてこの動きが、同地域における紛争解決と安全保障にとって、いかなる意味をもつのだろうか。これらの問題を考察するために、本章では続く第2節において、地域主義が主権国家体制にどのような変化をもたらしうるのかについて一般的に考察した後で、アジアにおける地域主義について、ＡＳＥＡＮを事例として概観し、その特徴を明らかにする。ここでは、主権国家体制を生んだヨーロッパにおいて、国家間の抗争性と分断性を乗り越える試みとして始まった地域主義が、歴史的経緯も背景も大きく異なる東南アジアにおいては、主権国家体制を支えるために強化されてきたというその特性をまず確認する。それを受けて第3節では、アジアにおける地域主義を先導するＡＳＥＡＮ加盟国によって、二〇一五年に設立が予定されているＡＳＥＡＮ共同体に向けた動きを分析することで、東南アジアにおいて進行している地域主義に近年みられる変化の要因を検討する。具体的には、四〇年以上にわたる地域協力の経験から生まれた新たな共通利益観と、グローバリゼーションによる自由民主主義的な規範の拡張を受けて、国家中心的であったＡＳＥＡＮの制度に民主主義や人権といった新たな要素が加えられるようになった要因を明らかにする。

そして最後に第4節および5節において、脱国境的な諸問題に対応するうえで、今後のアジアの地域主義がどのような可能性をもつのかについて考察する。日中韓をはじめとする北東アジアの諸国を含んだ「東アジア共同体」をめぐる議論が停滞する一方で、組織化を進めるASEANにおいては市民組織が積極的に関与し、人々のために働く地域主義の実現を目指した活動が始まっていることを明らかにすることで、地域主義の深化によって拓かれる二一世紀のアジアの展望の一端を解明することが、本章の最終的な目的である。

2　アジアにおける地域主義の展開

(1)　地域主義の目的——主権国家体制の抗争性と分断性の克服

今や世界中にみられる地域主義の動向について、アジアに注目しながら考察することは、実は同地域における主権国家体制が今後どのような展開をたどるのかについての考察と、密接に関係している。なぜなら、地域的な協力関係が地域的国際機構という制度へと発展していくことを受けて、従来の主権国家の権限や機能は変化を余儀なくされるためである。すなわち、国家が地域的機構の加盟国となるのにともない、政策決定の自由や立法権、司法権など、それまでは各国が独占してきた主権的自由や権利の一部を失い、または新たな義務や制限が加えられる可能性がある。他方で同時に、複数国との協力関係によって初めて得ることのできる新たな権利や能力を獲得することもある。こうした主権国家の権能をめぐる変化に注目すれば、アジアにおける地域主義の展開について考察することは、今後アジアにおける主権国家体制がどのように展開していくのか、その機能や権限はどう変わるのか、さらにその変化によって人々や社会はどのような影響を受けるのかについて考察することへと、つながっていくのである。

歴史を振り返れば、複数の主権国家が地域主義を採用して地域的な国際機構を創設し、協力関係の組織化をはかってきたのは、主に第二次世界大戦以降のことである。現存する政府間国際機構全体に占める地域的機構の割合は約七〇％、その数は一七〇にものぼるとされており、世界各地に多様な分野の機構が設立されてきた。[8] それではなぜ多くの主権国家が、その主権的自由が制限される可能性があるにもかかわらず、地域主義を政策として採用し、組織化を進めてきたのだろうか。

国際機構論の説明によれば、地域的か普遍的かを問わず、国際機構創設の営みとは、欧州に端を発する近代主権国家体制がその属性としてきた、抗争性と分断性を克服することを目的にしている。領域を国境線で区切ることで領有権の及ぶ範囲を確定してきた近代国家は、国家主権を根拠に対外的な独立と内政不干渉の原則を引き出し、戦争の自由を手にすることで「戦争の体系」と化してきた。さらに一八世紀後半に始まった産業革命以降、人や財、資本、サービスの移動が活発化するのにともない、国境線で寸断されたモザイク状の世界の不便さが際立っていった。これらの問題を受けて、国々は紛争の平和的解決や地域的な協力関係を組織化することで、抗争誘発的で分断志向的な主権国家体制を克服しようとしてきた、と説明されるのである。[9] その結果、主権国家は国際機構にひとたび加盟すれば、その主権的自由は機構の活動によって一定の法的な制限を受けることになった。

こうした認識に立てば、地域的な協力関係の組織化を世界に先駆けて進めてきたのがヨーロッパ地域であることは、歴史の皮肉のようにも思われる。主権国家体制を、その絶大な軍事力と経済力を背景に世界中に押し広めてきた先駆者たちが、自ら喧伝した体制の機能不全状態からあたかもいち早く脱け出そうとするかのように、主権国家体制を克服するための地域統合を視野に入れた制度作りを進めてきたのである。その代表的な制度がＥＵであるが、創設者たちの意図の中心にあったものは、単なる規模の経済の実現ではなく、数百年続く大国間の紛争の結果荒廃したヨーロッパ地域に「不戦共同体」を創設することに他ならなかった。そのためにまず政治や安全保障など、国益が鋭く対立し協力が困難な分野から始めるのではなく、経済社会分野という各国に共通する利益が比較的見つけやすい領域から協力体制を強化し、深化させることで、政治的にも軍事的にも紛争を起こすことができなくなるほどの密接な地域協力関係を、漸進的に達成しようとしたのである。(10)

他方で、ヨーロッパ列強の植民地として長らく支配を受けてきたアジア諸国の多くが、日本帝国の支配を経て、最終的な独立を達成したのは第二次世界大戦後のことであり、中国や朝鮮、ヴェトナム、カンボジアのように冷戦中も内戦が継続した地域が少なくなかった。またブルネイがイギリスから完全に独立したのは一九八四年であったように、植民地体制の一部は戦後も長らく継続していた。先駆者たちに何周も遅れて主権国家作りに取りかかったこれらの国々は、国家機構の整備、官僚をはじめとする国家運営のための人材の育成、国民統合などの複雑な作業を一から始めるのと同時に、主権国家が並存する体制の問題を克服すべく、地域主義への動きを進めるという、新興諸国ならではの経緯をたどっていくことになる。その当然の帰結として、アジアにみられる地域主義はヨーロッパ地域とは異なる特性をもつことになった。

(2) アジアにおける地域主義の展開――ASEANによる主導

以上のような新興独立国に特有の環境において始まったアジアにおける地域主義は、国家主権の重視と、地域協力関係の組織化への消極性をその特性としてきた。数百年にわたる国家主権の強化と対外的な拡張主義が、対外侵略戦争や全体主義国家を生み、結果として抗争に明け暮れてきたヨーロッパとは異なり、アジア諸国にとっては、独立を機にようやく手にした国家主権をどう制限するかではなく、まずは未熟な国家体制をいかに維持、強化していくかが課題であり、そうした目的のために必要とされたのは、主権国家体制を支える地域主義であった[11]。

このアジアにおける地域主義の特性を最もよく示しているのは、一九六七年にインドネシア、マレーシア、フィリピン、シンガポール、タイの五カ国を原加盟国として発足したASEANである。その後、八四年に独立を果たしたブルネイが加わり、さらに冷戦終焉後には旧社会主義勢力陣営に属していた国々の加盟が実現し、九五年にヴェトナム、九七年にはラオスとミャンマーが、そして九九年にはカンボジアが加わったことで、将来における加盟への意欲を表明している東ティモールを除くすべての東南アジア諸国が加盟する機構となった[12]。

しかし、このＡＳＥＡＮは果たして国際機構なのか、という議論が長年存在していたことからも明らかなように、それは加盟国から独立した執行機関といった一般的な国際機構の構造や、国際法人格にともなう権能をもたない、特殊な存在であり続けてきた。[13] またその意思決定方式もコンセンサス方式であり、票決制度による多数決制を採用していない。これらの側面を捉えて、アジアではめずらしく長期間続いている地域主義的な協力関係ではあるものの、加盟国の主権制限につながる組織化には消極的であると評価されることになった。実際に運営の原則として、主権尊重のコロラリーである内政不干渉を明示的に掲げていることでも知られている。[14] 加盟国の国家主権重視から導き出された運営方式であるが、組織化への消極性も、同じく主権重視の立場から説明できよう。組織化が進むことで、機構が加盟国から独立した地位を獲得し、加盟国に対して命令的な権能を備えることを望まないがゆえに、それらを法的に可能にする組織化を急ぐ必要はなくなるのである。

そうであるならば、加盟国にとってなぜ地域的な協力をＡＳＥＡＮという枠組みで進める必要があったのだろうか。その主要目的は、経済的な協力関係の強化であると理解されがちなＡＳＥＡＮであるが、実はヨーロッパにみられる地域主義と同じく、発足当初は何よりも原加盟国間関係の平和と安定の維持にこそ協力関係の重点が置かれていたという。[15] ヴェトナム戦争の激化を背景としつつ、並行して冷戦構造とは別に地域的な解決が必要な深刻な紛争（マレーシア紛争など）が存在していた東南アジア地域において、各国間の相互不信とコミュニケーションの不足が相互和解の障害となるなか、山影進によれば「目的をはじめとして具体的な面は曖昧にしておいたままで、とにかく相互協力の意思の存在を確認しあった結果だった」[16]と説明されるのである。

地域協力によってもたらされる平和と安定は、国民国家形成期にある東南アジア諸国にとって、各国が国民統合と経済開発に専念することを可能にする。また、ＡＳＥＡＮがいわゆる新興諸国同士の「弱者連帯型」の協力関係であることから[17]、加盟国の連携を強化することで、地域の外に対しては一国では達成困難な国際関係上の地位や発言力の確保につながる。そして同時に、地域内においては、政治体制、経済力、領土面積、人口規模、民族構成などが大きく異なる加盟国間において、まずは紛争発生の蓋然性を減らし、安定的な協力関係を構築することが、東南アジア各国にとって必要だったのである。さらに冷戦期には社会主義圏に対する共同防衛的な性格をもっていたものの、冷戦後には社会主義陣営諸国の加盟を認めたことからも、加盟国間の平和と安定の維持という、ＡＳＥＡＮ創設当初と同じ目的意識が、今日まで継続していると考えられよう。こうして、主権国家を超越する超国家的な国際機構ではなく、主権国家体制の維持と発展を支える緩やかな地域協力関係を生み出したＡＳＥＡＮは、東南アジアにおける主権国家体制の抗争性を一定程度克服する機能を果たしてきた一方で、諸国間の分断性については大きな変化をもたらさずにきたのである。

このように独特の構造と運営方式によって展開されてきたＡＳＥＡＮは、地域的な協力体制と運営原則に同意する東南アジアの国家であれば、君主制（ブルネイ）、一党独裁制（ラオス、ヴェトナム）、軍事独裁体制（ミャンマー）、権威主義体制（シンガポール）などの多様な国内体制を問わず加盟を認め、加盟国がその対外政策と国内政策を切り離すことを可能にしてきた。そして一九九〇年代には、一部の加盟国による経済的発展や機構自体の国際的地位の向上を受けて、この「ＡＳＥＡＮ方式（ASEAN way）」[18]が注目され、アジア地域特有の組織運営原理として自己主張される時期を迎えることになる。さらに他のアジア諸地域では多国間地域協力の深化がみられないなかで、ＡＳＥＡＮはアジアにおける地域主義の起点としても機能するようになっていった。一九八九年に発足したアジア太平洋経済協力（ＡＰＥＣ）、一九九四年に発足したＡＳＥＡＮ地域フォーラム（ＡＲＦ）、アジア欧州会合（ＡＳＥＭ）、ＡＳＥＡＮ＋３（日中韓）、ＡＳＥＡＮ＋３＋３（日中韓、オーストラリア、ニュージーランド、インド）などを主導するなかで、このＡＳＥＡＮ方式がアジアにおける地域主義の方法論として一般化していくことになったのである。[19]

しかしながら、主権国家体制の分断性には大きな変更を加えることなしに、加盟国間の抗争性の克服を重視するアジアに特有の地域主義を発展させてきたＡＳＥＡＮは、二一世紀に入ってその組織構造や機能を改編する転換期を迎えようとしている。それが二〇一五年に予定されている「ＡＳＥＡＮ共同体」の創設である。

3　ＡＳＥＡＮ共同体の出現とその影響

(1)　活動分野の包括性と自由民主主義的な目的の設定

ＡＳＥＡＮの全加盟国における批准手続きの完了を受けて、二〇〇八年一二月にＡＳＥＡＮ憲章が発効したことは、それまで組織化志向の弱かった東南アジアにおける地域主義の特性を大きく変化させる出来事であった。この憲章によってＡＳＥＡＮは、加盟国からは独立した国際法人格をもち（第三条）、二〇一五年には政治安全保障共同体（ＰＳＣＣ）、経済共同体（ＥＣＣ）、社会文化共同体（ＳＣＣＣ）の三つの共同体を併せもつ、稀有な地域的機構へと発展することになったのである（第九条）。

ただし機構の地位や権限に注目すれば、それは従来のＡＳＥＡＮとは変わらずに政府間協力のための機構であり、加盟国の主権制限をともなうような超国家的要素はみられない。具体的には、ＡＳＥＡＮの三つの共同体は各国代表によって構成され、またそれらの上位機関として加盟国首脳からなるＡＳＥＡＮサミットが、そして外相等からなるＡＳＥＡＮ調整理事会が置かれており、さらに分野別の閣僚機関が各共同体のもとに置かれることになっている（第七—一〇条）。これらの機構構造からも、それはＥＵの主要機関である欧州委員会のように政府から独立した超国家的な機構ではなく、共同体となってからもＡＳＥＡＮが政府間協力の枠に留まることは明らかである。さらに機構の原則として、主権の尊重や内政不干渉が明記され（第二条二項ａ、ｅ、ｆ）、また意思決定方式もこれまで通り協議とコンセンサス方式をとることが規定されていることから（第二〇条）、従来の協力関係からの大きな変化は見込めないとして、ＡＳＥＡＮ共同体の問題解決能力や独自の存在意義を疑問視する評価もみられる[20]。たとえばミャンマーの軍事政権による民主化運動の弾圧や、人権侵害問題について十分に対応できなかったＡＳＥＡＮの「弱さ」は今後も続く、といった批判である[21]。

このような憲章に対する懐疑的な評価は、加盟国からの独立性が高まり、その超国家的な権限が強化されることが国際機構の「進化」であり、問題解決能力もそれに比例して向上するという、ヨーロッパの地域統合をモデルにした国際機構の発展モデルを基準とする評価である。この基準を当てはめるならば、従来の主権尊重と内政不干渉に固執したＡＳＥＡＮ憲章の内容に新規性はなく、同地域における主権国家体制にいかなる変更を加えることもない、という結論になろう。

しかしそれでもなお、この憲章には従来のＡＳＥＡＮとは異なる制度が記されており、今後のアジアの地域主義を考察するうえで重要であると思われる二つの特徴を備えていることは注目されてよい。憲章に描かれたＡＳＥＡＮ共同体の第一の特徴は、前述した政治安全保障、経済、社会文化の三つの共同体に表れた活動分野の包括性である。複数の共同体が並列関係に立つ構造は、かつての欧州共同体（ＥＣ）にもみられたが、それらが経済やエネルギー分野に関わる共同体に限られていたことを想起すれば（欧州石炭鉄鋼共同体〈ＥＣＳＣ〉、欧州原子力共同体〈ＥＵＲＡＴＯＭ〉、欧州経済共同体〈ＥＥＣ〉の三つの共同体の総称がＥＣであった）、さらにＥＣから統合を深化させた現在のＥＵ（欧州連合）も、そのなかには「政治」や「安全保障」を冠した共同体組織は存在しないことを考えれば、ＡＳＥＡＮ共同体は野心的な設計であると言えよう。すなわち、紛争解決や安全保障の問題を正面から取り上げる地域的な共同体が、アジアに出現することになったのである[22]。

こうした活動分野の包括性に加えて、ＡＳＥＡＮ憲章がやはり大きな転換点となる可能性を示すもう一つの特徴がある。それは憲章の前文や、目的、原則を規定する文言のなかで、民主主義、法の支配、良き統治（good governance）、人権と基本的自由の尊重や保障といった、いわゆる自由民主主義的な規範群が繰り返し列挙されている点である。たとえば第一条では、機構の目的の一つとして、「ASEAN加盟国の権利と責任に適切に配慮しつつ、民主主義を強化し、良き統治と法の支配を推し進め、人権と基本的自由を促進し保障する」(第一条七項)と規定しており、同様に第二条でも加盟国の行為を律する原則として、「法の支配、良き統治、民主主義と立憲的政府の原則の遵守」（第二条二項h）および「基本的自由の尊重、人権の促進と保障、社会正義の促進」（同条同項i）が掲げられているのである。さらに注目されるのは、これらの規定と関連して憲章は人権機関の設置を定めており（第一四条）、それまでは加盟国の内政問題として取り上げられる機会の少なかった人権問題を、ASEAN共同体の活動分野に取り込んでいる点である。

必ずしも自由民主主義的な政治体制をとる国ばかりではないASEANにおいて、なぜこれらの規範群が将来の共同体の公的な目的として掲げられることになったのだろうか。そしてASEAN共同体の活動の包括性とその目的の自由民主主義的な性格は、アジアにおける地域主義の、いかなる変化を示していると言えるのだろうか。

(2) 四〇年以上にわたる地域協力の経験にともなう変化

ASEAN憲章の起草過程に関する先行研究や政府関係者による記録を見ると、ASEANを新たな共同体へと押し出していった要因として、以下の二つを読み取ることができる。第一に、地域協力という枠組みのなかで長年国家間関係が運営された結果、機構の維持発展に関する新たな問題意識や利益観が芽生えてきたという、機構運営に関わる要因がある。第二は、グローバリゼーションにともなう社会構造の再編成や、一部加盟国における冷戦後の民主化と、その結果としての市民組織による活動の活発化といった、加盟国内外の環境変化に関する要因である。

第一の要因は、ＡＳＥＡＮにおける四〇年以上にも及ぶ地域協力の経験が加盟国の間に育んできた、ＡＳＥＡＮ機構自体の実効性、国際的な正当性、信憑性などの、共通する新しい利益観である。とくに一九九七年のアジア通貨危機を受けた経済的な沈滞、東ティモール独立をめぐるインドネシアによる強権的な関与、さらに軍事独裁政権が民主化運動を弾圧することで国際的な批判を受けているミャンマーが加入した結果、批判の矛先は内政不干渉を旨としてこれらの問題に関与しようとしないＡＳＥＡＮへと向けられるようになった。そうした批判を受けて、一連の問題によって低下した機構の信頼性の回復が、加盟国に共通する課題となっていったのである。[23] 当事者へのインタビューなどを通した研究を行った勝間田弘は、ＡＳＥＡＮにおける一連の改革とは、「ＡＳＥＡＮをグローバル社会の正統な国際機関」として位置づけるために、「正統な国際機関に求められる、紛争管理や人権擁護といった課題に取り組もうとしている」[24] 現象であると分析する。単に機構における効率的な問題解決志向や、欧米諸国からの政治経済分野での外圧のみでは説明困難な改革の進行は、加盟国の政策決定者たちがＡＳＥＡＮの対外的な威信を気にしており、その結果もたらされる規範の認識や受容をめぐる変化だというのである。[25]

もちろん、その過程は単線的に進行してきたわけではない。むしろ九〇年代前半には、欧米諸国による人権と民主主義の実現要求に対して、前述した「ＡＳＥＡＮ方式」が対抗概念として語られると同時に、問題視されていたミャンマー問題をはじめ、加盟国への強制的な介入は回避されていた。[26]それはちょうど、個人の権利よりも家族関係や社会の安定を尊重し、勤勉さや教育、公的義務を重視する傾向をアジア特有の文化として捉え、同地域の奇跡的な発展を支えている要因であると主張する「アジア的価値（Asian Values）」論が展開されていた時期に重なっている。[27]しかし、その後この「ＡＳＥＡＮ方式」という主権尊重と内政不干渉を柱とする概念の扱われ方にも、変化がみられる。九〇年代に新規に加盟したヴェトナム、ラオス、カンボジア、ミャンマーが、自国体制の擁護のために「ＡＳＥＡＮ方式」を引用する頻度が高くなったのに対して、早期に民主化が始まったフィリピンやタイから、同方式の修正が求められるようになっていき、現在はＡＳＥＡＮ関係者の言説においても全体的には使用頻度が減少してきているというのである。[28]

こうした政策決定者たちのＡＳＥＡＮの運営や活動をめぐる認識の変化は、地域協力の経験によって生まれた新たな地域的な利益観を反映したものであると言えよう。ＡＳＥＡＮが二一世紀の世界のなかで影響力をもちうるのか、また対外的にも領域内においても機構の正当性が認められるのかといった問題への対応が「共同体益」として共有され、それは実効的な機構運営を実現するうえでも重要であると認識されているのである。

この新たな利益観は、第二の要因であるＡＳＥＡＮ内外の環境の変化によっても強く影響を受けている。冷戦の終焉は、自由民主主義と資本主義の世界的な拡張現象を生み、加盟国のなかではフィリピン、タイに続いてインドネシアにおいても九〇年代後半には民主化の波が押し寄せることになったのと同時に、グローバル化した資本主義体制の脆さはアジア通貨危機を招来することになった。人や財、資本、サービス、情報の国境を越えた交流の増大として現われたグローバリゼーションは、アジア諸地域においても政治・経済・社会構造の再編成をもたらしている。その急激な変化のなかで、各主権国家は単独で機能することが益々困難となっていった結果、地域協力の深化と進化が模索されることになったのである。このように地域協力の必要性が高まっていた同じ時期に、加盟国の一部で国内の民主化が始まったことは、ＡＳＥＡＮ共同体の目的をどのように設定するかについての議論に影響を与えることになった。

具体的には先に見たように、新たな共同体の目的として、民主主義や良き統治と並べて人権の保障を掲げただけでなく、人権機関の創設にまで踏み込んでいる。これらの規定を設けるうえでその主導役を担ったのが、民主化の過程で国内人権委員会を設置していた、フィリピンやタイといった諸国であった。さらに注目されるのは、これらの民主化が始まった国々を中心に台頭している市民組織による関与である。従来は国家中心的、政府中心的であったＡＳＥＡＮを、市民のために活動する組織へと改革することを求める市民たちは、ＮＧＯなどによる活動を通して影響力を行使するようになった。実際に憲章作成の過程においても、政府関係者だけでなく加盟国の市民代表との会合も設定され、二〇〇七年三月にはマニラにおいて、ＮＧＯ代表者たちとの会合が実現している。また同年六月にはバリにて、国内に人権委員会を設けていたフィリピン、タイ、インドネシアとマレーシア四カ国の人権委員会の代表者や、「ASEAN人権メカニズム作業部会」といったASEAN地域大の人権機関の創設を求めるNGO等の関係者との協議が行われ、憲章に記される予定の人権機関の役割について話し合いがもたれた[29]。一方でミャンマーをはじめとした非民主的な国内体制をとる諸国は反発し、憲章作成交渉全体が難航を余議なくされたが、人権機関の具体的な権限や規則はASEAN外相会議でのちに定めるという規定を盛り込むことで（第一四条二項）、「人権の促進と保護に関する憲章の目的と原則に従って」（同条一項）、ASEAN人権機関の創設が憲章に明記されることになったのである[30]。

さらに紛争解決機能を有する「政治安全保障共同体」の原案を構想したのは、二〇〇三年にASEAN議長国を務めたインドネシアであった。民主化後に活発になった安全保障共同体をめぐる同国の戦略国際問題研究センター（CSIS）等による研究の成果を受けて、民主的国家間には戦争が起こらず、国内的な暴力も減少するという「民主的平和論」に根差した革新的な原案が用意されていたと言われている[31]。人権機関と同様、他の加盟国からの抵抗もあり、「ASEAN平和維持部隊の創設」や「民主的選挙の定期的実施」という革新的な項目が最終案に盛り込まれることはなかったが、紛争解決を任務とする政治安全保障共同体の創設自体は実現することになった[32]。

このように、四〇年以上にわたる地域協力の経験は、加盟国に共通の「共同体益」を導き出し、東南アジアにおける地域主義の内実を作り出してきた。この地域主義が組織化を志向し、共同体創設へと踏み出した背景には、従来からの課題である主権国家体制の抗争性と分断性の克服という課題に加えて、民主主義や人権といった規範の受容を求める規範の次元でのグローバリゼーションが、少なくとも憲章の文面上は東南アジア地域にも及んでいることがある。東南アジアにおける地域主義が目指すものは、加盟国間の紛争を解決して国家安全保障を強化するという、国家間関係の次元だけにとどまらず、「人間の安全保障」という概念に代表されるような、同地域に暮らす人々の自由や権利の保障をも含むものへと変化し始める契機を、ＡＳＥＡＮ憲章における自由民主主義的な規範の導入は、共同体にもたらすものである。[33]このＡＳＥＡＮにみられる地域主義の深化に向けた新たな方向性は、今後のアジア地域大の地域主義の実現にいかなる示唆を与えるものなのだろうか。最後に第4節において、この点を検討したうえで、二一世紀のアジアにおける地域主義の課題と可能性を考察する。

4　二一世紀のアジアの地域主義——国々の平和から人々の平和へ

(1)　東アジア共同体構想の蓄積と外交面での停滞

アジアにおいては現在に至るまで、ヨーロッパにおけるＥＵやアフリカにおけるＡＵのような、地域大の広がりをもつ地域的機構の不在状態が続いている。しかし他方では、「東アジア共同体（East Asian Community）」をはじめとして、ＡＳＥＡＮ加盟国よりも広い範囲のアジア諸国を加盟国とする地域的機構の必要性もまた議論されてきた。

現在、日本国内で語られる「東アジア共同体」論は、その多くがＡＳＥＡＮ一〇カ国に日本をはじめとする他の北東アジア諸国を加えた地域協力の枠組みを指しており、その意味で前節まで検討してきたＡＳＥＡＮとの密接な結びつきを前提とした構想である。広域アジアを覆う共同体構想の土台を支えるのは、経済活動を中心とする地域内交易や交流の活発化という現象面での先行であった。二〇〇七年時点で、ＡＳＥＡＮ＋３に台湾を加えた東アジア地域の世界貿易に占めるシェアは、輸出が二七・二％、輸入が二二・三％と、いずれも大きな割合を占めている。なかでも注目されるのは、日本を含む域内の貿易比率である。一九八〇年と二〇〇七年の域内貿易比率を比べると、輸出は三三・九％から四七・五％に、また輸入は三四・八％から五八・一％へと、非常に高い伸び率を示している。(34)

このような経済分野を中心とするアジア諸国との相互依存関係が進んだ二〇〇〇年前後から、研究者をはじめとする民間での共同体論議が活発になっていくが、実務レベルでは一九九六年の第一回アジア欧州会合（ＡＳＥＭ）以降続けられているＡＳＥＡＮ＋３（日、中、韓）を基本的な構成国として、経済面での地域協力にとどまらず、政治や安全保障、社会、文化まで広範な協力関係の強化を目指す議論が少なくない。(35)

さらに二〇〇八年には日本において、東アジア共同体の憲章案が民間の研究者の間で起草されており、単なる協力関係の強化にとどまらない、法的な基盤をもつ地域的機構の創設が提案されている。(36)この憲章案のなかで東アジア共同体の目的とされているのは、地域の人々と諸国の平和であり、民主的な環境における繁栄を達成するための協議と協力の強化であり、共通の規範と原則に基づいた地域紛争の平和的解決であり、さらには地球規模での秩序形成への寄与であるとされ、ＡＳＥＡＮ憲章のなかで掲げられている目的と共通する内容が多くみられる。(37)

こうした民間レベルでの議論の蓄積に比べて、外交の場に目を転じると、共同体創設に向けた意思や行動には時期によってばらつきがあり、日本の外交政策だけを見ても一貫した方針が示されてきたわけではない。たとえば、二〇〇三年に小泉首相（当時）は日・ＡＳＥＡＮ特別首脳会議に際して発表した「東京宣言」のなかで、「持続可能な開発及び共通の繁栄という目的を達成するため、ＡＳＥＡＮ＋３プロセスは、東アジアにおける協力と地域経済統合のネットワークを促進する重要な径路であると認識する」[38]とし、東アジアにおける共同体構築を求めると述べていた。しかしながら、同首相の在職期間中には歴史認識等をめぐって日中・日韓の関係は冷え込んでいただけでなく、二〇〇五年に立ち上げられた東アジアサミットの席上においても、東アジア共同体の構成国をＡＳＥＡＮ＋３とする中国と、中国の影響力増大を危惧して、ＡＳＥＡＮ＋３に加えて、インド、オーストラリア、ニュージーランドを加えたＡＳＥＡＮ＋３＋３を主張する日本の間で、政治的な駆け引きが行われていたのである。[39]

最近の例では、二〇〇九年の九月に政権交代を受けて誕生した民主党鳩山政権が、東アジア共同体についての構想を二〇一〇年六月一日に発表したが、その「基本的な考え方」の冒頭には、「米国を含む関係国との、『開かれた』『透明性の高い』地域協力を推進する」とあり、日米同盟の重要性が強調されるなど、従来の米国重視の外交姿勢を転換するものではなかった。また、共同体の政策課題も、経済連携の推進、環境問題への対応、防災協力や感染症対策、海賊対策と海難救助、人的交流をはじめとする文化的交流の強化などの項目が列挙されているだけである。[40]さらに、具体的な共同体の制度設計や加盟国が共有する規範や理念も不明確であり、民間の提言にみられるような活動分野の包括性や新規性は認められないうえ、同構想が発表された直後に首相が交代し、当該方針の継続性も明らかではない。グローバリゼーションを受けて多分野における相互依存が深化し続けており、加えて中台問題や朝鮮半島における核開発問題といった紛争を抱える北東アジア地域において、なぜアジア大の地域協力を目指す動きが凝集しにくいのであろうか。ＡＳＥＡＮの共同体化志向とは対照的な北東アジアにおける展望の不透明さは、将来におけるアジア大の地域主義の実現が困難であることを示唆しているのであろうか。

国際機構一般の歴史を振り返って最上敏樹は、国際連盟や国際連合、ＥＵなど、いわゆる「破格の国際機構」が誕生した背景には、常に世界大の戦争や産業革命といった、人間活動のあらゆる分野に影響を与える一大事件が存在していたことを指摘している[41]。ＡＳＥＡＮにおける共同体化への志向も、冷戦終結やグローバリゼーションの深化、アジア通貨危機などの背景要因が影響していたことはすでに見たとおりである。脱国境的な問題の増加を受けて、一カ国では主権国家機能の充足が困難な時代にあって、また解決困難な紛争を多く抱えていることを考えても、国家間の対立と分断を克服する手段としての広域アジアを覆う地域的な国際機構の出現を予測することは、不可能ではないはずである。にもかかわらず、ＡＳＥＡＮ一〇カ国から北東アジア諸国へと地域主義の範囲を拡大していくうえでの課題は少なくない。

第一に、北東アジア地域における多国間の継続的な地域協力経験の不在をいかに克服するか、という問題がある。ＡＳＥＡＮのように地域協力を長年続けてきた経験のない北東アジア諸国は、地域大の共通利益観を共有する契機も限られていたため、共同体の形成に向けた交渉においても国益中心思考からの脱却が困難となっていることが、「東アジア共同体」にむけた外交交渉の停滞に現われていると言えよう。さらにその背景には、日本による侵略戦争に関する歴史認識をめぐる問題等を背景とした信頼関係の弱さや、南北朝鮮や中台間にみられる冷戦構造の残存等、地域特有の事情がはたらいている。それらの対立にもかかわらず、経済的な相互依存関係を軸とした自由貿易地域の創設が議論されてはいるものの、日中韓の間ではいまだに自由貿易協定さえ締結されていない[42]。さらに、こうした経済面における連携強化のみによって、たとえば二〇一〇年九月に起きた尖閣諸島沖の漁船衝突事件をめぐる日中間の対立にみられたように、同地域における相互不信やナショナリズム等の対立要因を乗り越えられる保証もない[43]。

第二の課題としては、アジアにおける二一世紀の「大国問題」がある。アメリカと国連の長年の対立にみられるように、ＡＳＥＡＮ加盟国のような中小国とは異なり、一国で強い影響力をもつ大国はしばしば国際機構を必要とせず、多国間協力にも消極的であることが多いという問題である[44]。経済的には大国化した日本や、今後台頭すると予測されている中国、インドなどが、グローバリゼーションへの対応として、多国間の地域主義ではなく、自国に都合の良い単独行動主義もしくは二国間主義を選択する可能性も、地域主義の経験の不在ゆえに高まっていくことが懸念されよう[45]。

このように、主権国家を単位として二一世紀のアジアの地域主義を展望すれば、そこには依然としてウェストファリア的な国家主権の自己主張と国益の対立があり、抗争誘発的で分断的な主権国家体制が二〇世紀に抱えていた問題を乗り越える視点は見出しにくいのが現状である。また、グローバリゼーションへの対応として地域主義を考えたとしても、そこでは脱国境的な問題群に対する国家の対応能力をいかに強化するかが重要であり、この目的に資する限りにおいて地域的な協力が進められていくことになろう。

他方で今日、二一世紀のアジアの地域主義を促す動きは国家間外交の場に限定されていないこともまた事実である。これまで指摘してきたような国家中心的な地域主義が抱える問題を批判し、それらの克服を目指す活動によって注目されているのが、アジアに暮らす人々のための地域主義を目指す、東南アジアを中心とした市民組織の存在である。

(2) 国家中心主義を超えた地域主義――人びとがつくるアジアの可能性

地域主義はその地域に暮らす人々の生活にいかなる影響を与えるか、という設問は、既存の地域主義をめぐる学説や理論において十分議論されてこなかった新しい研究課題だと言える。東アジア共同体をめぐる議論においてもしばしば問題となってきたのは、アジア広域を覆う共同体の実現によって、アジアに暮らす人々の生活がどのように変化するのかについての議論が十分に蓄積されていないという点であった。共同体において育まれる「共同体益」は、加盟国の国益の総和ではあったとしても、同時に地域の人々の利益にもつながっていくのか、その連関は実は不透明である。ＡＳＥＡＮを見ても、民主主義や人権が目的化され、「人民志向のASEAN（people-oriented ASEAN）」という目標が憲章に明記されてはいるものの、政治的な自由を認めない非民主的な国家が存在する同地域において、権威主義的な主権国家体制を維持・強化するために地域主義が用いられる可能性も否定できない。

しかし、国際機構の歴史を振り返って考えるならば、機構を創設する目的は国家の主権的自由を抑制することであり、国際機構に加盟した国家の行為を法的に制限することであった。二一世紀のアジアを考察するうえで、あえて地域主義と地域的な機構の可能性に注目するのは、それらが国家の法的な行動に強い影響を与えうるからであり、その結果、アジアの人々が生きていく法的枠組みを形作ることになるからである。地域的機構がアジアに出現すれば、この機構において地域に共通の政策目標や行動計画などの規範が形成されることになり、各国家の司法・立法・行政機能に影響を与えることになる。言い換えるならば、どのような内容と方向性を持った国内統治が行われるかに関して、地域的な国際機構が影響力を持ち始めることになる。グローバリゼーションの時代においても、主権国家がその領域に暮らす人々にとって大きな意味をもつのは、人々の権利義務や国籍などの地位、経済活動や生活内容にまでわたる事項を法的に決定する、司法・立法・行政上の権力行使主体だからである。そして法的に発動されるこの国家権力を個人との関係で監視し、制限しうるのは法制度のみである。ヨーロッパでは、経済・社会分野においてはEU法が加盟国内で自動的に適用されるほか、欧州審議会（Council of Europe）の裁判所である欧州人権裁判所が、欧州人権条約に基づいて加盟国領域内で人権侵害を受けた個人の救済を超国家的に行うなど、国家と個人の法的関係に地域的機構が強い影響

力を日常的に及ぼしている。(46)

このように国家権力の発動のされ方に影響を与える地域的機構が、いかなる目的をもって活動するのか、国家間の紛争解決と安全保障にのみ注目するのか、それらに加えて人々の平和と安全を問題としていくのか、といった論点に注目する必要がある。なぜなら、アジアにおける地域主義の向かう方向性が、実は二一世紀のアジアにおける政治・経済・社会体制を方向づけると同時に、国家と個人の関係をも規定していく可能性があるからである。

こうした地域的機構がもつ影響力に注目して、アジアに存在するNGOをはじめとした多くの非政府的な組織や市民団体が脱国境的に連携し、二〇世紀末から地域的な機構に直接働きかける活動を活発化させてきた。とくに注目されているのは、一人ひとりの個人を保護する人権分野の活動である。再びASEANの事例に立ち返ると、前述したようにASEAN憲章において人権機関の創設が規定された背景には、国家代表以外の多様な主体による働きかけがあったことが知られている。その中心となった「ASEAN人権メカニズム作業部会」は、加盟国の政府および議会、国内人権委員会、研究者、NGOから構成され、地域大の人権機関の設置を目指して一九九五年に創設された組織として知られている。アジア太平洋法律家協会（LAWASIA）人権委員会によって設置された作業部会であり、人権問題をASEAN共通の課題として設定するために、一九九八年にはASEAN閣僚級会合に人権メカニズム設立にむけた提言書を提出している。(47) また憲章案作成時にも関与していたことは、第3節でみたとおりである。

同じく憲章の起草過程においては、ＡＳＥＡＮ戦略国際問題研究所連合（ＡＳＥＡＮ－ＩＳＩＳ）[48]といった加盟国内の中心的な研究機関が多くの提言を行い、それらのなかでも前述したインドネシアの戦略国際問題研究センター（ＣＳＩＳ）とフィリピンの戦略開発研究所（ＩＳＤＳ）が、憲章内に自由民主主義的な価値や人権機関の設置に関する条項を取り入れるうえで、強い影響力を発揮したと証言されている。[49]さらにＡＳＥＡＮ－ＩＳＩＳは、ＡＳＥＡＮが非伝統的な安全保障問題に取り組んでいくためには市民組織と協働していく必要性を訴え、市民組織の代表者を集めた「ＡＳＥＡＮ民衆会議（ＡＰＡ）」の創設を提案し、二〇〇〇年一一月にジャカルタで第一回のＡＰＡ開催を実現している。しかし政府関係者とも近いＡＳＥＡＮ－ＩＳＩＳが主導権を握っていたため、ＡＳＥＡＮの議題設定に大きな影響力を発揮できないでいたＡＰＡに対しては市民組織の側からの不満が高まることになる。その結果、政府系の組織からは距離を置いた、自律的な市民組織の連携によるネットワークＮＧＯの創設が模索されることになった。[50]

こうした流れを受けて二〇〇六年に結成された自律的ネットワークの一つが、「民衆中心の地域主義」を目指して三〇以上の市民組織が集まったネットワークＮＧＯ「アジア民衆によるアドボカシー連合（Solidarity for Asian People's Advocacy：ＳＡＰＡ）」である。構成する市民組織には、国連をはじめとした他の国際機構に対する提言等の活動経験をもつものが多く、ＡＰＡを通じた間接的な活動よりも、直接ＡＳＥＡＮ本体に働きかけることのできるネットワークづくりを目指している点が、その特徴である。[51]

具体的には、まず二〇〇六年にASEAN憲章で規定される三つの共同体についての提言書を提出し、人権保障や人間の安全保障の確保を重視するように求めている。(52) しかしそれらの提言が最終的には憲章において十分に反映されなかったと判断したSAPAは、憲章の批判的評価を行いつつ、現在に至るまで働きかけを続けている。その例として、SAPA案には盛り込まれていたものの、憲章本文には含まれることのなかった、移住労働者を含む労働者の権利保障の問題がある。二〇〇六年四月にSAPAは「ASEAN移住労働者作業部会（TFAMW）」を創設し、同年一二月には移住労働者の地域的保護メカニズムを含む政策提案をASEANに対して行った。こうした提案を受けて、二〇〇七年一月のASEAN首脳会議において、同提案の大部分を受け入れた「移住労働者の権利の保障と促進に関する宣言」が採択された。その後、この宣言を実施するための「ASEAN移住労働者委員会（ACMW）」も設置されている。(53) さらにSAPAは、この委員会を中心とした労働者保護のための国際文書づくりについても、二〇〇九年に提案書を提出するなど積極的な関与を続けている。(54)

また憲章採択後も、ASEAN人権機関の実効的な運用を求める活動の中心となっているのが、アジア一七カ国に渡る四六の人権NGOから成り、SAPAの構成員でもある「フォーラム・アジア（FORUM‐ASIA：人権と開発のためのアジア・フォーラム）」である。アジアにおける人権保障の実現を目指して一九九一年にマニラにおいて結成され、一九九四年以降はバンコクに事務局を置いて徐々に加盟組織を増やしてきた。特徴的なのはASEAN加盟国以外の組織も加入している点で、東ティモールをはじめ、バングラデシュやインド、パキスタン、ネパール、スリランカ、日本、韓国、モンゴル、台湾など、アジア全域に及ぶ広がりをもつ人権ＮＧＯから構成されている。
ＡＳＥＡＮ憲章採択後の課題として残されていた、人権機関の権限内容を定める取決め事項が二〇〇九年に決定され、機関名も「ＡＳＥＡＮ政府間人権委員会」として正式に任務権限が提示されたことを受けて[55]、このフォーラム・アジアは、その任務権限が国家主権に配慮するものであり、積極的に人権保障を行うには不十分であると批判を展開してきた。その後も公開フォーラムの開催などによって世論の関心を高めるとともに、ＡＳＥＡＮへの公開書簡の提出や共同声明の発表を積極的に行っている。二〇〇九年六月には、ＳＡＰＡの人権作業部会をはじめとする二〇〇もの団体および個人との連名で、人権機関の保護機能の強化や、独立した人権専門家の任命を求める公開書簡を、ＡＳＥＡＮのハイレベルパネルと事務局長に提出した[56]。また二〇一〇年四月には、他のＮＧＯと連名で共同声明を発表し、ＡＳＥＡＮ政府間人権委員会および同月に設置された「ＡＳＥＡＮ女性と子どもの権利の促進と保障委員会」について、それぞれの機能強化を求めると同時に、ＮＧＯをはじめとする市民組織との協力関係を強めるよう要望するなど、活発な活動を続けている[57]。

以上のように、アジア地域大にまたがる多様な組織によるＡＳＥＡＮへの積極的な提言活動や関与は、国家中心的でエリート志向が強いと言われてきたＡＳＥＡＮが共同体として歩み始める今後の行方にも影響を与えつつある。地域的な機構が創設されることによって、人々の生活がどのような影響を受けるのかについて、その影響の内容や効果を人々の側から提案し、要望していく動きが現在活発に行われているのである。これらの人々が作り出そうとするアジアの地域主義とはいかなる可能性をもつ現象なのかを最後に考察して、今後の展望を明らかにしたい。

5 二一世紀の展望――アジアにおける地域主義とその可能性

ＡＳＥＡＮの共同体化への動きを受けて活発化したアジアの市民組織の活動は、二一世紀のアジアの地域主義の、どのような展望を示しているのであろうか。それは、人々が自らの国籍国または居住国である主権国家によって十分に保障されない安全や権利の問題を、地域的な機構において提起し、また問題解決を求める機会の増加をもたらすものであると理解できるだろう。自分たちの安全や権利の保障を所属する国家が果たせないのであれば、もしくはその国家が加害者となるのであればこそ、地域的機構による救済や支援、権利の保障を求める動きへと人々を促すのである。さらに興味深いのは、前述した人権ネットワークＮＧＯのフォーラム・アジアなどのように、ＡＳＥＡＮに関与しているＮＧＯ連合体の多くは、加盟国以外の北東アジアや南アジアの国々のＮＧＯをもその構成員としている点である[58]。それは問題分野ごとにではあるが、アジアの人々の問題意識や利益観の共有は、一部では外交舞台よりもはるかに進んでおり、共通する目的を実現するための活動がすでに始まっていることを意味していると言えるだろう。そしてその連帯を促し、影響力を行使する場を与えるのが、地域主義の深化による共同体形成への動きなのである。

東アジア共同体をはじめとする広域アジアの地域主義が二一世紀に拓く可能性があるとすれば、アジア地域における問題を解決するために行動しようとする人々を脱国境的につなぎ、議論し行動する場を実現することにあるのではないだろうか。政治的な自由を制限する国家を抱えるアジアにおいては、こうした脱国境的な政治活動において初めて表明することのできる人々の共通利益は、人権問題をはじめとして少なくない。そこで実現が求められている地域的な機構の紛争解決と安全保障の機能は、国家間紛争の平和的解決のみに限定されるのではなく、国家のなかに暮らす一人ひとりの人間の安全保障にまで拡大している。そのことは、これらの市民組織による関与が人権保障の問題に集中していることからも明らかである。言い換えるならば、「不戦共同体」を地域に創設する際に、そこで目指されるのが国々の平和を優先して内政不干渉に固執するのではなく、まずは人々の平和と安全に注目し、それらを実現することで、主権国家の機能不全を補い、グローバリゼーションがもたらす脱国境的な問題群に対応しようとする試みなのである。国家が相互依存関係を深め、地域的な協力関係の制度化を模索するこの時代に、人々は同時並行的にその制度化の動きを捉え、主権者としての意思表明の場を確保しようとし始めている。

本章において検証してきた近年の動向から見えてくる、二一世紀のアジアの地域主義が拓く可能性とは、政策決定者たちの共同決定の場に人々の要求が伝えられることであり、それを受けて共通の規範が形成され、その規範の履行確保のための支援や監視制度が機能することである。その結果として、国籍や居住国の区別なく脱国境的に人々の安全が保障され、安心して生活することができる地域の形成が、地域主義の最終的な目標となろう。これらの実現のために、地域主義の深化が人々の生活にどのような影響を与えるのかについて、影響を受ける人々の側から要望していくという「新しい地域主義」が、今まさに芽ばえつつある。それは、主権国家体制の抱える抗争性と分断性という限界だけでなく、地域主義が抱える国家中心主義という限界を克服し、アジア地域における人々の安全保障を実現するうえで、重要な視点を提供し続けていくと言えるのである。

【注】

（1）赤羽恒雄「東アジアにおける非伝統的安全保障と地域協力──国際労働移住、国際人身取引、ＨＩＶ／エイズ問題を中心に」山本武彦・天児慧編『東アジア共同体の構築１　新たな地域形成』岩波書店、二〇〇七年。

（2）SIPRI, *SIPRI Yearbook 2009: Armaments, Disarmaments and International Security*, New York: Oxford University Press, 2009, pp. 69–84.

（3）アジア諸地域における安全保障をめぐる課題について、以下の文献を参照されたい。杉田米行『アジア太平洋地域における平和構築』大学教育出版、二〇〇七年。William T. Tow, *Security Politics in the Asia-Pacific: A Regional-Global Nexus?*, New York: Cambridge University Press, 2009.

（4）本章における定義をここでは示しているが、地域主義の定義については諸説存在する。山本武彦「リージョナリズムの諸相と国際理論」同編『地域主義の国際比較──アジア太平洋・ヨーロッパ・西半球を中心にして』早稲田大学出版部、二〇〇五年。

（5）Rodorigo Tarares, *Regional Security: The capacity of international organizations*, New York: Routledge, 2010.

（6）Donald K. Emmerson, "Critical Terms: Security, Democracy, and Regionalism in Southeast Asia," in D. K. Emmerson, (ed.), *Hard Choices: Security, Democracy, and Regionalism in Southeast Asia*, Stanford: The Walter H. Shorenstein Asia-Pacific Research Center, 2008, pp. 3–56.

（7）二〇〇五年の東アジア首脳会議において採択された「クアラルンプール宣言」を参照のこと。Kuala Lumpur Declaration on the East Asia Summit, Kuala Lumpur, 14 December 2005, (http://www.mofa.go.jp/region/asia-paci/eas/joint0512.html).「ＡＳＥＡＮ憲章」はＡＳＥＡＮ事務局のホームページから入手できる。ASEAN, *ASEAN Charter*, Jakarta: ASEAN Secretariat, 2008. (http://www.aseansec.org/publications/ASEAN-Charter.pdf).

（8）Union of International Organizations, (ed.), *Yearbook of International Organizations: Guide to global and civil society networks*, Berlin/New York: De Gruyter Saur, 2010, vol. 1B, p. 2983.

（9）最上敏樹『国際機構論　第二版』東京大学出版会、二〇〇六年、一七—二三、一四五—一五七頁。

（10）デレック・ヒーター『統一ヨーロッパへの道——シャルルマーニュからＥＣ統合へ』田中俊郎訳、岩波書店、一九九四年、二二一—二四六頁。最上、前掲『国際機構論　第二版』三二五—三三六頁。

（11）山影進『ＡＳＥＡＮパワー——アジア太平洋の中核へ』東京大学出版会、一九九七年、四一—五二頁。

（12）同前、一五七—一七八頁。山影進『ＡＳＥＡＮ——シンボルからシステムへ』東京大学出版会、一九九一年。

（13）国際機構は通常加盟国間で締結される条約によって設立されるが、ＡＳＥＡＮは国内での批准手続きを求める国際条約ではなく、行政協定に類する外相等による共同宣言（「バンコク宣言」）によって始まった会議外交の連続体であり、常設の機関が作られたのはようやく一九七六年になってから、ジャカルタに設置された中央事務局が初めてであった。なお「バンコク宣言」はＡＳＥＡＮのホームページに掲載されている。The ASEAN Declaration (Bangkok Declaration), 8 August 1967. (http://www.aseansec.org/1212.htm).

（14）一九七六年に加盟国間で初めて締結された条約である「東南アジア友好協力条約」第2条(a)、(b)、(c)項に、これらの原則は明記された。Treaty of Amity and Cooperation in Southeast Asia, 24 February 1976. (http://www.aseansec.org/1217.htm).

（15）山影、前掲『ＡＳＥＡＮ』八六—一一五頁。

（16）同前、一一四頁。

（17）最上、前掲『国際機構論　第二版』二三九—二四四頁。

(18) 黒柳米司「ＡＳＥＡＮ体験と東アジア」山本・天児編、前掲『東アジア共同体の構築1』三九—四六頁。

(19) 山影、前掲『ＡＳＥＡＮパワー』二二五—三一六頁。Amitav Acharya, *Constructing a Security Community in Southeast Asia: ASEAN and the problem of regional order*, 2nd edition, New York: Routledge, 2009, pp. 199-201.

(20) Simon Chesterman, "Does ASEAN Exist? The Association of Southeast Asian Nations as an International Legal Person," in *Singapore Yearbook of International Law*, Vol. 12, 2008, pp. 199-211.

(21) Kyaw Yin Hlaing, "ASEAN's Pariah: Insecurity and Autocracy in Myanmar (Burma)," in D. K. Emmerson, (ed.), *Hard Choices*, pp. 186-189.

(22) 具体的には、機構の目的を列挙した憲章の第一条は、その第一項として「地域における平和と安全、安定を維持し且つ促進し、平和に根差した価値のさらなる強化」を掲げている。また紛争の解決に関しては、ＡＳＥＡＮの議長国や新たに設置された五年任期のＡＳＥＡＮ事務総長に、周旋、調停、仲介の依頼が可能となり（第二三条）、加えて新しく紛争解決のための機関の創設も定められ（第二五条）、この機関による勧告や決定が加盟国によって履行されているかどうかを事務総長が監視する手続も設けられるなど（第二七条）、その紛争解決機能を大きく発展させる規定内容となっている。

(23) 黒柳、前掲「ＡＳＥＡＮ体験と東アジア」四八、四九頁。Christopher Roberts, *ASEAN's Myanmar Crisis: Challenges to the Pursuit of a Security Community*, Singapore: Institute of Southeast Asian Studies, 2010, pp. 107-140. Daniel Seah, "The ASEAN Charter," in *International & Comparative Law Quarterly*, Vol. 58, 2009, p. 209, 210.

(24) 勝間田弘「ＡＳＥＡＮ外交の改革と東アジア共同体の功罪——政府志向の多国間主義から市民志向の多国間主義へ」大屋根聡編『東アジアの国際関係——多国間主義の地平』有信堂、二〇〇九年、二一九、二二〇頁。

(25) 同前、二二二、二二三頁。

(26) 湯川拓「ＡＳＥＡＮ研究におけるコンストラクティヴィズム的理解の再検討——『ASEAN Way』概念の出自から」『国際政治』第一五六号、二〇〇九年、五八、五九頁。

(27) 猪口孝「『アジア的価値』とアジアの民主主義」『東洋文化研究所紀要』第一三四冊、一九九七年、四―七頁。
(28) 同前、六一―六五頁。
(29) 憲章の起草過程の内情については、シンガポール政府の代表としてハイレベル作業部会に関与したトミー・コー（Tommy Koh）による次の文献に詳しい。Tommh Koh, "The Negotiating Process," in Tommy Koh, Rosario G. Manalo and Walter Woon (eds.), *The Making of the ASEAN Charter*, Singapore: World Scientific Publishing, 2009, pp. 54-58. また各国内の人権委員会の活動と地域的な人権機関の関係性については、次の論文に詳しい。川村暁雄「人権レジームの形成と市民社会――『下』からの東アジア地域共同体の展望」西川潤・平野健一郎編『東アジア共同体の構築3　国際移動と社会変容』岩波書店、二〇〇七年。
(30) ミャンマー政府代表の立場については、次の文献を参照されたい。Aung Bwa, "The Jewel in My Crown," in Tommy Koh, Rosario G. Manalo and Walter Woon (eds.), *ibid.*, pp. 27-35.
(31) 黒柳米司「ＡＳＥＡＮ安全保障共同体論議の経緯――ＡＳＥＡＮの到達点」山本編、前掲『地域主義の国際比較』一一三、一一四頁。勝間田、前掲「ＡＳＥＡＮ外交の改革と東アジア共同体の功罪」二二一、二二二頁。なお、「民主的平和論」に関する先行研究をまとめた文献としては、次のものがある。鈴木基史『平和と安全保障』東京大学出版会、二〇〇七年、一四三―一五八頁。
(32) 黒柳、同前、一一五―一一九頁。
(33) 勝間田、前掲「ＡＳＥＡＮ外交の改革と東アジア共同体の功罪」二〇六―二〇八頁。
(34) 青木健「東アジアの地域統合と日本のプレゼンス」平川均・小林尚朗・森元晶文編『東アジア地域協力の共同設計』西田書店、二〇〇九年、四三―四五頁。
(35) 「東アジア共同体」の制度構想に関する日本国内の議論については、次の文献に詳しい。中村民雄・須網隆夫・臼井陽一郎・佐藤義明『東アジア共同体憲章案――実現可能な未来をひらく論議のために』昭和堂、二〇〇八年、一一六―一五四頁。
(36) 同前。
(37) 同前、一六一頁。

(38)「新千年期における躍動的で永続的な日本とＡＳＥＡＮのパートナーシップのための東京宣言」二〇〇三年一二月一二日。(http://www.kantei.go.jp/jp/koizumispeech/2003/12/12sengen.html)。

(39) 中村・須網・臼井・佐藤、前掲『東アジア共同体憲章案』一一一―一一三頁。東アジアサミットへの公式参加国は、ＡＳＥＡＮ一〇カ国に加えて、日本、中国、韓国、インド、オーストラリア、ニュージーランドであったが、二〇一〇年七月に開催されたサミット参加国の外相等による非公式協議の結果、今後ロシアとアメリカの二カ国をも公式参加国とする方針が発表された。Chairman's Statement of the East Asia Summit Foreign Ministers Informal Consultations, Ha Noi, 21 July 2010 (http://www.aseansec.org/24914.htm).

(40) 内閣官房「『東アジア共同体』構想に関する今後の取り組みについて」二〇一〇年六月一日。(http://www.kantei.go.jp/jp/tyoukanpress/201006/__icsFiles/afieldfile/2010/06/01/koso_east_asia.pdf)。

(41) 最上、前掲『国際機構論　第二版』一七―二一頁。

(42) 鄭敬娥「東アジアにおけるグローバル化と地域統合」松井康浩編『グローバル秩序という視点――規範・歴史・地域』法律文化社、二〇一〇年、一八〇―一八五頁。

(43) 天児慧「アジアの中のナショナリズムとリージョナリズム――グローバリゼーション下の相克と超克」山本・天児編、前掲『東アジア共同体の構築1』一九三―一九五頁。

(44) 国際機構における大国問題については、例えば国連とアメリカの歴史的な緊張関係を体系的に論じたものとして次の文献がある。最上敏樹『国連とアメリカ』岩波書店、二〇〇五年。

(45) しかし中国国内においても、アメリカの一極的支配構造に対抗する多極構造構築のためにアジアの地域協力に注目し、さらに中国の大国化を周辺諸国に受け入れやすくする「平和的台頭」の実現のためにも、アジア周辺国との「安全共同体」の創設を志向する議論は存在している。徐涛「台頭する中国と東アジア秩序」松井、前掲『グローバル秩序という視点』一九八―二〇〇頁。

(46) ＥＵ法および欧州人権裁判所の判例については、それぞれ次の判例集に詳しい。中村民雄・須網隆夫編『ＥＵ法基本判例集　第2版』日本評論社、二〇一〇年。戸波江二他編『ヨーロッパ人権裁判所の判例』信山社、二〇〇八年。

（47）作業部会のホームページより（http://www.aseanhrmech.org/aboutus.html）。提出された提案書の全文は、ヒューライツ大阪のホームページに掲載されている（http://www.hurights.or.jp/asia-pacific/no_14/no14_synopsis.htm）。

（48）本部はインドネシアのジャカルタにある戦略国際問題研究センターに置かれており、一九八八年に発足した。現在はミャンマーを除くすべての加盟国から一つずつ、合計九つの研究機関が集まって組織されている。シンガポール国際問題研究所（ＳＩＩＡ）ホームページより（http://www.siiaonline.org/?q=node/2040）。

（49）Jörn Dosch, "Sovereignty Rules: Human Security, Civil Society, and the Limits of Liberal Reform," in D. K. Emmerson, (ed.), *Hard Choices*, pp. 83-85.

（50）五十嵐誠一「東南アジアの新しい地域秩序とトランスナショナルな市民社会の地平――ＡＳＥＡＮ共同体の形成過程における『下』からのオルターナティブな地域主義に注目して」『国際政治』第一五八号、二〇〇九年、九三―九五頁。

（51）Alexander C. Chandra, *Civil Society in Search of an Alternative Regionalism in ASEAN*, Winnipeg: International Institute for Sustainable Development, 2009, pp. 6-8.

（52）五十嵐、前掲「東南アジアの新しい地域秩序とトランスナショナルな市民社会の地平」九五―九八頁。なおＳＡＰＡの三つの共同体に関する提案書本文は、以下のホームページで閲覧することができる（http://www.alternative-regionalisms.org/?page_id=57）。

（53）ASEAN Declaration on the Protection and Promotion of the Rights of Migrant Workers, (http://www.aseansec.org/19264.htm). Statement of the Establishment of the ASEAN Committee on the Implementation of the ASEAN Declaration on the Protection and Promotion of the Rights of Migrant Workers, 30 July 2007 (http://www.aseansec.org/20768.htm).

（54）五十嵐、前掲「東南アジアの新しい地域秩序とトランスナショナルな市民社会の地平」九九―一〇一頁。また同作業部会（ＴＦＡＭＷ）のホームページも参照されたい（http://www.workersconnection.org/articles.php?more=116）。

（55）“Term of Reference of the ASEAN Intergovernmental Commission on Human Rights,” October 2009（http://www.aseansec.org/publications/TOR-of-AICHR.pdf）.

（56）フォーラム・アジアをはじめとする人権ＮＧＯと人権機関設置に関する関係については、次の論文に詳しい。大賀哲「東南アジアにおける市民社会と人権概念の変容――ＡＳＥＡＮの市民社会とネットワークＮＧＯｓを事例として」『九州大学アジア総合政策センター紀要』第四号、二〇一〇年、二九―三二頁。フォーラム・アジアのホームページも参照されたい（http://www.forum-asia.org/index.php?option=com_content&task=view&id=2231&Itemid=32）。

（57）“Joint Statement of Non-Governmental Organizations,” 21 April 2010（http://www.forum-asia.org/index.php?option=com_content&task=view&id=2526&Itemid=32）.

（58）他の例としては、ＳＡＰＡを構成するＮＧＯの一つ「フォーカス・オン・ザ・グローバル・サウス」の活動拠点は、フィリピン、タイに加えてインドが含まれている。

第5章　グローバル化と下層問題
——野宿者・外国人労働者からみる現代日本

田巻　松雄

はじめに

日本では、一九八〇年代後半から、外国人労働者の流入・増大が本格化した。かれらは、以前より日本に居住していた在日朝鮮・韓国人等のオールドカマーに比して、ニューカマーと呼ばれ、主に、非正規滞在者、日系南米人、研修生として、「単純労働分野」といわれる低熟練技能分野に参入した。九九年末現在、就労する外国人の総計は六六万八二〇〇人で、そのうち、技術・専門職従事者一二万五七〇〇人を除く五四万二五〇〇人が、低熟練技能分野で就労していた。その内訳は、非正規滞在者二五万一七〇〇人、日系南米人二二万五〇〇〇人、研修・技能実習生七万三〇〇〇人であった（『朝日新聞』二〇〇〇年一二月二四日）。他方、九〇年代に、大都市を中心に路上で野宿する者（以下、野宿者と表記）が増加した。野宿者は厚生労働省が初めて全国実態調査を実施した二〇〇三年頃まで増え続けた（約二万六〇〇〇人)。

二〇〇〇年代に入り、以上の外国人労働者と野宿者に関する国レベルでの様々な政策が整備されてきている。野宿者の増大に対応して、二〇〇二年七月に「ホームレスの自立の支援等に関する特別措置法」が制定された。二〇〇五年一二月に策定された「犯罪に強い社会の実現のための行動計画――『世界一安全な国』の復活を目指して」(犯罪対策閣僚会議)は、「犯罪の温床となる不法滞在者」を五年間で半減させることを宣言した。総務省は二〇〇六年三月に「多文化共生の推進」に向けたプランを発表したが、「共生」の対象として主に念頭に置かれているのは、滞在が長期化し定住傾向が進む日系南米人である。二〇〇九年七月には、研修・技能実習制度の見直しを含む改正法が成立し、二〇一〇年七月から施行された。これにより、特例を除き、在留資格の「研修」は廃止され、「技能実習」制度に一本化された。

本章の関心は、非正規滞在者、日系南米人、研修生および野宿者の動向と近年のかれらに対する政策を関連づけてみた場合に、日本社会のどのような変容と現状が浮かび上がるだろうかという点にある。そこで、本章は、従来別々に論じられる傾向が強かった外国人労働者と野宿者を、グローバル化が進む日本社会で生起した現象として関連づけて論じる。まず、日本経済のグローバル化と新自由主義化を概観し、次に、外国人労働者と野宿者の増大を主に資本の戦略と国の政策の視点から解釈する。そのうえで、かれらの存在や増大がいかなる観点から問題として認識され、政策が整備されてきたかをみる。最後に、外国人労働者と野宿者の問題を下層問題として整理し、下層の人々に共通に作用してきた制度的メカニズムについて明らかにする。以上の作業を通じて、下層問題は選別と排除が強められている現代日本社会の問題状況を鋭く描き出す問題であることを指摘する。

1　日本経済のグローバル化と新自由主義化

日本経済は、一九八五年のプラザ合意によって大きく変容する。プラザ合意とは、七〇年代末期のようなドル危機の再発を恐れた先進諸国が、協調的なドル安を図ることで合意したことをさす。特にアメリカの対日貿易赤字が大きな問題であったため、実質的に円高ドル安に誘導する内容であった。翌八六年の前川レポート（国際協調のための経済構造調整研究会報告書）では、国際的な経済協調のための構造調整が打ち出される。他方で、日本はアメリカの要請に応えて、公共投資の増大による内需の拡大を目指すことになる。そして、並行して進められた低金利政策の影響もあって、日本はバブル景気に突入するのである。

日本はプラザ合意以後九〇年代初めまでバブル景気に沸き、その後は「失われた一〇年」と呼ばれる長い不況の時を迎える。プラザ合意の直接的な効果は、製造業資本が円高の下での競争力を高めるために、アジア地域を中心に工場の海外移転を進めたことにある。冷戦終焉後は、特に中国の急成長が資本の海外移転の引き金となった。製造業大企業約一六〇社の九四年度、九五年度事業計画では、国内生産は微増であるのに対し、国外生産は二〇％以上の増加が見られた(1)。八〇年代までにアジアに進出した日本企業の多くは、最終組み立て工程を移管し、組み立てた製品を輸出する「輸出基地」を形成した。それは、「生産コスト削減策」として、現地の豊富な低賃金労働力を求めることを目的としていた。これに対し九〇年代に入り、アジア諸国の急速な経済成長とそれにともなう消費市場の拡大（とくに中国）を受けて、「市場確保・拡大」を目的とする企業進出が顕著になった。製造業直接投資額において、アジアは九四年度に北米を抜いて最大の投資地域となった。製造業資本の海外移転による日本経済のグローバル化は九四年、九五年前後に本格化したと言える。

日本社会のグローバル化のもう一つの大きな側面は、政治と経済の実践と思想の両面における新自由主義（ネオリベラリズム）の進展である。新自由主義とは、市場原理に基づく競争秩序を強化し、自由競争の圧力と優勝劣敗の自然淘汰によって経済の活性化・効率化を図ろうとする思想である。日本の経済界が新自由主義への転換を明確に謳ったものに、経済同友会の『市場主義宣言』（一九七七年）がある。この宣言書は、過去五〇年の競争制限的な市場が社会の安定に貢献してきたことを一定程度認めつつも、世界的な大競争に勝ち抜いていくには、二つの大きな課題の克服が不可欠と宣言している。二つの課題とは、日本経済の高価格・高コスト構造と公的部門の肥大化による負担増大である。前者に関しては、自由で競争的な市場を実現することで内外価格差の是正を図るとともに、グローバルな観点から企業活動にとって有利な事業環境を提供することが必要とされる。後者に関しては、公的部門全体の活動範囲を、民間主導、市場原理、自己責任・自立を基本として大幅に縮小するとともに、公的部門の活動にも市場原理を導入し、小さな政府と効率的な政府を実現することが急務とされる。

この宣言は、既存の国家体制の根本的な再編を求めるものであった。渡辺治は、高度経済成長期から長期にわたって続いてきた日本の国家体制を、欧米先進国の福祉国家体制と開発途上国の開発独裁のいずれとも異なる一国的な「開発主義国家」と位置づけている。[(2)] この体制は、強力な労働運動を体制内に封じ込めるための階級妥協産物であった福祉国家に比べると、資本の権力がはるかに強力であり、階級妥協はより小さなものであった。開発主義国家は、六〇年代の高度経済成長期に労働組合運動を企業内に封鎖することで成立したもので、自民党一党政権が存続し、その下で国民統合が行われたこと、および、福祉国家的再分配に代わって、成長による税収の増加を梃子とした利益誘導政治や公共事業投資の形での再分配政策によって、成長の恩恵を直接被らない地域や弱小産業部門を保護し、国家へ統合してきたという特徴を持つ。加えて、開発主義国家は系統的な国家介入を行う強い官僚機構を有していた。こうして、政権交代の欠如のなかで、支配政党と官僚機構の一体化が維持されてきた。開発主義国家は、企業支配、企業主義的労働組合運動、下請け制、自民党による企業優位の税財政体系などを柱として、長期にわたり日本経済の成長を牽引してきた。『市場主義宣言』は、自民党利益政治が結果的にもたらした高負担と弱小産業保護体制を経済成長の最大の阻害要因と看做した。

新自由主義下の実践にふさわしい制度的枠組みをつくり維持するうえで決定的な役割を担うのが国家である。国家による新自由主義的な改革は、経済界の要請にほぼ沿う形で進められた。九六年に始まる橋本内閣の第二期は、「六大改革」（行政、財政、社会保障、経済、金融システム、教育の六分野での改革が最重要課題と位置づけられた）を軸に、資本への負担軽減と規制緩和を目指す改革が進められた点で、新自由主義改革の本格的遂行期と位置づけられる。二〇〇一年に始まった小泉内閣は、財政支出の抑制と公共部門の民営化が強力に推進された点で、急進的実行政権と位置づけられる(3)。

ハーヴェイによると、先進国の新自由主義は、福祉国家による階級妥協態勢がもたらした資本蓄積の危機の打開と階級権力の再確立をめざしたもので、その世界的な流れは一九七〇年代末に始まった(4)。新自由主義の世界的な流れのなかに日本を置いてみると、日本の新自由主義への移行は九〇年代後半であり、極めて遅れて始まった。この基本的な理由は、日本の経済が開発主義体制に守られて輸出主導型成長を遂げてきた結果、新自由主義化の原動力となる資本蓄積の危機が八〇年代の日本ではまだ現出していなかったことによる。しかし、八〇年代後半に入り、円高や経済摩擦の結果、日本経済の競争力は低下し始める。新自由主義化が急速に進むのは、冷戦が終焉した九〇年代、世界大の競争に巻き込まれて日本経済の競争力が優位を喪失して以後のことである。国家による新自由主義的な改革も紆余曲折があり、スピーディーなものではなかった。この点については、新自由主義的な改革の標的が既存の自民党政治それ自体であったことが大きく関係する。

2　外国人労働者と野宿者の職業・職歴と労働市場の変容

まず、外国人労働者の職業を見よう。非正規滞在者(5)の職業構成については、毎年、「入国管理及び難民認定法」違反により退去強制になってきた人々のデータから、概況が知れる。二〇〇〇年中に退去強制になった人の就労内容別構成比は、男性では、建設作業（三〇％）、工員（二九％）が高く、女性では、ホステス（四五％）が一番多く、ウエイトレス（一二％）と工員（一二％）が続く[6]。男性では建設作業と工員が、女性ではホステスが多い傾向は、ほぼ毎年同様である。非正規滞在者の雇用実態に関する調査結果[7]をみると、調査対象企業における非正規滞在者が一つの企業で働く期間は概ね三カ月から六カ月、最も長いケースで一年である。賃金の支払いは、時給あるいは日給制で計算され、日払いあるいは週払いで支払われているケースが多い。非正規滞在者は日雇的な定着性の低い労働力として位置づけられている。

日系南米人については、以下、最も数が多いブラジル人を中心に論を進める。日系ブラジル人は主に製造業労働市場の不安定部門を引き受けており、親企業の生産予定に合わせて三カ月や六カ月といった短期の請負契約を結ぶ。日系ブラジル人は、バブル期の人手不足の時に急増したが、バブル崩壊以降の景気後退期でも雇用は伸びて、日本の産業社会に構造的に組み込まれた。このことは、景気後退期に業務請負業という間接雇用の業界が全体として業績を伸ばしたことを反映している。業務請負業を用いる製造業にとって最大の魅力は、生産量の増減に合わせて必要な時に必要な労働力を速やかに調達できることにある。これに、正社員のコストに比べて外部委託のコストがはるかに安い（約六割）という魅力が加わるのである[8]。

研修生は，実質的に中小零細企業の安価な労働力となってきたことが広く知られている。研修手当ては、九万円未満が八割を超える。研修生の産業別・職種別受け入れ状況では、製造業関連が約七割を占める。(9) 研修期間は、原則一年であるが、九三年に技能実習制度が新設され、最大三年までの延長が可能になった。以上のように、非正規滞在者、日系ブラジル人、研修生は、いずれも低コストで期間限定的な労働力として労働市場に参入してきたことがわかる。

次に、野宿者の職歴を見る。九〇年代に行われた種々の実態調査の結果から、最も多く野宿に追い込まれたのは寄せ場を仕事と生活の拠点とする建設日雇労働者であったことが明らかにされている。寄せ場とは、通常は早朝の労働市場として、日雇労働力の売買が行われる路上およびその周辺地域を指す。寄せ場は、高度経済成長期以降、各種産業に臨時的な大量の労働力を供給する基地としての役割を果たしてきた。主要な寄せ場として、大阪の釜ヶ崎、東京の山谷、横浜の寿がある。八〇年代に入ると、寄せ場は、専ら建設現場の労働者を供給する労働市場に変化した。寄せ場周辺に野宿者が集住してきた事実は、日雇労働者の失業や不安定な雇用状況が野宿化と直結していた関係を語っている。

しかし、同様に重要なことは、野宿者が一番長い期間従事した仕事（最長職）では、製造業が建設業に匹敵する程度に高い比重を占めるという事実があることである。九〇年代末に実施された二つの調査(10)は、最長職の職種では製造業関連が二四～三一％を占め、建設業とほとんど差がないことを示している。厚生労働省調査（二〇〇三年）では、最長職の仕事は、建設作業従事者二二％、建設技能従事者二一％、生産工程・製造作業者一七％であった。このようないくつかの調査結果を総合すると、職歴から見て、野宿にいたる主要なパターンは二つと言える。一つは、最長職で製造業に従事し雇用が比較的安定していた層が建設日雇を経由して野宿に至るパターンである。もう一つは、最長職で建設業に従事していた層が直前職でも建設日雇を経由して野宿に至るパターンである。

以上の整理から、九〇年代における外国人労働者と野宿者の増大は、主に製造業と建設業の変容に深く関わった現象であったと言える。外国人労働者の雇用は、低コストで期間限定的な労働力を求める製造業のニーズに基づいている。野宿者の職歴は、製造業をはじき出された層が建設業に移動したこと、つまり製造業の縮小と建設業の拡大を示唆している。さらに、最長職と直前職のいずれでも建設日雇の比重が高いという点は、建設業の変容が野宿化の問題に直結していることも指し示している。

ところで、寄せ場は、外国人非正規就労者の就労経路としても機能してきた。寄せ場で雇用条件として求められるのは、基本的に一日建設現場で働くことができる労働能力だけであり、寄せ場は労働者の身元や出自などが問われない匿名性の強い世界である。八〇年代後半からのバブル期、建設業での人手不足が深刻になり始めた時期に、非正規就労者の寄せ場への参入が顕著になった。寄せ場のなかで外国人の流入が相対的に活発であったのは横浜の寿である。九〇年代前半、寿の外国人人口は一五～二〇％程度を占めていた(11)。

さて、総務庁統計局『労働力調査年報』を参照すると、製造業就業者は、一九八〇年代に一貫して増加し、九二年にピークを迎え、その後は一貫して減少する。就業者が大きく減少したのは九七年から九八年にかけてで、一年間で六〇万人も減少した。このような国内労働市場の縮小が、製造業資本のアジア地域を中心とする海外への移転と関係していたことは明らかである。日本労働研究機構は九七年に製造業の海外進出と国内製造業（主に部品の生産と加工を担当していた中小製造業）の生産・雇用の変化に関する調査を行い、調査対象事業所の約七割が海外生産移転の影響を受けていたこと、その影響としてはとりわけ正社員の減少というマイナスの影響が顕著であったことを明らかにしている。[12] 製造業労働市場の変容でもう一つ重要なのは、非正規雇用の増大である。製造業での非正社員の割合は一三％（八七年）、一六％（九六年）、二〇％（二〇〇二年）と推移しており、九〇年代における非正規雇用の拡大が明らかである。

プラザ合意以後、建設業はどのように変容したのだろうか。バブル崩壊によって景気が低迷し各産業が活力を失うなかで、建設業だけは膨張を続けた。建設業就業者はバブル崩壊後も九七年まで増加し続ける。この時期まで建設業が膨張した背景には、内需拡大の要請による地方への公共投資の増加という、プラザ合意に端を発する要因がある。また、この時期まで、開発主義国家体制は基本的に存続した。景気が低迷するなかで建設分野だけは公共事業によって活気があり、そのため他産業の失業者が建設業へ移動するという事態が生まれた。

3　外国人労働者の増大と流入形態

日本は、韓国や台湾とともに、八〇年代後半に外国人労働力の新たな求心点として浮上した。この越境移動において東アジア域内の拡大する経済格差と受入国の労働力不足がプッシュ・プル要因として作用したことは確かであるが、実際の人の移動は国家の介入によってむしろ大きく規定される。つまり、国益の観点から外国人を分類・選別する入国管理政策によって、海外からの労働力の流入の規模と属性はコントロールされる。

日本は、「単純労働分野での外国人の就労は原則として認めない」という方針を閣議了解の下で堅持してきた。これは何故だろうか。一つは、戦後日本社会のなかで存在してきた在日朝鮮・韓国人の問題が関係する。日本の植民地政策の下で大量に日本へ移動し、戦後も引き続き日本に定着した在日朝鮮・韓国人は、一九五二年のサンフランシスコ平和条約の発効によって、日本国籍を喪失して、外国人となった。在日朝鮮・韓国人は、いずれ日本国籍を取得して帰化するかもしくは日本から出て行く人々とみなされていたが、現実はそうはならなかった。もう一つは、ヨーロッパの経験が関係する。ヨーロッパ諸国は高度経済成長期にゲストワーカーとして大量の外国人労働者を受け入れた。オイルショック後には外国人労働者の労働力は不要なものとして帰国を奨励する政策が取られたが、現実は、家族呼び寄せなどで外国人の定住化が進んだ。この二つの経験は、外国人は一旦流入するとコントロールが難しい存在になることを示している。日本が外国人労働者の導入に慎重であったのは、以上の経験を教訓として受け止めたことが関係していよう。

ちなみに、外国人となった在日韓国・朝鮮人の在留資格は、「別に法律で定めるところにより、その者の在留資格および在留期限が決定されるまでの間、引き続き在留資格を有することなく、本邦に在留することが出来る」（通称「法一二六」または「法一二六－二－六」：正式には「ポツダム宣言の受諾に伴い発する命令に関する件に基づく外務省関係諸命令の措置に関する法律」(一九五二年四月二八日法律第一二六号) 二条六項) というもので、極めて曖昧な状態が長期間続いた。旧植民地出身という同じ歴史的背景を持つ者の在留資格が「特別永住」として一本化されるには、「日本国との平和条約に基づき日本の国籍を離脱した者等の出入国管理に関する特例法」(九一年五月) まで待たねばならなかった。

さて、八〇年代後半に流入した外国人労働者は、日本が外国人労働力を受け入れる正式な制度を有していなかったため、すべて「不法滞在者」となった。「不法滞在者」の増加は、治安や労働市場の面で国家の正当性を揺るがす大きな問題を構成する。他方で、この時期、バブル景気の下で製造業と建設業を中心に人手不足が深刻化していた。外国人労働者への対応は、「不法就労」の防止と低熟練技能分野での労働力不足の解消を主要な政策課題として始まることになった。

「入国管理及び難民認定法」(以下、「九〇年入管法」と表記) は一九八九年に改定され、翌九〇年より施行されたが、「単純労働分野での外国人就労の原則禁止」の方針は堅持された。

非正規滞在者発生の根本的原因は、資本が国境を越えて労働力を編成することと国家が国境を越える人々の移動を制限することとの乖離にある。この乖離のなかで、八〇年代末から九三年まで、出稼ぎ目的で来日し在留期間を超過して滞在する非正規滞在者が急増し、ピーク時で約三〇万人に達した。これに対して、日系南米人および研修生が増大したことには、「九〇年入管法」の新しい内容が直接的な影響を及ぼした。「九〇年入管法」は、まず、日本人の血統を有する日系人に対して、「活動内容に制限がない在留資格」(したがって就労に制限のない資格) を優先的に供与した。この改定により、とくに「定住者」ビザを通じた日系南米人の流入が急増し、かれらは、製造業を中心に低熟練労働力を構成していくこととなった。「定住者」という在留資格の創設は、在日三世と日系三世の処遇バランスを図った結果だと言われる[13]。ブラジル人の日本への出稼ぎは、「九〇年入管法」以前から、移民ネットワークを利用する形で始まっていた。また、国は日系人を「外国人労働者」として導入したわけではない。しかし、「九〇年入管法」は、かれらの出稼ぎを加速化させる結果を招いた。身分を保障されているがゆえに、かれらは、移動が自由な労働力を構成することになった。その結果、八〇年代後半から形成されてきた市場媒介システムは、国家の規制を受けることなく、日本側の労働需要にすばやく応える労働供給を可能にした。

一方、明らかに外国人労働者の導入を意図して活用されたのが研修生制度である。「研修」の在留資格は、「九〇年入管法」によって、それまでの「留学生」の一形態であったものから、独立した在留資格として創設された。その後、経済団体の圧力を受け、研修制度の規制緩和が進み、人手不足の中小零細企業に対して大きく門戸を開いていくことになった。規制緩和の効果は受入れ企業の零細化に顕著である。技能実習実施企業の従業員規模を見ると、従業員一―九人規模の企業が全体の三八％、一〇―一九人規模が二一％、二〇―四九人規模が一八％で、五〇人未満の企業が全体の八割近い[14]。

研修生もまた、公式には「労働者」ではない。日系人と対照的なのは、研修期間が短期に限定され研修先を変更できないなど、管理された不自由な労働者だということである。研修・技能実習生の労働条件については、3K職場、研修手当ての低賃金化、管理費などの名目によるピンはね、自由を奪う管理・拘束手段等の待遇条件の劣悪な現実が広く報告されている。このような劣悪さは、まさに不自由に起因する。短期雇用で研修先を変更できない不自由の下では、「指示に従わないなら帰国させる」という雇用主側の横暴な論理が実際上機能してしまうからである。劣悪な状況に直面した研修生にとって、選択は忍耐か逃走のいずれかになる。日本と同様に研修制度を活用して低技能熟練労働者の導入を図った韓国では、九〇年代後半から研修生の窮状と逃走問題が大きく社会問題化された[15]。日本では二〇〇〇年前後から、とくにベトナム人の逃走の増加が問題とされ、二〇〇〇年より日越相互で逃走防止策についての協議が始められた。

4　野宿者増大の背景

野宿者は一九九二―九三年にかけて大都市で広く可視化し、九七―九八年にかけて急増した。前者には寄せ場の縮小が、後者には建設業の縮小が直接関係する。

ここで、寄せ場の歴史について触れておく。国は一九六〇年代から総合的な寄せ場対策を展開するが、その直接の契機となったのは、主要な寄せ場である山谷や釜ヶ崎において騒乱や暴動が発生したことである。その背景には暴力手配師による搾取や路上求人をめぐるトラブルの多発があった。国は、寄せ場に特有な問題への対策として、職安機関の強化を図ることで暴力手配師を排除し、健全な労働市場の育成を目指すことを基本対策として掲げた。そして、この基本対策に加えて、寄せ場の主要地区と捉えられた山谷、寿、釜ヶ崎に対しては、独自な職業紹介施設の設置・建設による青空労働市場（路上求人）の解消と就労斡旋の正常化、福祉施設や簡易宿泊所（ドヤ）の建設による労働能力の健全化を図るための特別の対策が、国と地元自治体・関係機関の連携の下に進められることになる。

寄せ場に対する国の問題認識と対策には、以下の特徴があった。一つは、暴動を契機に国が寄せ場対策の必要性を認識したように、寄せ場対策は治安対策としての性格を強く有していた。もう一つは、国が主要地区（なかでも山谷と釜ヶ崎）において大量の労働力がプールされていることへ強い関心を向けたことである。六六年に刊行された労働省職業安定局の報告書『愛隣、山谷地区の実態と労働対策の方向』は、従来この地区はスラムと規定され専ら治安維持の観点から論じられてきたが、この地区の労働者は建設業等での肉体労働を必要とする事業を支える有用な労働力として産業の発展や国土の開発に重要な役割を果たしているとして、そのような有用な労働力が大量にプールされていることに十分配慮した労働対策が必要であると述べている。この点に関連するもう一の特徴は、主要地区対策が、定まった住居（すなわち住所）を持たない人や職業安定機関などの従来の行政機関になじまない人々を寄せ場に囲い込む形で展開されたことである。寄せ場対策は、大量の有用な労働力の維持と動員という政策的意図を持っていた[16]。

治安対策と労働対策を骨子に、主要な寄せ場である山谷、寿、釜ヶ崎は日雇労働者を囲い込む巨大な空間として政策的に形成されていく。そこは、巨大な日雇労働市場とドヤなどの生活資源がセットになって構築された閉ざされた空間であり、都市社会一般からは見えにくい空間である。国や資本の関心は、何よりも必要に応じて利用できる大量の労働力が常にプールされていることであった。女性や子どもは優先的な保護政策の対象となり、寄せ場の外部に連れ出された。[17] このような諸政策の相乗効果として、住所不定、単身男性、高齢を特徴とする日雇労働者の街である寄せ場が形成・維持されていったのである。

さて、九〇年代前半、建設業が膨張するなかで野宿者が増大したのは、寄せ場での求人の減少が直接の原因である。建設現場での日雇仕事は減少したわけではないが、寄せ場での求人は減少したのである。このことには二つの事情が大きく関係する。一つは、建設資本が寄せ場の高齢化した労働者を排除し、より良質で安価な労働力確保のために、駅手配や新聞・雑誌広告といった雇用する側により有利な形での求人ルートを確立・拡大したことである。これにより、労働者を飯場に囲い込み、需要に応じて労働者を現場に送り出す形態が増加した。[18] 飯場労働者の労働条件は、寄せ場を経由して現場へ直行する労働者のそれよりも平均的に劣悪である。[19] もう一つは国の政策に関するもので、寄せ場の縮小・解体自体が日本経済の自由化を進める国の政策として行政主導で進められたのではないかという指摘がある。それによると、八〇年代末から日本の建設市場開放に対するアメリカの圧力が強まるが、そのなかで、寄せ場を末端とする建設業の重層的下請け構造が建設海外資本の新規参入にとって障害と看做されていた。そして、寄せ場に手配師が来なくなり、寄せ場が縮小した時期は、暴対法（暴力団員による不当な行為の防止等に関する法律）施行に関連して、「不当な行為の排除の徹底」が通達された時期に重なる。これらの点から、日本経済の自由化が政策的に進められるなかで、寄せ場の縮小・解体も進んだと捉えられる。[20]

日雇労働の不安定性に配慮した政策として、日雇求職者給付金支給制度（いわゆるアブレ手当）がある。不就労日にアブレ手当を受給するには前二カ月で合計二六日以上の就労日数を満たすことが要件である。つまり、この制度は、就労日数を基準に支給対象に値する「正当な労働者」を選別する（つまり十分に働いている労働者のみを対象とする）論理に支えられており、仕事につけず経済的に困窮している労働者ほど救済されないという本質的な問題を抱えている。したがって、寄せ場の縮小・解体は、寄せ場を仕事の拠点としてきた高齢の日雇労働者を直撃し、野宿化を促した。加えて、寄せ場は諸産業の失業者を吸収するという機能を有していた。この機能が失われるなかで、失業者が寄せ場を経由しないでストレートに野宿に追い込まれる事態も生まれるようになったのである。

一九九七年をピークに、建設業労働市場は縮小に転じるが、これには新自由主義的な改革による公共事業費の削減が大きく関係している。建設業自体もまた他産業の失業者の受け皿としての機能を失う。製造業就業者が大きく減少し、建設業就業者が増加から減少に転じた九七―九八年に野宿者は急増した。バブル崩壊直後から九七年頃までの野宿者の増大は寄せ場の解体に直接起因し、主に寄せ場を仕事の拠点としてきた高齢労働者を野宿に追いやった。これに対し、九七年以降の建設業の縮小とそれに伴う求人の減少は比較的若い壮年および若年の労働者をも野宿に追い込んだのである。

5 問題の構築と問題解決の方法

外国人労働者は、「不法」の非正規滞在者、フレキシブルな労働力としての日系南米人、不自由な労働者の研修生として、日本の労働市場に参入してきた。野宿者の多くは、建設業の末端を支える寄せ場の日雇労働者から排出されてきた。これらの人々は、就労・生活形態に規定されて、あるいは政策の影響を受けて、本来、不可視な存在であった。二〇〇〇年代に入ると、国レベルでの対策が強化されるが、その背景には、かれらが可視的な存在になったことや日本社会全体のヴィジョンとの関連で問題化されたことがある。そして、問題解決の方法には共通の問題認識や特徴があると言える。

(1) 不可視な存在

非正規滞在者は、強制送還の対象であり、潜伏的な生活を余儀なくされる。日本では、九〇日以上滞在する外国人には外国人登録が義務づけられており、行政サービスを受けるには、登録が必須である。しかし、非正規滞在者の多くは、存在の発覚を恐れるなどの理由から、登録をしていない。毎年の入管統計を参照すると、非正規者のなかで登録しているのは一割程度と思われる。したがって、非正規滞在者は、行政サービスの面でも、不可視な存在であることを余儀なくされてきた。

ブラジル人を中心とする日系南米人は、非正規滞在者とは対照的に、身分に対する在留資格が優遇されるなかで、自由な労働者として就労してきた存在であった。しかし、かれらもまた、自治体の行政サービス上でも、地域社会のうえでも、不可視な存在であった。その基本的な理由は、その自由な性格による。自由な性格は、雇用側からすると、短期で臨時的な雇用へのニーズを満たすフレキシブルな労働力を保証する条件となり、ブラジル人はそれゆえに就労場所や生活上の移動も平均的な日本人より多い。日系人の大量流入は、バブル期の人手不足の時期に生じたが、バブル経済崩壊以後、日本人が周辺労働市場に回帰してきたことによって、ブラジル人の仕事はよりマージナルな領域へと移行してきた。梶田孝道らは、請負労働力化や長時間労働、日本人との働く時間の相違、日本人が働きに来ないような立地条件で就労するなどの諸条件に特徴づけられる就労の論理によって、外国人労働者がそこに存在しつつも、社会生活を欠いているがゆえに地域社会から認知されない存在になることを「顔のみえない定住化」と呼んだ。そして、その象徴的存在としてブラジル人に焦点を当て、日本国内の制度がブラジル人の移住過程に及ぼす帰結を説明しようと試みた[21]。「顔の見えない定住化」は、日系南米人全体に該当しよう。

研修生は、日系ブラジル人とは対照的に管理された労働者であり、研修先を変更できないことを含め、雇用主の厳格な管理下に置かれる。また、短期滞在であるがゆえに、地域社会のなかで、その存在はほとんど不可視な状態に置かれる。

野宿者は、一九九〇年代以前にも存在した。しかし、野宿はドヤとの往還での一時的なものが多く、寄せ場周辺に限定されていた。寄せ場は、治安・労働対策の観点から、日雇労働者を囲い込んできた空間であった。九〇年代になるまで、寄せ場自身が閉ざされた空間であったように、その周辺で生起した野宿問題も、一般社会からは不可視な存在であった。

(2) 国レベルでの政策の不在と自治体の対応

外国人労働者のなかで、国が早くから関心を示していたのは、非正規滞在者の存在である。非正規滞在者に対する最初のまとまった政府報告は、一九九〇年版の『警察白書』に特集として掲載されている。このことは、非正規滞在者が何よりも治安的な観点から問題視されてきたことを示している。「不法就労」や「不法滞在」は非正規滞在者を法違反の観点からのみ捉えるカテゴリーであり、労働者であるという観点はほとんど欠落している。

「九〇年入管法」の目的の一つは、不法就労助長罪の新設など、急増した「不法就労」者に対応するためのものであった。しかし、不法就労助長罪による検挙件数は、「不法就労」による退去強制摘発人員数の一〇〇分の一程度であり、効果は限定されていた。また。九〇年代には集中摘発期間や協議会設置等の「不法就労」対策が行われてきたが、見せしめ的な摘発に留まってきたと言える。[22]「不法残留者」は九〇年約一〇万人、二〇〇〇年約二五万人であり、九〇年代に約一五万人増加した。このような事態の基本原因は、人手不足のなかで流入した非正規滞在者が、景気低迷期のなかでも日本の産業に構造的に組み込まれてきたことにあり、国が日本経済を支える非正規滞在者の労働力の有用性に配慮して、「不法就労」対策に本腰を入れてこなかったためである。この間、非正規滞在者の滞在は長期化し、出稼ぎ型から定着化への移行が見られた。非正規滞在者の五年以上の滞在は九一年段階では一%に過ぎなかったのに対し、九三年には二割弱を占め、二〇〇〇年では三割を超えている（『国際人流』九二年九月、九四年一〇月、二〇〇一年六月）。

一方、九〇年代に入ってからの野宿者の増大と可視化は、全国的に野宿者問題への行政の関心を高めた。行政は、全般的に、野宿者の増大を「ホームレス問題」と捉えてきた。厚生労働省は、「ホームレス」を「都市公園、河川、道路、駅舎その他の施設を故なく起居の場所として日常生活を営んでいるもの」と定義している。国レベルでも地方レベルでも、行政の一義的な関心は、「ホームレスの可視性」にあった。国レベルでの「ホームレス」対策は、九〇年代末まで皆無であり、「ホームレス問題」への対応は各自治体に任されていた。いち早く「ホームレス」対策を行った自治体は東京都であるが、東京都の問題認識と対策は、九〇年代における行政の「ホームレス」対策のあり方を象徴しており、また、国レベルでの政策形成にも大きな影響を与えるものであったと言える。それは、簡潔に言えば、野宿者による公共空間の占拠をなにより問題視するもので、その解決方法は排除であった。

東京都は九四年より全都的な観点からの野宿者（当時の東京都の呼び方では路上生活者）対策に着手し、九五年には『新たな都市問題と対応の方向――「路上生活をめぐって」』を刊行した。新たな都市問題と認識されていたのは、新宿西口のダンボールハウスで生活していた人々のことである。ダンボールハウスに居住していた野宿者の存在を「新たな都市問題」と位置づけることは、寄せ場対策などの従来の行政施策が生み出してきた根本的な問題性を覆い隠すイデオロギー性を有していた。また、単に「新しい」と位置づけることは、野宿者の増大を景気の後退や企業のリストラなどの一般的な問題へと抽象化するものでもあった[23]。九六年に刊行された報告書『路上生活者問題に関する都区検討委員会』では、行政は公共空間を管理する責任を負っていて、「それ（路上生活の意味）は、路上生活者が自立できるかどうかとは、自ずから別の次元の問題であり、路上生活者が望むからといって、住居代わりにすることが容認されるものではない」との記述がある。問題視されているのは、失業や生活困窮ではなく、「路上生活」である。

このような認識の下に、東京都は九六年一月、新宿駅西口の野宿者のダンボールハウスを動く歩道設置という理由で強制退去した。強制撤去は排除と収容によって、野宿者問題の解決＝野宿者の不可視化を狙いとするものであったと言える。しかし、撤去後も新宿駅周辺には野宿者が戻って来たし、新宿を舞台に展開された運動は、多くの野宿者の存在、および闘う野宿者の姿を社会に印象づけた。排除と収容によって野宿者問題の解消を目指した東京都の対策は、逆に野宿者問題の可視化を促す結果をもたらした。

(3) 「ホームレス」対策にみる選別と排除

一九九〇年代後半から「ホームレス」対策が国レベルでも自治体レベルでも急速な展開を見せる。国レベルでは、九九年二月に中央五省庁と東京都、新宿区、横浜市、川崎市、名古屋市、大阪市の六自治体が「ホームレス問題連絡会議」を設置し、五月に「当面の対応策」を策定した。「当面の対応策」

では、「ホームレス」を、①勤労意欲はあるが仕事がなく失業状態にある者、②疾患を有する者など、医療・福祉などの援護が必要な者、③社会的束縛を嫌う者など社会生活を拒否する者に分類し、その類型ごとに対応策を示した。「連絡会議」の設置過程では、「ホームレス」による公共空間の占拠を問題と看做す治安的観点の問題意識が強かった。しかし、①に分類される「ホームレス」に対して、自立支援事業の必要性を国の立場から明らかにしたことが注目される。二〇〇二年七月には、一〇年の時限立法として、「ホームレスの自立の支援等に関する特別措置法」が成立した。この法律は「ホームレス」を対象とする日本で初めての法律である。

近年の「ホームレス」対策の鍵概念は自立である。排除一辺倒であったと言える九〇年代の対策に比して、野宿者問題は失業に起因する社会問題であることが認識され、就労自立に向けた総合的な対策が始められたことは大きな意義を持つと言えるだろう。ただし、自立と排除が表裏の関係にあることに留意が必要である。

自立支援事業の利用状況に関する調査は、概ね、自立支援事業は、野宿経験の比較的短い若年・壮年層（おそらくかれらの多くは日雇経験が短い）を中心に就労自立で一定の成果を上げていることを明らかにしている。[24] 一方で、野宿経験や日雇経験の長い高齢者は自立支援事業をあまり利用しない。この基本的な理由は、行政が提供するプログラムと野宿者のニーズのずれにある。野宿者のなかには、公園などに居を構え、日雇仕事や廃品回収などの雑業などをしながら、わずかながらも生計に必要な現金収入を得て、一定の安定した生活を送っている人が少なからずいる。かれらにとっては、就労の問題よりも住居を脅かされるほうがより死活的な問題である。自立支援事業がかれらの就労ニーズや生活スタイルと合わなければ、利用しないという選択は自然なものであろう。しかし、行政の視点からすれば、理由は何であれ、路上での生活は容認されない。国に先駆けて自立支援事業に着手した東京都の報告書には、自立支援を通して路上生活から脱却する仕組みを行政が用意する以上、その仕組みを活用して自立を回復することは本人の責任と明記されている。「特別措置法」でも、「ホームレスは、その自立を支援するための国および地方公共団体の施策を活用すること等により、自らの自立に努めるものとする」と明記されている。このような考え方には、自立支援事業を活用しない「ホームレス」を、自立意欲に欠け、公共空間を占拠し、社会的な迷惑をかける存在として問題視し、自己責任を問うことで、排除を正当化する論理が内在している。

近年でも、二〇〇五年一月の名古屋市白川公園、二〇〇六年一月の大阪城公園などを舞台に、公園に居を構える野宿者に対する強制退去（行政代執行）がたびたび行われている。愛知万博の開催（二〇〇七年）にともなって、名古屋中心部の公園から野宿者がほぼ一掃されたことも記憶に新しい。自立支援策は、行政的な意味での自立を基準とする善悪二元論によってホームレスを選別する論理に支えられている。自立支援策が目指すのは、自立と排除のいずれかの方法で野宿者を不可視化することである。

(4) 非正規滞在者対策における選別と排除

非正規滞在者に対する国の基本対策は、本国への強制送還である。一方で、在留特別許可制度によって非正規滞在者の合法化を個別に判断する対応を取ってきた。九〇年末から非正規滞在者対策に大きな変化が見られた。一つは、在留特別許可制度に関するものである。「不法滞在者と我が国社会とのつながりに配慮した取り扱い」（第二次出入国管理基本計画、二〇〇〇）が言明されるなかで、在留特別許可件数が急増する。認可されたケースには、日本人との家族的なつながり（多くは日本人と結婚した非正規滞在者のケース）や日本人との家族的なつながりはなくても「子どもの最善の利益」に配慮されたものが多く含まれる。法務省は、従来、「法務大臣の裁量」として、認可の基準を全く示していなかった。しかし、二〇〇四年より「許可事例」が、二〇〇六年より「不許可事例」が公開されるようになり、同年一〇月には、「在留特別許可に関するガイドライン」が策定されるに至った。ただし、日本で家族を形成していない長期滞在単身者に対して許可されることはなく、労働者として日本で長年就労してきたという事実は合法化の判断においてほとんど考慮されていない。

一方で、「強力かつ効果的な不法滞在者対策の実施」（第二次出入国管理基本計画、同上）が言明され、一九九九年「不法在留罪」の新設と「上陸拒否期間の伸張」、二〇〇一年「儀変造文書対策のための退去強制事由の整備」、二〇〇四年「不法残留者等の罪に関わる罰金の引き上げ」、「上陸拒否期間の伸張」、「在留資格取消制度」と「出国命令制度」の新設等、次々と様々な取組が実施されていく。このうち、出国命令制度は、「不法残留者」の自主的な出頭者を速やかに帰国させるために、入国管理局に出頭した非正規滞在者のうち、一定の要件に該当する者に対して適用される制度として新設されたものである。対象者には上陸拒否期間一年という罰則のみで、その他に罰金等の罰則は課されず、収容もされない。さらに、国は二〇〇五年一二月「犯罪に強い社会の実現のための行動計画――『世界一安全な国』の復活を目指して」（犯罪対策閣僚会議）を策定した。このような取組強化によって、「不法残留者数」は二〇〇六年に、九二年以降初めて二〇万人を割ることになる。

上記にみた政策の変化や取組強化は、非正規滞在者の可視化やトラブル等に起因しているのではなく、今後の日本のあり方についてのヴィジョンが大きく関係する。この点については、韓国と台湾の動向が参考になる。韓国では、雇用許可制（二〇〇四年八月から施行）の導入に先がけて、非正規滞在者に対する激しい弾圧と強力な排除が行われる一方で、非正規滞在者の一時的な合法化措置がとられた。二〇〇三年三月段階での「不法滞在」期間を基準にして、出頭した非正規滞在者に対して一定年数の就労を認める措置をとったのである。台湾での正式な労働者の受け入れ開始は九〇年代初頭に遡るが、同様に、取り締まり強化による排除と一定の合法化措置で、「不法就労者」の一掃を図っている。[25]

バブル崩壊以降の長期的な景気低迷期を経て、現在、日本は少子高齢化の本格的な到来を迎えようとしている。このなかで展望されているのが、合法的な「単純労働者」の受け入れである。自由民主党国家戦略本部外国人労働者ＰＴが『「外国人労働者短期就労制度」の創設の提言』（二〇〇八年七月）で、在留期間を三年とし、再度の入国は認めないことを条件とする「短期就労資格」の新設を提言しているように、近年、単純労働者の受け入れに関する議論が盛んになっている。以上の点を踏まえると、鈴木恵理子が指摘するように、近年の非正規滞在者に対する強力な排除と、合法化する範囲を示すことによって非正規滞在者のなかの好ましい外国人と好ましくない外国人を線引きするための明確化は、今後新たに合法的な「単純労働者」を受け入れるための準備として、現在「不法」の状態にいる者を一掃しようという政府の意図を反映していると考えられる。(26)

(5) 多文化共生論の浮上と日系南米人

多文化共生という言葉は、地域や市民社会レベルでは一九九〇年代後半から広く使われてきたが、国レベルで多文化共生論が急速に浮上したのは、ごく近年である。この背景には、日系南米人の定住化にともない、かれらが不可視的な存在から可視的な存在になり始めたこと、そしてそれに起因するトラブルや摩擦が解決を必要とする地域的な課題として認識され始めたことが大きい。また、就労先や居住地が頻繁に変わり、生活実態が把握できないことや情報が届きづらいということも、放置すれば、中長期的には産業構造・経済活動にとって支障となるとの認識が強まったと考えられる。このような国の考え方は、総務省や国土交通省の報告書にあらわれている。

総務省は二〇〇六年に『多文化共生の推進に関する研究会報告書』を刊行した。同報告書は、従来の外国人政策が主に労働者政策あるいは在留管理の観点から行ってきたことを反省し、人口の急速な減少と経済のグローバル化が進むなかで、外国人の能力を最大限に発揮できるような社会作りが不可欠となっており、このために多文化共生を推進することが必要であると説く。「外国人住民もまた生活者であり、地域住民であること」を認識する必要性と、「定住傾向にあるが日本語によるコミュニケーション能力を十分に有しない外国人住民に関わる課題を主な検討対象」とするとされているが、ここでとくに意識されているのはブラジル人をはじめとする定住化する日系南米人である。

国土交通省は二〇〇六年に北関東を対象にして多文化共生の地域作りに関する大きな調査を行い、その結果を『北関東圏における多文化共生の地域づくりに向けて』（二〇〇七年三月）にあらわした。この調査は、「製造業が集積する北関東圏には多くの在住外国人が就労しており、すでに地域の産業にとって重要な労働力となっている。一方で、在住外国人の集住する地域では、在住外国人と日本人住民との間の生活トラブルや外国人児童生徒の就学問題等、日常生活の様々な場面で、『生活者』として在住外国人に関係する様々な課題が発生している」（二頁）ことを問題視し、「北関東圏の産業構造や経済活動を支える在住外国人の生活環境の維持・改善を図るために、地域の各主体が担うべき役割や取組を検討すること」（一〇頁）を目的としたものである。

国レベルでの多文化共生の取組は近年始まったばかりであり、その成果や課題は今後多面的に検討される必要がある。ここでは、両報告書を手がかりに、多文化共生に向けた国の基本的な考え方を取り上げておく。第一に、多文化共生は、経済活動を支える外国人の労働力の維持を図るために、かれらを生活者や地域住民として地域社会に包摂するという考え方に支えられている。第二に、多文化共生の推進のために、外国人が自立することの必要性が強調されている。総務省報告書には、「多文化共生推進のために、日本人住民側の意識啓発と共に、外国人住民側の地域住民としての自覚と自立が必要」と書かれている。国土交通省による調査は、「多文化共生と地域づくりの仕組み」として、「地域の日本人住民と対等な関係を築くためには、在住外国人の自立と地域社会への参加」が必要であるとの仮説の下に行われている。在住外国人が地域社会で生活していくうえで、相応の役割を担うべきとの意見・立場に異論はない。しかし、自立とはいかなる状態をさすのかについての議論は欠落しており、また、国交省の調査結果のデータをいかに見つめても、「外国人の自立を支援する取組を進めることが今後の方向性と導き出された」といった結論を導き出すのは困難である。この意味で、在住外国人の自立論が大きな前提として一人歩きしてしまっている点は否定できない。多文化共生においても、自立がキーワードになっている。この結果、第三に、多文化共生プランは、実質的には、日本人の側から外国人に同調を求めるニュアンスが強く含まれている。

6　下層問題の構築

資本は、一方で、生産性の増大によってモノの豊かさの面での創造性を実現するが、他方で、利潤追求とコスト削減のために労働力の酷使や使い捨てを行うという破壊性を併せ持つ。国は、政治的な権利・保護や行政サービスの対象者を分類・選別する。そしていずれも、資本や国益にとっての有用性を基準に、人間を差別化・序列化する論理を有する。

本章で取り上げてきた人々は、グローバル化が進んだ過去二〇年の日本社会において、フレキシブルな、管理された、あるいは囲い込まれた、安価で可処分的な労働者として資本による破壊性に強く晒されるとともに、国家による権利の剥奪や切捨ての対象となることで、脆弱性と剥奪の状態に追い込まれてきた底辺的な階層である。かれらには、労働市場からの排除、公共空間からの排除、強制送還という国外への排除、行政サービスからの排除、社会的結びつきからの排除、といった排除のメカニズムが深く関わる。排除という概念は、貧困の概念に比して、動態的で多次元的である。また、排除は、「状態」でもあり、「過程」でもある[27]。資本の破壊性と排除によって底辺的な立場に追い込まれる層を下層と捉える。下層と排除の概念は、脆弱性と剥奪の状態に追い込まれてきた人々の厳しい現実の多次元性と、かれらをそのような状態に追い込んできた諸要因の動態的な過程を描き出すことに焦点を当てるものである[28]。

非正規滞在者は「不法性」のゆえに無権利状態に置かれ、国家はそれに対する責任を回避してきた。ブラジル人の出稼ぎは、「市場が作り、国家がお墨付きを与えて放置し、市場が支配するネットワークにより加速[29]」し、かれらは、むき出しの形で市場原理に翻弄されてきたフレキシブルな労働者である。研修生は、「安価な労働力として自国の経済に貢献してもらい、短期間で帰国する」便利な労働者である。いずれにおいても、国にとって有用な労働力を確保し、負担するコストを最小限に抑えるという、「利益最大化」と「コスト最小化」の政策的意図は十分に満たされてきた。日系南米人の定住化は、研修生と同様に短期出稼ぎ型の労働者を確保したい国の立場からすれば、予想外の問題であったと言えるかもしれない。日系南米人の定住化にともない、経済活動を支える有用な労働力を維持するために、かれらを生活者として地域社会のなかに包摂する必要性が強く認識されるようになった。

近年、国レベルで多文化共生論が浮上した背景の核心は、この点にある。寄せ場は、有用な労働力を閉じられた空間に囲い込む政策の産物として形成・維持されてきたが、九〇年代、資本の戦略と国の政策によって解体され、その結果、野宿者が増加する事態が生じた。外国人労働者や野宿者が直面してきた問題は、主に、資本の戦略や国家の政策によって構築されてきた下層問題である。

なお、九〇年代に増加した外国人労働者の男性の多くが製造業と建設業に従事していたことを踏まえれば、外国人労働者の増大は野宿者の増大を促したのではないかという関係が考えられる。より一般的に言えば、国内労働市場に対する外国人労働者の影響（補完か代替か）という問題である。寄せ場は、日本人より若い外国人労働者が目に見える形で参入してきた空間であった。この参入により、高齢の日本人労働者が失業に追い込まれるという事態は生じたであろう。寄せ場で排外主義的な動きがあったことも事実である。この点を含め、外国人労働者の増大が野宿者の増大に一定の影響を与えたことは否定できないと思われる。ただし、この問題は、下層労働市場における両者の直接的な競合や対立の問題と捉えるべきではない。このような競合関係が、経済のグローバル化のなかの資本の戦略や国の政策によって生み出されたという背景がむしろ重要である。

下層に対して共通に作用する制度的なメカニズムは、選別とセットになった排除である。非正規滞在者、野宿者いずれに対しても国レベルでの政策は九〇年代においては実質上放置であったが、二〇〇〇年代に入り、日本とのつながりを基準に非正規滞在者を、自立する意欲を基準に野宿者を選別し、対象外の者を強制送還あるいは強制退去を通じて不可視化するメカニズムが強化されてきた。就労による自立を支援する政策も、それ自体が路上から野宿者を不可視化するメカニズムでもある。「不法残留者数」は二〇一〇年一月現在で約九万人にまで減少した。野宿者は二〇〇八年一月現在で約一万六〇〇〇人であり、ピーク時の約二万六〇〇〇人に比して一万人減少した。「問題となる人々」の不可視化や数の増減で政策の成果を語るとすれば、国の「不法滞在者」対策や「ホームレス」対策は確実に成果を挙げてきており、国の政策的効果の大きさが確認される。なお、研修・技能実習生の窮状が広く問題化されるなかで、研修・実習制度の改定が二〇〇九年七月に行われた。在留資格の「研修」が廃止されたことで、研修生であるがゆえに課せられた労働条件などは改善されることになった。ただし、短期雇用で研修先を変えることができない不自由な労働者である点では、本質的な違いはない。

おわりに――「自立と共生の社会」

自立と共生は、国全体のヴィジョンとしても声高に叫ばれるようになっている[30]。この背景には、新自由主義的制度と価値観の浸透があろう。新自由主義が標榜する小さな政府は、福祉や社会保障に向けていた国家の財政を縮小し、それを民の責任に移行させる思想や取組をさす。ただし、新自由主義の下での資本や人のグローバル化のなかで、国家の役割が全般的に縮小するというわけではない。経済のグローバル化が進行するからこそ、国家の役割が一層重要になるという側面もある。総じて言えば、新自由主義下の国家は、福祉国家の解体と再編を行う一方で、グローバル化する企業の利益を保障するための条件整備を行う。また、国家は、人の越境移動を制限・管理する強大な権力を持ち続けている。そして、新自由主義は、自由競争と有用性を基準にした人間の選別を強化し、その結果を自己責任の名の下に正当化するという個人化の原理を徹底する思想である。

本章では、市場原理を徹底する資本の戦略とそれを支える国の政策によって下層は生み出されてきたこと、自立や共生のスローガンの下、下層には選別と排除によって不可視化する制度的メカニズムが作用してきたことをみた。下層問題の本質は、下層が資本の破壊性とともに個人化の原理を最も強烈に浴びてきたことにある。このような事態を前にして、われわれ一人ひとりが考えるべき課題はなんだろうか。まずは、下層を異質な他者として不可視化あるいは消去することで問題解決と看做し、自己の生活の豊かさや安全さを追求することに安住してきたのではないかという点を自省することが問われよう。異質な他者を不可視化する社会は、人間同士が共に生きる能力を喪失している社会である。非正規滞在者を犯罪予備軍扱いする国のキャンペーンの影響もあってか、国民の非正規滞在者に対する視線には厳しいものがある。『外国人労働者の受入れに関する世論調査』（内閣府大臣官房政府広報室、二〇〇四年五月）から意識の変化をみると、「不法就労は良くない」との意識は、三二％（九〇年）、四九％（二〇〇〇年）、七一％（二〇〇四年）、「不法就労者」への対応でも、「強制送還」を支持するものが、三七％（九〇年）、五〇％（二〇〇〇年）、六二％（二〇〇四年）と、いずれも増加している。野宿者に対しても、不快、迷惑、自立に向けて最大限努力するのは当然といった視線には依然として強いものがあろう。

下層問題は、資本や国益の観点に基づく有用性によって人間を選別・排除するメカニズムが、より洗練された形で強化され、我々自身の足元にも向けられていることを映し出す鏡である。下層に向けられた資本の破壊性や不可視化のメカニズムは、時代状況の変化に応じ、様々な形を取りながら、誰一人例外とせずに標的に向けられていくだろう。競争と選別の原理が強化され、個人化の原理が徹底される今日的な状況に対していかに向き合っていくのかは、一人ひとりに課せられている共通の課題であり、そのためには、何らかの共同性を復権させていく思惟と営為が問われる。

【注】

（1）戸木田嘉久『構造的失業時代の日本資本主義』新日本出版社、一九九七年、三二一―三三三頁。

（2）渡辺治「日本の新自由主義――ハーヴェイ『新自由主義』に寄せて」デヴィッド・ハーヴェイ『新自由主義　その歴史的展開と現在』渡辺治監訳、森田成也・木下ちがや・大屋定晴・中村好孝訳、作品社、二〇〇七年。

（3）渡辺治、同前、三一二―三一八頁。

（4）ハーヴェイ、前掲『新自由主義　その歴史的展開と現在』。

（5）正式な在留資格を欠く状態で滞在あるいは就労する人々については、国連など国際的に広く用いられている irregular の訳語である「非正規」という表現を使って、基本的には非正規滞在者として表記する。ただし、法務省入管統計では「不法残留者」、行政文書では「不法就労」や「不法滞在」という表現が用いられており、それらに言及する場合には、その表現をそのまま用いる。また、本文中の数値については、小数点以下を四捨五入して表記している。

（6）『出入国管理関係統計概要　2000』入管協会。

(7) 渡邊博顕「非正規就労外国人労働者の雇用・就業に関する事例」JILPT Discussion Paper 05-014、二〇〇五年九月。

(8) 丹野清人「在日ブラジル人の労働市場——業務請負業と日系ブラジル人労働者」『大原社会問題研究所雑誌』第四八七号、一九九九年六月。

(9) 『二〇〇〇年度版　外国人研修・技能実習事業実施状況報告　ＪＩＣＴＯ白書』。

(10) 田巻松雄「野宿者の増大と日本社会の変化」『寄せ場』第一六号、二〇〇三年五月。

(11) 山本薫子「国境を越えた『囲い込み』——移民の下層化を促し、正当化するロジックの検討に向けて」狩谷あゆみ編『不埒な希望　ホームレス／寄せ葉をめぐる社会学』松籟社、二〇〇六年。

(12) 日本労働研究機構『生産と雇用の国際分業』第一二五号、一九九九年。

(13) 梶田孝道「人の移動と国家の制御——出入国管理からネーションフッドの再定義へ」梶田孝道・丹野清人・樋口直人『顔の見えない定住化』名古屋大学出版会、二〇〇五年。

(14) 『二〇〇四年度版　外国人研修・技能実習事業実施状況報告　ＪＩＣＴＯ白書』。

(15) 韓国では、九〇年代後半から研修生の窮状や逃走が社会問題化したが、当時の逃走率は五割を超えていた。逃走が続いたこともあり、韓国では、二〇〇〇年代初めには、就労外国人に占める非正規滞在者の割合は約八割を占めるほどに上昇した。台湾では、九〇年代初めから正式に労働者を受け入れるが、同様に、契約労働者の逃走が問題化されてきた。研修生および労働者の逃走問題は、厳格な管理の下で外国人労働者の効率的な利用を図る受入国政府の政策と、課せられた厳しい条件のなかでよりよい仕事と生活を求める労働者の抵抗のせめぎあいの産物として理解される。この点については、田巻松雄「アジアにおける非正規滞在外国人をめぐる現状と課題——日本、韓国、台湾を中心に」（『アジア・グローバル都市における都市可層社会変容の国際比較研究』平成一七～一九年度科学研究費補助金基盤研究（Ｂ）研究成果報告書（課題番号一六三三〇〇九四）、研究代表者田巻松雄、二〇〇九年三月）を参照。

(16) 田巻松雄「寄せ場と行政——笹島を主な事例として」青木秀男編著『場所をあけろ！　寄せ場／ホームレスの社会学』松籟社、一九九八年。

(17) 西澤晃彦『隠蔽された外部――都市下層のエスノグラフィー』彩流社、一九九五年。
(18) 青木秀男『現代日本の都市下層――寄せ場と野宿者と外国人労働者』明石書店、二〇〇〇年。
(19) 飯場とは、「飯を食う場」であり、建設業附属寄宿舎いわゆる作業員宿舎のことをさす。飯場の歴史は古く、建設、土木、港湾、鉄鉱などの基幹産業で用いられてきた。仕事現場付近に作られる現場飯場と、労働力の供給請負をもっぱら担う基地的な飯場がある。寄せ場と飯場はともに建設業の下請け構造の末端を支える日雇労働者を供給する基地としての役割を持っており、寄せ場は大きな飯場で、飯場は小さな寄せ場とみることができる。飯場での最も基本的な問題は、労働者が一定期間、仕事と生活の両面で、雇用者側による全面的な管理下に置かれることにある。この体制の下で、雇用者側は収益を上げるための様々な手段をとることができる。
(20) この点については、なすび「新自由主義体制下で解体される寄せ場と日雇労働者対策」(『寄せ場』第二一号、二〇〇八年六月)を参照。ただし、寄せ場の縮小・解体自体に国や自治体の政策がどのように関与したのかについては研究が少なく、まだ不明な点が多い。
(21) 丹野清人「人手不足からフレキシブルな労働力へ――労働市場におけるブラジル人の変化」梶田・丹野・樋口、前掲『顔の見えない定住化』一八一頁。
(22) 鈴木恵理子「選別化が進む外国人労働者――非正規滞在者の排除と合法滞在者の管理強化」渡戸一郎・鈴木恵理子・APFS編著『在留特別許可と日本の移民政策――「移民選別」時代の到来』明石書店、二〇〇七年。
(23) 中根光敏「排除と抵抗の現代社会論――寄せ場と『ホームレス』の社会学に向けて」青木編、前掲『場所をあけろ! 寄せ場/ホームレスの社会学』。
(24) 田巻松雄「東京都自立支援事業の何が問題か」『Shelter-less』第一五号、二〇〇二年。
(25) 田巻、前掲「アジアにおける非正規滞在外国人をめぐる現状と課題」。
(26) 鈴木、前掲「選別化が進む外国人労働者」二一頁。
(27) アジット・S・ハラ/フレデリック・ラペール『グローバル化と社会的排除　貧困と社会問題への新しいアプローチ』福原宏幸/中村健吾監訳、昭和堂、二〇〇五年。
(28) 下層の定義については、青木秀男の定義「都市の最底辺にあって階層的・空間的に隔離された人々を言う。すなわち、都市下層とは、過酷な収奪と差別の要件が同時に課せられた『社会外』の人々、またはそれらの人々を集住する地域空間をさす」（青木、前掲『現代日本の都市下層』）等があるが、下層の要件としてほぼ共通に「排除」が捉えられている。青木が下層ではなく都市下層としているのは、寄せ場の労働者に注目しているからである。

(29) 樋口直人「共生から統合へ——権利保障と移民コミュニティの相互強化に向けて」梶田・丹野・樋口、前掲『顔の見えない定住化』二八六頁。

(30) たとえば、二〇〇七年一〇月の福田康夫首相就任演説では、「自立と共生の社会に向けて」というメッセージが表明されている。

第6章　アジア太平洋の人の国際移動とアジア系専門職移民

石井　由香

はじめに

「知識」が大きな意味を持つ二一世紀において、専門職移民（高度技能移民）の動向が注目される。アジア太平洋における専門職移民、とくにアジア諸国出身の専門職移民の国際移動は、旧来の「頭脳流出」という言葉の持つイメージ、つまり限られた人数の非常に高い専門性を持った人材が、発展途上国から一握りの先進国へと一方的に移動し、出身社会との関係を持たない形で定住するという、先進国への頭脳の偏在という説明だけでは語りきれない様相を示している。本章では、アジア系専門職移民（予備軍としての留学生を含む）に注目し、その移動の実態、移動を促す要因、経済・政治・社会的影響力に関して、今後の展望を含めて考察する。

専門職移民とされる人々の技能は多様化し、人数が増加することでいわば大衆化の様相を見せている。移動の形態も、移動先で定住するケースばかりでなく、帰国する、出身国・社会との間を往来する、さらに他国を目指すといった専門職移民が増えている。また、定住した専門職移民のなかには、グローバリゼーションの恩恵を受けながら、都市を中心とした移住先の社会において自らの出自や移動経験を捨てることなく「参加」をし、労働力としての貢献を越えて、ローカルの政治、社会における文化的多様性の維持および理解向上に一定の役割を果たす活動をする者が見られるようになっている。さらに帰国した移民の場合にも、起業を通じて、また政治に関わることで出身国・社会の制度の変化を促す者の存在が徐々に注目され始めている。いわば、異なる国、社会、文化の間の政治・社会的「ブリッジ」としての役割を果たす可能性が見えてきているのである。専門性、「知識」を持った移民については、従来、労働力としての送出国、受入国双方にとっての経済的重要性が中心的に論じられる傾向にあるが、本章では経済面の論述は最小限にとどめ、こうした移民の専門性と多様な移動の経験に基づく政治・社会的な影響力とその可能性をできる限り検討する。

アジア太平洋では、専門職移民は先進国のみならず、アジアＮＩＥｓやアジアＮＩＥｓに続く経済発展を遂げている発展途上国においても貢献が期待される存在である。現在、日本でも「高度人材」の受け入れに関する議論が活発化し、留学生政策もそれと関連づける傾向があらわれている。本章では、日本での現在の議論を詳細に扱うことはしないが、日本を含めたアジア太平洋の状況を追うことで、日本の現状および今後を考えるうえで参考になる論述を行っていきたい。

1　専門職移民とはどのような人々か――その定義と移動の特徴

(1) 専門職移民の定義

筆者は、高度な専門・技術を持ち国境を越えて移動する人びとについて、一般的にもその特徴を理解しやすく簡潔な表現であると考えることから、本章でこの人びとを専門職移民（migrant professionals）と表している。しかし、専門職移民は、受け入れ諸国や国際機関などにおいて、実際にはさまざまな呼び方をされている。多く見られるのは、高度技能移民（highly skilled migrants）、もしくは技能移民（skilled migrants）という呼び方である。グローバル・タレント（global talent）という表現も散見される。知識社会（knowledge society）[1]において必要な人材としての、外国人の知識労働者（knowledge workers）という位置づけもある。こうした表現の多様性は、本章の参考文献のタイトルからもうかがうことができる。高度人材の受け入れについては、いずれにしても、「各国・社会の労働力市場において必要とされる高度な専門・技術を持つ移民」が専門職移民の定義であるといえよう。

日本では、政策上、また経済界を中心に（外国人）高度人材という言葉が定着している。二〇〇八年には首相官邸直轄の「高度人材受入推進会議」が設置され、翌〇九年五月に報告書がとりまとめられるなど[2]、日本の移民政策においても、その実効性はさておき、積極的受け入れへの方向性は顕著である。〇八年秋の金融危機以降も、受け入れ促進の方向性そのものに大きな変更はない。〇九年に民主党が政権党となって以後、留学生政策との関係で見直された構想（アジア人財資金構想）はあるが、省庁レベルでは依然として受け入れ推進策の検討が進められている。

この高度な専門・技術の範囲については、定義する主体によって違いがある。国際移住機関の『世界の移民二〇〇八』では、高度技能移民の定義という節で、「最も明確な指標は、教育程度もしくは職種である」としている。教育程度と職種は、どちらか一つが適用されることもあれば、どちらも用いられることもある。まず教育程度に関しては、「高度技能移民の一番基本的な定義は、高等教育を受けた人びと、典型的には公的な二年間のカレッジにおける教育、もしくはそれ以上の教育を受けた成人に限定される傾向がある」と指摘しており、この定義は一般的によく使用されるものである。可能であれば、アカデミックな、もしくは専門的な学位に関する追加情報があることが望ましいという。(3) 教育程度については、おおむね大学卒もしくはそれ以上の学歴が、専門職移民と判断される基準であると言えるだろう。

職種については、医師、弁護士、会計士といった従来専門性のある人材として考えられる職種や、近年受け入れ国間で争奪戦が繰り広げられているIT労働者、看護師などがすぐに思い浮かぶであろう。しかし、専門性があるとされる職種については、受け入れ国の政府が、自国の労働力市場における需要や将来の産業政策に応じてその範囲を決める傾向があり、必ずしもこの職種が専門職であるという厳密なコンセンサスがグローバルにあるわけではない。たとえば、アメリカの有名なH－1Bビザは、専門性のある「特定の職種」（specialty occupation）について出されるもので、学士以上の学歴と就労しようとする職に関する専門的知識・経験の有無によって判断される。(4) オーストラリアでは、受け入れにあたって、主に「専門職およびその他の技能移民」(Professionals and other skilled migrants) プログラムが準備され、職種リストがある。(5) 日本では公にされた職種リストはない。しかし、前掲の「高度人材受入推進会議」の報告書では、「『高度人材』についての定まった定義はないが、本報告書では、現行の就労可能な在留資格である専門的・技術的分野の在留資格を有する外国人労働者を対象とする」と説明しており、外国人高度人材に関して、「経済財政改革の基本方針二〇〇八」において受け入れを促進すべき「高度人材」の例として示されている、専門的、技術的分野の在留資格（出入国管理および難民認定法上、就労が可能な在留資格のうち、教授、芸術、宗教、報道、投資・経営、法律・会計業務、医療、研究、教育、技術、人文知識・国際業務、企業内転勤、技能）をその範囲としてあげている。(6)資格、もしくは必ずしも教育程度に基づかない職種に関しては、これまでの専門職としての活動経験も、適切な人材であるかどうかの判断の基準となる。また、作家や芸術家といった芸術・文化面で貢献しうる人材も高度人材のなかに含まれている点は、高度人材の経済的な影響力のみならず政治・社会的影響力を考えるうえで注目されるところである。(7)

多様な専門職移民の職種のなかで、現在とくに求められている人材の職種には、主に二つのカテゴリーがある。それは、①経済のグローバリゼーションにともない、グローバル・シティ、もしくはR&Dの拠点となる都市・地域において必要とされる職種、②先進国、中東産油国などで求められる医療・保健サービスに関する職種、である。

①については、科学技術開発に携わる研究者・技術者（生命科学など、高度科学研究の国際競争に携わる人材からIT労働者にいたるまで）、金融業におけるディーラー、アナリスト、商品開発などの専門職従事者、新国際分業の進展による製造業企業の統括部門における管理職、またこうした職種の活動を支える高度なサービスに関わる職種（会計士、弁護士など）などが例としてあげられよう[8]。②については、医師、看護師、各種の医療技術者、介護労働者がこれにあたる。そのなかでも看護師、介護労働者の移動がとくに注目される[9]。「今日中東にいるバングラシュ人看護師の数はバングラデシュ国内にいる数よりも多く、アメリカとカナダで登録しているフィリピン人看護師の数は、フィリピン国内にいる数よりも一九七〇年代の時点ですでに多かった」[10]と指摘されるように、看護師への需要は以前から大きいものがあったが、特に先進国においては医療の民営化の進行や少子高齢化の影響もあり、外国人看護師、さらに介護労働者の需要がますます増加している。

(2) 専門職移民の移動の方向性——頭脳流出と頭脳循環

人の国際移動全体のなかで、専門職移民の人数はそれほど多くはない。専門職移民の定義が難しいことからあくまで目安としての数字ではあるが、ＯＥＣＤの内部資料によると、一九九〇年から二〇〇〇年までの間に、高等教育を受けた成人が相対的に発展していない国（less developed countries）から より発展した国（more developed countries）へと五〇〇万人移動している。これは国連の推計値である国際移民の数、約一億九〇〇〇万人のなかでは、絶対的に大きい数であるとはいえない[11]。

しかしながら、専門職移民は、「グローバルな知識社会にとって不可欠な、高度な価値を付与し、高い生産性を持つ活動に主に従事する」[12]のであり、一人当たりの生み出す付加価値が高い人材である。その一方で養成に必要なコストが高く、養成期間が長い人材であるが、移民はコストを負担することなく必要な時に得られる人材であり、この意味で経済的に注目される存在である。また、知識を持つ人材であるがゆえに、政治、社会を変革する可能性を持つ人びとであるともいえよう。

移動の方向としては、アジア太平洋において主要な受け入れ国は従来アメリカ、カナダ、オーストラリアなどの先進国かつ移民国であり、アジアの発展途上国は人材の送り出し国であった。こうした移動は、ときに頭脳流出（brain drain）と呼ばれた。しかし、近年では、このような一方向の移動に加えて、アジアＮＩＥｓ、またアジアＮＩＥｓに次ぐ経済発展を遂げているマレーシア、中東産油国などが、専門職移民を引き付ける条件を政策的に整えつつある。日本も遅ればせながらこうした競争のなかに本格的に参入しようとしている。

また、アジアＮＩＥｓおよびアジアＮＩＥｓに準じる諸国、さらに急速に経済発展する中国、インドでは、機会を求めて先進国から還流する自国民の専門職従事者が増えている。アジアＩＴ産業の競争力に関する共同研究を行った夏目啓二は、ＯＥＣＤの二〇〇八年の統計をもとに、グローバルなＩＴ産業企業上位二五〇社の概要を国別に整理している。これによれば、アメリカと日本の企業が一三九社と半数以上、欧州企業を含めると一六九社で三分の二以上を占める。しかし、アジア企業の躍進は著しく、台湾一九社、韓国六社、香港四社、中国四社、インド四社となっている。収入額順では台湾が四位、韓国が五位、香港が八位、中国が一一位、インドが一三位につけている。注目されるのは年間成長率である。二〇〇〇年から二〇〇六年の年間成長率は、台湾二六・七％、韓国八・七％、香港一七・四％、中国一四・二％、インド四六・三％であり、アメリカの六・二％、日本の一・七％と比べると際立って高い[13]。こうしたＩＴ産業の急成長は、自国民の帰国を促す要因となっている。双方向的移動、もしくは頭脳循環（brain circulation）が重要になってきていることは、現代の専門職移民の移動の方向性に関する特徴である。

さらに、国から国への移動というだけでなく、現在の専門職移民の移動は、相対的に発展している「地域」ないしは「都市」への移動ととらえられる側面を持つ。一般的に専門職移民の雇用される職は主に経済開発の進んだ都市部にあり、専門職移民が生活においても都市的な豊かさを求める傾向が強いことからも、都市への移動という特徴が顕著である。ＩＴ労働者、起業家の移動を見ると、たとえば中国ならば沿海部の都市、インドであればバンガロールなどの都市へと還流している様子がうかがえる。また先進国においても、都市部およびアメリカのシリコン・ヴァレーに代表されるようなＩＴ技術開発の拠点となる地域に、専門職移民は多く移住していく。専門職移民の受け入れをめぐる競争は、国家間競争であると同時に、都市間ないしは地域間競争であるということもできる。

また、専門職移民の移動は、英語を基盤とする移動が主流である。ＯＥＣＤ加盟国では、オーストラリア、カナダ、アイルランド、ニュージーランドとアジア太平洋以外の国ではイギリスが中心的な専門職移民の受け入れ国であり、これらの英語を国語ないしは公用語とする国以外への合法的な移動は依然として限られている[14]。先進国以外の国としては、たとえば積極的な受け入れを推進しているシンガポールでも、英語が専門職移民を引き付けるうえでアドバンテージとなっている[15]。

その一方で、英語が国語・公用語でない国は、専門職移民の獲得競争においても不利な状況にある。日本でも、積極的な受け入れ推進において日本語は一般的に高いハードルである。別の言い方をするならば、ビジネス、研究の世界で事実上共通言語となっている英語という言語圏のなかで中心的に起こっているのが専門職移民の移動であり、アジア系専門職移民の移動は、英語圏の先進国ないしは相対的に発展している国の高度な技能を必要とする労働市場と、発展途上国の都市部を中心として経済発展にともなって成長しつつある新中間層、もしくは東アジア、東南アジアの都市部における勃興が指摘される新興富裕層（New Rich）[16]の結びつきにより成立しているのである。こうした言語地政学的な特徴は、専門職移民のグローバルな影響力を考える際に留意するべき点である。

2　専門職移民の移民システム——国際移動を促進する要因

専門職移民の移動の要因を考えるうえでは、個人が持つ収入最大化という動機に加えて、個人としての決定に影響を与える構造的な要因、すなわち移民システム[17]の内容を見なければならない。アジア太平洋におけるアジア系専門職移民の移動を促進し、その移動の方向性を決定する要因は複数ある。ここでは、ナショナル・レベルの要因として送り出し国（地域）と受け入れ国（地域）の所得および技能格差、受け入れ国の専門職移民受け入れ政策を、グローバル・レベルの要因として、高等教育の国際化、資格認証の国際化、（多国籍）企業の立地・経営戦略を、ネットワーク・組織要因として、エージェントのネットワーク、をあげたい。専門職移民の移動は、単一の要因により決定されるものではなく、これらの要因の相互作用のなかで推移していると考えられる。

(1) ナショナル・レベルの要因

まず送り出し国（地域）と受け入れ国（地域）の間の所得格差であるが、これは新古典派経済学的なアプローチにおいて従来から指摘される要因であり、専門職移民の場合も例外ではない。自国、もしくは現在の居住国よりも高い所得が得られると期待でき、移動先でより豊かな生活ができると考えられるならば、移動の決断が行われる。(18) ただし、専門職移民は、送り出し国（地域）において余剰労働力であるから移動するというよりも、個人の決断により、自らの専門性を活かすことができる、労働力不足の受け入れ国（地域）へと移動するという傾向が強い。

各国の専門職移民受け入れ政策も、専門職移民が移動先を決める大きな要因である。アメリカ、カナダ、オーストラリア、ニュージーランドといった、アジア太平洋における現在の主要な移民受け入れ国の政策は、専門職移民に関しては概ね積極的である。グローバル経済の変化にともない、これらの国における専門職移民受け入れが活発化し、移民の選別がより厳しくなっていった。(19) シンガポール、マレーシアなども、こうした動きを追随している。前述したように、新しく受け入れ政策を整備する国も増えている。各国政府は、自国に必要な人材をより的確に引き付けるために、他国の政策動向をにらみながら、自国の政策を変化させていく。入国時の条件だけでなく、永住権、市民権の取得に関しても、柔軟な政策をとる国は少なくない。専門職移民は、これらの政策を比較し、出入国管理政策で自分の専門性が認められ、好みの生活環境がある国を選択しようとするのである。

(2) グローバル・レベルの要因

グローバル・レベルの要因としては、まず近年急速に進む高等教育の国際化をあげることができるだろう。発展途上国から先進国への留学そのものは新しい現象ではない。しかし、とくに一九八〇年代以降、アメリカ、イギリス、オーストラリア、カナダなど英語圏の先進諸国で高等教育は輸出可能な資源として認識され、各国は自国の高等教育機関における留学生の受け入れを積極的に推進した。その際に留学生市場として注目されたのはアジア諸国、とくに東・東南アジアおよびインドであった。これらの国では留学に必要な経済力を持つ層が一定程度あり、教育において英語が重視されていたからである。また、アジア諸国に分校を設立する大学、現地大学との提携による「トランスナショナル・プログラム」を実施する大学もかなりの数に上った[20]。これにより、英語圏で通用する学歴と専門性、資格を持った人材が大量に生み出され、専門職移民の予備軍となっていった。さらに、一九九〇年代以降は、シンガポールやマレーシア、韓国など、アジア諸国でも教育を資源と考え、先進国の大学の分校も含めた自国の高等教育機関に、海外からの留学生を獲得しようとする国が現れた。なかでもシンガポールは、留学生を将来自国で働く専門職移民予備軍として明確に位置づけている。[21] 英語圏を中心とする高等教育の国際化により、留学生および専門職移民の移動はより広範に、多方向になっている。

ＯＥＣＤはある資料のなかで、次のデータを提示している。オーストラリアでは、二〇〇五年までには技能移民プログラム対象者の約五二％がオーストラリアの学歴を持った人で占められていたと推測され、これは外国人卒業生の約三〇〜三五％にあたる。カナダでは、二〇〇六年の統計では、一五％から二〇％の留学生が実際にカナダに定住し労働すると見込まれた。アメリカでは、二〇〇二年の資料で「雇用優先」ルートを通じた永住に応じる者の二二％がそれに先だってアメリカへの留学経験を持っていたとされ、二〇〇〇年の資料でＨ－１Ｂビザ保持者の二三％がかつて学生ビザを持っていたと推定される。ＯＥＣＤの資料は、多くの国で、留学生の留学先における専門職移民としての滞在率は、おそらく一五％から三五％の間ではないかと推測している。[22] この数字は、留学が、先進国の受け入れ国が専門職移民を獲得する、留学生にとっては専門職移民として雇用を得るための実質的な一つのルートともなっていることを示している。

さらに、資格認証（accreditation）の国際化の進展も、[23] 専門職移民の移動を後押ししている。ある場所で獲得した専門性や資格が他の場所で通用しなければ、それは移動の障壁となる。専門職移民の移動促進には、専門的な資格認証における国際的な共通基準が必要である。欧米のみならず、経済的な地域ブロック内の専門職移民の移動に関しては近年アジアでも検討が進んでおり、たとえばＡＳＥ

ANでは一九九〇年代後半以降、専門職移民に関し、自由化を促進するという合意がなされている。[24]なお、日本は資格の相互認証に関してはIT労働者を除いて一般的に慎重であり、本格的な検討は依然として今後の課題である。[25]

また、企業、とくに多国籍企業の立地・経営戦略も、そこに勤務する専門職移民の移動を左右する要因の一つであろう。いわゆるグローバル・シティや、IT産業などが集中する地域への専門職移民の集中は、国家や都市の開発戦略によるのと同時に、（多国籍）企業の戦略によるものでもある。[26]

(3)　社会ネットワーク・組織要因

移民一般に指摘されることであるが、専門職移民が移動する場合も、家族や親族、友人といった社会ネットワークが移動の方向性を決めるうえで一定の役割を担うことは珍しくない。筆者のオーストラリアにおけるアジア系専門職移民に関する共同調査[27]でも、社会ネットワークの重要性を指摘する回答は少なくなかった。ただし、たとえば華人の場合、旧来の移民には都市内部に集住し、チャイナ・タウンのようなエスニック・エンクレイブを形成し、そこを情報交換および生活の基盤とする状況がみられたが、華人系専門職移民はこうしたネットワークとはほとんど関わらず、郊外に居住し、必ずしも集団的なエスニック・ネットワークを生活基盤の中心とはしない傾向が見られるようである。[28]専門性と言語力（多くは英語力）を基礎に移動する専門職移民にとって、社会ネットワークは主に個人的な範囲で機能しているように思われる。むしろ専門職移民の移動に影響を及ぼす要因としては、組織的に人の移動に関わる斡旋会社（agent/agency）が注目される。(29) こうした組織は、セミフォーマル・ネットワークと位置づけることも可能であろう。

専門職移民のなかでも、とくにIT労働者や看護師は、斡旋会社がその移動を促進することがある。IT労働者については、インド人IT労働者の「ボディ・ショップ（body shop）」の存在が知られている。ボディ・ショップの調査を行ったシャン・ビャオ（Xiang Biao）によれば、ボディ・ショップは人材を雇用主に紹介するという従来の人材派遣会社とは異なり、就労ビザの取得から給料の支払い、住居の手当てなど、雇用主に代わって労働者の管理を行うものである。その数は定かではないが、たとえばアメリカでは、二〇〇〇年から〇一年の間に、全土でおそらく一〇〇〇以上の斡旋会社が短期のインド人IT労働者の供給に特化しており、（シリコン・ヴァレーがある）北部カリフォルニアだけで数百の斡旋会社が存在した。これらの斡旋会社は、二万人ものIT労働者を管理していたという。シャンが中心的に調査を行ったオーストラリアのシドニーでは、インド人インフォーマントの多くの推測によれば、二〇〇〇年末に、少なくとも三五の斡旋会社があり、一〇〇〇人以上のインド人IT労働者がその管理下にあった。(30) ボディ・ショップの影響力の大きさを示す数字である。

シャンは、「ボディ・ショッピングの世界システム」についても述べている。インド人IT労働者にとって、アメリカは「IT業界人にとってのメッカ」でオーストラリアやカナダはいわばアメリカへの足掛かりであり、シンガポール、マレーシア、中東は「グローバルなゲートウェイ」、カリブ海諸国およびラテン・アメリカは「アメリカの衛星」である。ヨーロッパのドイツ、フランス、イタリア、スウェーデン、オーストリア、スイス、アジアにおける日本、韓国、台湾、香港は、「新たなフロンティア」だという。ボディ・ショッピング・ビジネスの世界における中核、周辺、半周辺構造がそこには存在する。[31] インド人IT労働者は自らの技能を活かし、よりよい所得を得るべくこの世界システムのなかを移動しようとするが、その際にボディ・ショップは、各国の企業の需要にインド人IT労働者をジャスト・イン・タイムに送り込むのである。[32] ボディ・ショップは、相対的に短期の移動をするIT労働者の、頭脳流出のような一方向の移動でなく、頭脳循環といった双方向、もしくは新しい移動先へと向かう多方向な移動を促進する役割を果たしていると考えられる。[33]

看護師の場合にも、斡旋会社を通じた移動がしばしば見られる。正確な数字はこれも把握が難しいが、世界全体で数百、あるいは数千の斡旋会社が存在する。外国人看護師を雇用しようとする病院や保健機関は斡旋会社に一定の費用を払い、斡旋会社はそこから諸経費と看護師の旅費や応募にともない必要となる費用を支払う。斡旋会社は職を斡旋するだけでなく、移動手段の予約や住居の手当てなど、雇用主もしくは移民自身が行う事項をしばしば引き受ける。新聞や看護専門誌、ウェブサイトに掲載された斡旋会社の広告は、海外就労を目指す看護師の重要な情報源である。[34] 斡旋会社は看護師の行き先の決定に影響を及ぼし、移動プロセスの負担を軽減することで、より多くの人材の移動を促進している。

この二つの職種に共通するのは、専門職移民が労働市場において大量の需要が見込まれる専門職「労働者」として扱われていることである。従来、専門職移民に関しては、トップクラスの企業人や科学者にヘッドハンターが働きかける、といった事例以外に斡旋会社が注目されることはなかった。しかし、専門的な分野においても、多くの人材が必要とされるならば、非熟練、半熟練労働者の移動と同様にそれを対象としたビジネスが成り立つ。斡旋会社による搾取や虐待など、いわゆる移民労働者で指摘されている問題が生まれてもいる(35)。専門職移民の量的な拡大と市場原理が、組織によるセミフォーマルなネットワークを新たに活性化させている。

3　移動経験と専門職移民――「ブリッジ」としてのローカルな政治・社会的影響力

(1)　頭脳流出を越えて――ローカルな多様性への寄与

専門職移民は、その専門性をもってより付加価値の高い産業分野に就労し、就労する企業および国家において経済的貢献が期待される労働力である。専門職移民の経済的価値や各国の専門職移民受け入れ促進政策については、これまでにも多くの研究があるため、ここでは繰り返さない(36)。本章で注目したいのは、専門職移民の政治・社会的な影響力とその可能性についてである。専門職移民は、受け入れ国の労働市場で人材が不足する分野で合法的に受け入れられる移民であり、通常は自国民の雇用に影響を及ぼす存在ではない。長く働き、定着することを求めて、永住権や市民権の取得に関して有利な条件を設定する国も多い。高い学歴と英語力（もしくは受け入れ国の公用語運用能力）のある専門職移民は、社会統合という面でも問題がないと一般的にはみなされる。受け入れ国にとって歓迎すべき移民である。

しかし専門職移民は職場において労働者であると同時に地域社会においては生活者でもある。家族で移動、もしくは移動先で家族を持つことも多い。このことは、生活する地域社会への関心を持つきっかけともなる。しかも専門職移民は、その教育・移民経験から、多文化主義的な価値観を自らのうちに育てる機会を持つ。専門性と言語能力は、自ら情報を発信し、社会に関わるうえでも重要な資源となる。グローバリゼーションがさらに進む二一世紀において、移動先で、戻った自国で、専門職移民は労働市場の補完的な労働力としての立場を超えて、どのような政治・社会的な影響力を持ちつつあるのだろうか。

専門職移民のローカルな場における政治・社会的な影響力については、二〇〇〇年代に入り、少しずつ研究成果が出されており、経済面にとどまらない専門職移民の影響力についての考察が始まっている。

都市文化に与える影響という点では、都市経済学者のリチャード・フロリダ（Richard Florida）によるクリエイティブ・クラス（creative class）の研究が注目される。フロリダの著書『クリエイティブ・クラスの世紀』ではクリエイティブ・クラスに属する人びとは、「科学、エンジニアリングから建築、デザイン、さらには芸術、音楽、エンタテインメントから法律、ビジネス、金融、ヘルスケアとその関連事業に従事している」とされ、職業によりクリエイティビティが測定されている。フロリダはこのクリエイティブ・クラスが固定的なものであると考えているわけではなく、「経済的な価値創造の本当の源泉を定義し、私たち労働者のうちだれが自分の持っているクリエイティビティを利用して報われているのか、あるいはいないのかを明らかにするのによりふさわしい概念として」これを選んだのであるとし、クリエイティブ・クラスに所属する労働者の範囲はさらに広げられることが課題であるという。フロリダは経済的な競争力とクリエイティビティという文化的な創造性を結びつけ、そこでクリエイティブな才能を持つ移民に注目する。世界中でクリエイティブな才能獲得競争が始まっているというのである。その際に、才能ある人びとが選ぶのは国ではなく、都市である。経済成長を続ける都市は、その地域にもともと居住する人びとのクリエイティブな能力を利用するだけではなく、受け入れている多くの移民の力を利用する。そこでは多様な都市文化が繁栄し、文化の豊かさがまたクリエイティブな人材を引き付ける資源となる。アメリカ、もしくはアメリカの主要都市は、こうした人材を引き付けることで経済成長を果たしてきたが、現在ではカナダ、オーストラリア、またヨーロッパ諸国の都市でも同様の状況が起こっているとする[37]。

「クリエイティブ・クラス」の定義の柔軟性は、アメリカ経済の活性化に向けて、より多くの市民の自己啓発を促す目的によるものであると考えられるが、実際のところこれらの職業は、専門職移民の職種とかなり重なっている。専門職移民のホスト社会での位置づけを考えるうえで、フロリダの議論は非常に興味深い視点を提供する。それは、職業としてクリエイティビティを発揮しやすい専門職移民が、その創造力と文化的ルーツ、移動経験に基づく多様性への寛容さにより、都市文化の多様化、豊饒化に貢献する存在であると先進国においてとらえられていることである。

多様性と経済を結びつける議論そのものはめずらしくなく、企業経営ではダイバーシティ・マネジメントといった形ですでに検討と実践が行われている。多様な市場環境に対応するには、企業内で多様な人材による発想を活かす経営が必要であり、その多様な人材のなかには移民、ないしは外国人労働力も含まれる。しかし多様性尊重の究極の目的は企業利益である。フロリダの議論は、経済成長の要因としてではあるが、企業の枠を超えて、国、ないしは都市といった地域の変化の担い手の一部として専門職移民をとらえ、多様性への開放性と寛容をより強く持つ方向への変化がまた移民を引き付けるという社会変化への志向性を示している点が注目される。

ただし、その多様性の解釈は、経済および政治に左右されることに留意しなければならない。とくに新自由主義的な政策が批判を受けながらも有効性を持ち、代替案に関して模索状態である現代世界において、文化的多様性もまた、経済的有効性からのみ語られがちであり、利益になる文化のみが重視される傾向がある[38]。多様性の内容については、移民の受け入れ国・社会にとって都合のよい多様性というだけでなく、移民も主体的に関わる形での多様性が模索されなければならない。この点で、発信力を持つアジア系専門職移民の当該社会への「参加」が注目される。アジア系専門職移民の受け入れ国への居住は、しばしば長期化する。この（比較的）長期に居住する場において、政治・社会参加をしようとするアジア系専門職移民が現れている。一部の人びとではあるが、専門職移民自身も、経済的貢献を超えて、今いる場に主体的に関わろうとし始めているのである。

たとえばウェイ・リー（Wei Li）らの研究は、アメリカ、カナダ、オーストラリア、ニュージーランドでは、アジア系（華人系）専門職移民の居住形態がこれまでのアジア系移民の定型とは異なること、都市内部のみならず都市の郊外の景観を変化させていることを指摘している。そのライフスタイルから専門職移民は都市郊外に居住する者が多いが、アジア系専門職移民はそこにおいてメインストリームに同化するわけではなく、しかし極度の集住によりエスニック集団ごとに閉じた世界（エスニック・エンクレイブ）を形成するわけでもない。この郊外をウェイ・リーらはエスノバーブ（ethnoburb）と名付け、その社会経済構造や都市空間の変化、アジア系専門職移民の政治・社会参加の実態を分析している。そこはグローバルな資本、モノ、人、情報の移動を基盤としながら、さまざまな文化的背景を持つ人びとが居住する多文化的な郊外であり、メインストリームにより開かれた場所となっている。(39)

筆者も二〇〇四年から二〇〇七年にかけて、オーストラリアのシドニー、メルボルンに居住するアジア系専門職移民（主に市民権取得者であり、東アジア、東南アジア出身の華人系専門職移民一世を対象とした）について共同調査を行い、調査結果をもとに、ホスト社会への政治・社会的関与という観点からの専門職移民の類型化を行った。それは、①ディアスポラ型（出身国指向）、②サイレント・マイノリティ型（傍観者指向）、③パワー移民型（「統合」指向）である。このうち③のパワー移民型が注目すべきカテゴリーである。この型の専門職移民は、ホスト国・社会の生活に基本的には満足しているが、ホスト社会のメインストリームに同等の政治・社会的力を持って参入することで、自らの社会経済的地位を安定させようとする。その際に、彼・彼女らはメインストリームに同化するわけではない。メインストリームの文化（ここではアングロ・オーストラリアンの思考・行動様式）を理解、尊重するものの、移民としての出自を社会的資源の一つとしている。そして、自身の専門性や技能に誇りを持ち、自身の状況だけでなく他の移民コミュニティの環境を変えるうえでも、専門性と技能を役立てることができると考えている。「パワー移民」とは筆者による命名であるが、ホスト社会で自らのエンパワーメントを積極的かつ効果的に行い得る移民としてとらえている[40]。

「パワー移民型」のアジア系専門職移民は、各種の市民活動に参加する。彼・彼女らのエスニック・アソシエーション活動は、自助組織としての性格を越え、メインストリームへと働きかけ始めている。また、連邦議員（日本の国会議員にあたる）、州議員から市長、市会議員にいたるまで、政治家として活動するアジア系専門職移民も現れている。筆者共同調査時の二〇〇五年一二月現在で、アジア系連邦議員は三名（議員定数二二六名）、州・準州議会では七名（議員定数五九六名）であった。連邦議員の一人であるマレーシア出身のペニー・ウォン議員は、二〇〇七年一二月に成立したラッド政権において、気候変動・水資源大臣に就任し、アジア系初の大臣として話題になった。市長、市会議員については全体の人数の把握は難しいが、シドニー、メルボルンなどの都市を中心に、一定数の議員が活動している。人数としてはまだわずかであるが、政治領域への進出は少しずつ進んでいる。こうしたアジア系専門職移民の活動目的は、単に自分の出身集団の利益を訴えるということにとどまるものではない。彼・彼女らは、オーストラリア市民としての意識をまず持ち、オーストラリア社会に貢献しうる存在として、自身の状況を正確に理解してほしいと訴える。経済的に政府や労働市場から望まれる移民でありながら、実際にはしばしば社会的差別、反移民政治運動のターゲットとなる現状への異議申し立てをすることにより、実質的な「寛容」を醸成し、制度、意識を変えようとしているのである。[41]

アジア系専門職移民は、移動先の国のとくに都市において、少しずつ日常的な景観や政治・社会環境を変化させる重要なアクターの一つになる可能性をすでに示している。彼・彼女らは、アジアの文化とホスト社会のメインストリームの文化の両方を理解し、橋渡しをすることができる人びとである。階層的にもメインストリームに対して従属的な位置に置かれる人びとではない。こうした移民の主体的な動きをどこまで受け止め、活かすことができるのかが、ホスト社会にとっての課題であろう。

(2) 帰国・循環移民の政治・社会的可能性

出身国に帰国する移民、また出身国とアメリカなど先進国で自らが学んだ、もしくは仕事の基盤を置いた国との間を循環する移民は、出身国の環境を変化させ始めている。経済発展が進む一部のアジア諸国および都市には、多くの出身者である専門職移民が戻っている。たとえばインドでは、IT産業やビジネスプロセス・アウトソーシング（企業業務の一部を外部化すること）の発展にともない、帰国者が増加していった。[42] 出身国政府による専門性を持つ自国民の帰国促進政策が、帰国者の増加に大きな影響を与えているケースもある。中国は、一九八〇年代後半から自国民の帰国を推進する政策的方向性を示し、留学生が帰国するにあたって、就職、賃金、居住、家族の移動などで、大幅な優遇措置を講じた。IT産業も国家的に期待される産業であり、ハードウェアからソフトウェア製造へと発展するなかで、こうした分野への帰国者が求められるようになった。中国の経済発展により活躍の場が広がっていることもあり、帰国者の数は一九九二年の鄧小平の帰国を促す通達の発表以降実際に増えはじめ、とくに二〇〇〇年代に入って急増した。中国の場合は、中央政府だけでなく、深圳、山東省の沿海地方、上海など、都市や地方もそれぞれ帰国者を引き付けるための政策を実施している(43)。

こうした移民は、経済的に、また技術移転において、出身国社会に多くの貢献をすることが期待され、実際に実績を挙げている(44)。しかも彼・彼女らは、単に一方向の技術移転、資本移転を行うのではなく、出身国と留学先、仕事の基盤を置いた国との間で双方向的な資本、情報の移動を行っている。これは、送り出し国、受け入れ国の双方に利益をもたらすものだとの指摘がある。アンナリー・サクセニアン（AnnaLee Saxenian）は、アメリカのシリコン・ヴァレーにおける移民起業家について詳細な調査を行っており、かつて頭脳流出で損失を被った国・地域、とくに台湾、イスラエル、インド、中国は、今では自国出身の移民起業家たちの頭脳循環から恩恵を得ていると指摘する。しかも帰国した移民は、シリコン・ヴァレーとの関係を保ち、地域横断的な起業家ネットワーク、専門家ネットワークを形成発展させるのであり、彼らの循環は、アメリカにとっても有益であると結論づけている(45)。いわば送り出し国（地域）と受け入れ国（地域）の間で、Win-Winの関係が作られつつあるというのである。サクセニアンの研究は、先述したフロリダの議論でも賛意を持って引用されている(46)。アジア系専門職移民は、出身国と先進国の間の橋渡しをする役割を担うのである。

また、専門技術を持った帰国者は自国で起業し、経営を進めていくが、その途上では政府や既得権益保持者たちとの闘いがあり、往々にして企業の枠を越えて、政治・社会構造の変革に取り組まなければならない。しかし、成長産業であり、都市、国の経済発展のために必要な産業と位置づけられていることから、帰国者の主張は一定程度認められるものでもある。サクセニアンによれば、帰国した移民起業家は、ベンチャー・キャピタル金融、能力ベースの昇進、企業の透明性といったシリコン・ヴァレー・システムの重要な要素を、自国もしくは自国の都市・地域の環境——エリートの特権といった伝統、政府による監督、蔓延する不正がある経済——に、現地の状況も考慮しながら移転しようとする。(47) 帰国したIT企業家たちは、既存勢力との対立と協力を繰り返しつつ、経営の現場から現地の状況を変化させていく途上にあるといえる。

さらに、帰国移民が直接に政治に関わり、影響力を持ち始めている事例も注目され始めている。たとえば中国の状況を見てみよう。中国における帰国者の政治的影響力に先駆的に注目し、研究を続けているチェン・リー（Cheng Li）によれば、帰国者についての公的な中国の定義は、中国で生まれ、学生もしくは訪問学者として一年以上海外で学び、その後中国に一時的にであれ永続的にであれ、働くために帰国した者である。この定義に基づく帰国者はさまざまなチャンネルを利用して外交および国内の政策形成に影響を与えており、主に三つのグループに分けられる。政党および政府における政策決定者、最高指導者たちへの専門アドバイザー、世界情勢や中国の外交政策に関するメディアの論調を形成するオピニオン・リーダー、である。(48)

中国共産党の最高指導機関である中央委員会では、委員のなかに占める帰国者の比率が徐々に高くなっている。第一六期中央委員会（二〇〇二年）では、帰国者の比率は中央委員の四・五%、候補委員委員の五・九％、候補委員の一三・二％、中央委員会全体では一〇・五％と、全体の一割を占めるに至っている。これらの委員は、主に欧米諸国もしくは日本で教育を受けた帰国者である。しかも帰国者である第一七期中央委員・候補委員のなかには、中央書記処書記・中央政策研究室主任、中国教育部部長（選出当時）、中国投資有限責任公司会長、最高人民検察院検察長、中国科学院院長などの要職についている（いた）人びとや、中国人民銀行、中国建設銀行、中国工商銀行、国家税務総局の要人など金融界で指導的な立場にある人びとが含まれている。またシンク・タンクの所長や研究員といった政策の専門アドバイザー、エコノミストやテレビのインタビュアー、アメリカおよび中国の外交・経済政策分析に基づく本を出版するライターなどメディアにおけるオピニオン・リーダーの数も相当数にのぼる。[49] 二〇〇五年にチェン・リーが調査を行った、六一名の政治で指導的な地位にある帰国者の留学先はアメリカが多く（四三・九％）、次いでイギリス（一九・七％）、フランス、ドイツ、日本（三国とも六・一％）が上位五カ国であり、[50] アメリカからの帰国者比率が高いことがうかがえる。

チェン・リーは、たとえば胡錦濤主席が主導した近隣諸国、とくに東南アジア諸国との関係改善を図ろうとした「全方位外交」がほとんど成果を挙げえなかった最も重要な理由として、アメリカ留学からの帰国者が中国の外交政策立案の中心的存在であり、対米外交を最重視したことを指摘しており、中国の外交政策におけるその役割は逆説的であるところや矛盾するところがあるという。しかし、帰国者の思考と行動は多様であるとも述べている。[51] いずれにしても、帰国者の留学、海外での仕事の経験、また留学先の関係者とのネットワークは、中国の政治に中央レベルでも影響を確実に及ぼし始めており、今後の推移が注目される。

帰国移民、還流移民の影響力の拡大は、アジアの一定程度経済発展が進んだ国・地域に限った話であると考えられるかもしれない。実際に、中国、インドなどいくつかの国・地域を除けば、海外流出した専門技術を持つ自国民の帰国を政府が望んでも、思うように帰国が進まないケースが多い。また、IT産業以外の専門職移民に関しては、必ずしも自国に戻る基盤がIT産業ほどには整っておらず、戻ろうとする希望があっても、結果として「頭脳流出」状況を継続させる選択をする専門職移民も少なくない。しかし、アジアNIEs、中国、インドをはじめとして、先進国で経験を積んだ専門職従事者が帰国して活躍することができる経済環境は、アジア諸国の経済発展にともない少しずつ拡大しており、帰国を希望する者も増加している。その際に、専門職移民は、自国に異質なものを移植しようとする存在であり、政治、社会面にも変化をもたらす可能性を持つ存在である。

帰国・循環移民の増加により、アジア諸国および都市は、新しい「多様性」への寛容という課題に直面している。彼・彼女らの帰国を促進する政策をとるのであれば、それはなおのこと避けては通ることはできない課題である。その一方で、これまでの政治、経済、社会体制の見直しは簡単なことではない。アジア諸国において、既存の制度をどこまで新たな人の移動の潮流に適応させていくことが可能なのか。彼・彼女らのトランスナショナルな性質を無視した形で経済的貢献のみを期待して受け入れようとするならば、移民とそれぞれの国、地域の、どちらをも害することになるだろう。

おわりに

本章では、アジア太平洋におけるアジア系専門職移民について、その移動の背景と彼らが果たす（であろう）政治・社会的役割について述べてきた。専門職移民の職種にはさまざまなものがあり、専門職移民も一枚岩のものとしてはとらえられない。しかし、移動する中間層として位置づけられる彼・彼女らは、グローバリゼーションのローカルな現場で、よくも悪くもフロンティア（境界領域）におかれている人びとである。

アジア太平洋の諸国・都市は急速に変化しつつある。そのなかで、国境を越えて、またローカルな場で、異なる文化、行動様式の間の架け橋となることができるアジア系専門職移民がそこにどのように関わるのかを見ていくことは、グローバリゼーションの進展のなかで変わりゆく二一世紀のアジア太平洋諸国・都市を理解するうえでの一つの切り口にほかならない。

【注】

（1）Peter Drucker, *The Age of Discontinuity: Guidelines to Our Changing Society*, Harper & Row, 1968.（P・F・ドラッカー『ドラッカー名著集7　断絶の時代』上田惇生訳、ダイヤモンド社、二〇〇七年）。

（2）高度人材受入推進会議『外国人高度人材受入政策の本格的展開を（報告書）』二〇〇九年、http://www.kantei.

go.jp/jp/singi/jinzai/dai2/houkoku.pdf（二〇一〇年七月三一日確認）。

（3） International Organization for Migration (IOM), *World Migration 2008: Managing Labour Mobility in the Evolving Global Economy*, International Organization for Migration, 2008, pp. 52-53.

（4） U. S. Citizenship and Immigration Services, "H-1B Speciality Occupations, DOD Cooperative Research and Development Project Workers, and Fashion Models," http://www.uscis.gov/portal/site/uscis/menuitem.eb1d4c2a3e5b9ac89243c6a7543f6d1a/?vgnextoid=73566811264a3210VgnVCM100000b92ca60aRCRD&vgnextchannel=73566811264a3210VgnVCM100000b92ca60aRCRD, 2010 (July 31, 2010).

（5） Department of Immigration and Citizenship (DIAC), "Professionals and Other Skilled Migrants," http://www.immi.gov.au/skilled/general-skilled-migration/, 2010 (July 31, 2010).

（6） 高度人材受入推進会議、前掲『外国人高度人材受入政策の本格的展開を（報告書）』一頁。

（7） これは本章で後に論述するフロリダの「クリエイティブ・クラス」の議論とも重なる点である。詳しくは次の著書を参照。Richard Florida, *The Flight of the Creative Class: The New Global Competition for Talent*, HarperCollins, 2005.（リチャード・フロリダ『クリエイティブ・クラスの世紀――新時代の国、都市、人材の条件』井口典夫訳、ダイヤモンド社、二〇〇七年）。

（8） グローバル・シティにおける労働市場の変化については、たとえば次の書を参照のこと。Saskia Sassen, *The Mobility of Labor and Capital: A Study in International Investment and Labor Flow*, Cambridge University Press, 1988.（サスキア・サッセン『労働と資本の国際移動――世界都市と移民労働者』森田桐郎ほか訳、岩波書店、一九九二年）。

（9） 介護労働者を専門職移民ととらえるかどうかは現時点では微妙なところがあるが、近年資格設定など制度整備が行われ、「技能化」の進展が指摘されている。詳しくは次の論文を参照。小ヶ谷千穂「再生産労働のグローバル化の新たな展開――フィリピンから見る『技能化』傾向からの考察」『社会学評論』第六〇巻第三号、二〇〇九年、三六九―三七〇頁。

（10） Mireille Kingma, *Nurses on the Move: Migration and the Global Health Care Economy*, ILR Press, 2006, p.

173.（ミレイユ・キングマ『国を超えて移住する看護師たち——看護と医療経済のグローバル化』井部俊子監修、山本敦子訳、エルゼビア・ジャパン、二〇〇八年、一九八頁）。

（11）OECD, *The Global Competition for Talent: Mobility of the Highly Skilled*, OECD, 2008, p. 18.

（12）IOM, *World Migration 2008*, p. 53.

（13）夏目啓二「アジアＩＣＴ企業の競争力と人材の国際移動」夏目啓二編『アジアＩＣＴ企業の競争力——ＩＣＴ人材の形成と国際移動』ミネルヴァ書房、二〇一〇年、五—六頁。夏目が整理したデータの出所は、OECD, *Information Technology Outlook*, 2008, p. 33である。なお夏目はＩＴではなく、ＩＣＴという表現を用いている。

（14）OECD, *International Migration Outlook: SOPEMI 2009*, OECD, 2009, p. 102.

（15）石井由香「東南アジアにおける国際労働力移動」藤巻正己・瀬川真平編『新版　東南アジア入門』古今書院、二〇〇九年、二四二頁。

（16）Richard Robison, (ed.), *The New Rich in Asia: Mobile Phones, McDonald's and Middle-Class Revolution*, Routledge, 1996.

（17）J. G. Fawcett, and F. Arnold, "Explaining Diversity: Asian and Pacific Immigration System," J. G. Fawcett and B. V. Cariño (eds.), *Pacific Bridges: The New Immigration from Asia and the Pacific Islands*, New York: Center for Migration Studies, 1987. Mary M. Kritz, Lin Lean Lim and Hania Zlotnik, *International Migration Systems: A Global Approach*, Clarendon Press, 1992.

（18）Michael P. Todaro, and Stephen C. Smith, *Economic Development* (*10th ed.*), Pearson, 2009.（マイケル・Ｐ・トダロ／ステファン・Ｃ・スミス『トダロとスミスの開発経済学』森杉壽芳監訳、ＯＣＤＩ開発経済研究会訳、ピアソン桐原、二〇一〇年）。

（19）Wei Li, (ed.), *From Urban Enclave to Ethnic Suburb: New Asian Communities in Pacific Rim Countries*, University of Hawai'i Press, 2006, p. 69.

（20）Robyn Iredale, "The Migration of Professionals: Theories and Typologies," *International Migration*, Vol. 39, No. 5, 2001, pp. 9-10. 杉村美紀「アジアにおける留学生政策と留学生移動」『アジア研究』第五四巻第四号、二〇

―二五頁。杉村美紀「アジアにおける留学生移動と国際人材戦略」竹内宏・末廣昭・藤村弘之『人材獲得競争――世界の頭脳をどう生かすか』学生社、二〇一〇年、三〇―五三頁。黄福涛「マレーシアにおけるトランスナショナル高等教育について――政策、実態、結果と課題」『広島大学高等教育研究開発センター　大学論集』第四〇集、二〇〇九年、三一―四八頁。

(21) 太田浩「アジアの外国人留学生政策と諸課題――シンガポールと韓国を事例に」『アジア研究』第五四巻第四号、二〇〇八年、二六―四三頁。

(22) OECD, *International Migration Outlook*, pp. 172-173.

(23) 専門職および資格認証の国際化が進展した要因については、次の文献を参照。Iredale, "The Migration of Professionals," pp. 10-15.

(24) 石井由香「リージョナリズムと移民問題――ＡＳＥＡＮの取組みから」篠田武司・西口清勝・松下冽編『グローバル化の現代――現状と課題　第二巻　グローバル化とリージョナリズム』御茶の水書房、二〇〇九年、三八六―三九二頁。

(25) 石井由香「ニューカマーの制度的位置づけ――日本の出入国管理政策を中心に」加藤剛編『もっと知ろう!! わたしたちの隣人――ニューカマー外国人と日本社会』世界思想社、二〇一〇年、五〇―五四頁。

(26) たとえば、インド・バンガロールにおけるＩＴ企業の集積状況について、次の研究を参照。鍬塚賢太郎「インド・バンガロールにおける情報通信産業の集積とその重層的な展開」『地誌研年報』第一五号、二〇〇六年、一四七―一六九頁。

(27) 石井由香・関根政美・塩原良和『アジア系専門職移民の現在――変容するマルチカルチュラル・オーストラリア』慶應義塾大学出版会、二〇〇九年。

(28) Li, *From Urban Enclave to Ethnic Suburb*. 石井・関根・塩原、前掲『アジア系専門職移民の現在』。

(29) ここでの「社会ネットワーク」「組織的（institutional）」という分類は、アメリカの移民研究者で人口学者のテイテルバウムの説明によった（Michael S. Teitelbaum, "Demographic Analyses of International Migration," Caroline B. Brettell and James F. Hollifield, *Migration Theory: Talking across Discipline*, Second Edition, Rout-

ledge, 2008, pp. 55-56)。

(30) Xiang Biao, *Global "Body Shopping": An Indian Labor System in the Information Technology Industry*, Princeton University Press 2007, p. 4.

(31) *Ibid.*, pp. 100-109.

(32) A. Aneesh, *Virtual Migration: The Programming of Globalization*, Duke University Press, 2006, pp. 45-47.

(33) 日本におけるインド人IT労働者の請負労働については次の研究がある。村田晶子「外国人高度人材の国際移動と労働——インド人ITエンジニアの国際労働と請負労働の分析から」『移民政策研究』第2巻、二〇一〇年、七四—八九頁。

(34) Kingma, *Nurses on the Move* pp. 102-106, 109-112.（キングマ、前掲『国を超えて移住する看護師たち』一一七—一二一、一二五—一二八頁）。

(35) *Ibid.*, pp. 112-120.（同前、一二八—一三七頁）。

(36) オーストラリアに関する研究は、石井・関根・塩原、前掲『アジア系専門職移民の現在』を参照。ＯＥＣＤのウェブサイトにも、多くの論文、報告書のリストがある。

(37) Richard Florida, *The Flight of the Creative Class.*（リチャード・フロリダ、前掲『クリエイティブ・クラスの世紀』）。

(38) オーストラリアの多文化主義と新自由主義との関係を詳細に考察したものとして、塩原良和『ネオ・リベラリズムの時代の多文化主義——オーストラリアン・マルチカルチュラリズムの変容』三元社、二〇〇五年、を参照。

(39) Li, *From Urban Enclave to Ethnic Suburb*; Min Zhou, *Contemporary Chinese America: Immigration, Ethnicity, and Community Transformation*, Temple University Press, 2009, pp. 77-96.

(40) 石井由香「『社交クラブ』を越えて——アジア系専門職移民のエスニック・アソシエーション活動」石井・関根・塩原、前掲『アジア系専門職移民の現在』七一—七五頁。

(41) 石井・関根・塩原、前掲『アジア系専門職移民の現在』。とくに石井の執筆章である「『社交クラブ』を越えて——アジア系専門職移民のエスニック・アソシエーション活動」「アジア系専門職移民の市民社会への統合——

政治・社会参加を通じて」を参照。

（42） Rupa Chanda and Niranjana Sreenivasan, "India's Experience with Skilled Migration," Christian Kuptsch and Pang Eng Fong (eds.), *Competing for Global Talent*, International Labour Office, 2006, pp. 231-233. マーティン・ケニー「新しい国際分業とインドＩＣＴ産業」夏目啓二編、前掲『アジアＩＣＴ企業の競争力』二一一―四七頁。

（43） David Zweig, "Learning to Compete: China's Efforts to Encourage a 'Reverse Brain Drain'," Christian Kuptsch and Pang Eng Fong (eds.), *Competing for Global Talent*, International Labour Office, 2006, pp. 187-213. 徐亜文・来島浩「中国における帰国留学生の就職問題――山東省の事例を中心に」山口大学『研究論叢 人文科学・社会科学』第五七号、二〇〇七年、三四―三六頁。

（44） Chanda and Sreenivasan, "India's Experience with Skilled Migration," pp. 235-240.

（45） AnnaLee Saxenian, *The New Argonauts: Regional Advantage in a Global Economy*, Harvard University Press, 2006.（アナリー・サクセニアン『最新・経済地理学――グローバル経済と地域の優位性』星野岳穂・本山康之監訳、酒井泰介訳、日経ＢＰ社、二〇〇八年）。

（46） Florida, *The Flight of the Creative Class*, pp. 106-109.（邦訳一三五―一三八頁）。

（47） Saxenian, *The New Argonauts*, p. 19.（サクセニアン、前掲『最新・経済地理学』三一―三二頁）。

（48） Cheng Li, "Shaping China's Foreign Policy: The Paradoxical Role of Foreign-Educated Returnees," *Asia Policy*, No. 10, 2010, pp. 68-69, 72.

（49） Ibid., pp. 73-81.

（50） Cheng Li, "Foreign-Educated Returnees in the People's Republic of China: Increasing Political Influence with Limited Official Power," *Journal of International Migration and Integration*, Vol. 7, No. 4, 2007, p. 508.

（51） Li, "Shaping China's Foreign Policy," pp. 81-85.

第7章　アジアにおける都市農村関係の変容と都市化の意味

鈴木　規之

はじめに

筆者は、これまで二〇年以上にわたりタイを中心とした東南アジアの都市と農村のフィールドワークを行い、二〇世紀末からのグローバル化のなかでの都市－農村関係の変容に焦点をあててきた。すでに都市と農村は、もはや都市、農村という形で定義することや独立した研究対象としてとらえることが難しくなっており、都市－農村の関係性や開発・発展、産業化との関係で議論されるべきであるのだが、そうした現状認識から、開発と市民社会化、文化変容との交差のなかで、都市－農村関係についての問題意識と理論を実証と結びつけることを重視し、東南アジアの都市－農村関係の方向性を示そうとしてきた(1)。

こうした試みに際して、後述するタイの代表的社会学者であるスリチャイ・ワンゲーオの問題意識であるグローバル化のなかでの「開発と市民社会化」「文化変容」をキーワードとした。本章では、アジアにおける都市農村関係の変容と都市化の意味を、アジア（とりわけ東南アジア）の現状を俯瞰したうえで、筆者が対象とするタイ、ラオスの事例から分析を加える。さらに、グローバル化がもたらした社会変動と文化変容を、民主化の流れと関わる市民社会化の動きと経済のグローバル化から端を発したジャパナイゼーションの動きと連関させて論ずることとしたい。

1　グローバル化のなかでのアジアの都市と農村

グローバル化は、ロビン・コーエンとポール・ケネディが主張するように、空間と時間の概念の変化をもたらした。またアンソニー・ギデンズは、それが世界中の人びとのあいだの相互行為の早さを高め、その範囲を拡大してきたと論じている[2]。東南アジアにおいても、グローバルなモノ、ヒト、情報などの動きのなかで、この時間と空間の再編成とも呼べる動きがしばしば論じられるようになってきた。たとえば、メコン地域の国民国家の枠を超えたヒト、モノ、情報の動きは、タイを「バーツ経済圏」とでもいうべき新たな地域圏の中心的存在に押し上げ、ラオスやカンボジア、ミャンマーを周辺化させていった。この動きのなかで、ラオスの首都ヴィエンチャンが、タイの地方都市に接続されて再編成されるというような新たな状況が生じている。このように、グローバル化のなかでのアジアの都市と農村は、国民国家の枠を超えて再編成されつつあるのであり、これまでのように、都市は都市、農村は農村として切り離されて論じられうる存在ではなくなっている。都市と農村は、両者の関係性で論じられるべきものなのである。

グローバル化のなかでの都市化の意味や都市‐農村関係を、藤巻正己は、東南アジアの都市化がグローバル化の影響を受けて、サスキア・サッセンの言う世界都市化ないしトランスナショナル都市化とも言える状況となっていることを示す一方で、過剰都市化の問題が解決しないために、スラムが残存し農村的な人間関係が温存されているという「重奏的風景」を示していると論じている。[3] バンコク、ジャカルタなどはその典型例である。

他方、藤巻と共同研究を行った川端基夫は、アジアの都市商業（とりわけ小売）の視点から、アジアの大都市に巨大なショッピングセンターが進出し、それらには日本資本が多いこと、日本の小売業と外食業が多数進出していることなどを明らかにし、その要因として、都市の郊外化が大型スーパーマーケットの進出につながっていると論じ、アジアの都市化への日本の影響を指摘した。[4] この典型的な例は、同様にバンコク、ジャカルタである。

グローバル化のなかでのアジアやタイの変化をとらえた国士舘大学アジア日本研究センターによる『21世紀アジア学』（成文堂、二〇〇二年）において、土佐昌樹は、アジアの日本観が変容するなかで、日本のポップカルチャーの普及が新しい時代の重要なメルクマールになっているのは疑いないとしている。[5] ジャパナイゼーションと呼べるこのような文化変容の動きも都市から地方都市、農村へと広がっており、後節で詳述する。

また、神田外語大学国際社会研究所による『グローカリゼーション』（ぺりかん社、二〇〇九年）では、「グローバリゼーション」は各地に「ローカリゼーション」という波を呼び起こし、この二つの波が、ある場合には反発し合い、ある時には融和・共存しつつ同時並行的に起きている状況を「グローカリゼーション」と呼ぶとの問題意識から、一つの事例としてタイのグローカリゼーションと農村再生への模索を取り上げている。そこでは、グローバル化の影響を受けた農村におけるコミュニティ再生・自立への動きの分析を通して、多元的価値の共存というグローカル社会の構築を提言している。[6] 筆者から見れば市民社会化への動きの分析の一つと捉えることができる。

アジアの市民社会については、田坂敏雄を研究リーダーとするグループが『東アジア市民社会の展望』（御茶の水書房、二〇〇九年）を出版し、中国、フィリピン、タイ、日本、インドネシアを事例に市民社会の芽を見つけ出し、その可能性を探っている。「市民」となるべき「強い個人」の前提が成り立ちにくい東南アジアにおいて、市民社会の構想を試みた意欲的な試みと言える。同書の序章において、田坂は、今日提起されている市民社会はハーバーマスによってマルクスの流れ（グラムシを含む――筆者注）から決別した新しい市民社会であり、国家からも資本主義的市場からも機能的に自律し、同時にアソシエーションが創出する市民的公共圏を通じて、国家と市場に影響を与えようとするものであると論じた。[7] この問題意識は筆者と共通するものがあり、後節で詳述する。

以上のように、アジアの都市と農村関係の変容を論じるにあたっては、グローバル化の影響下における、地域の開発とその担い手、格差の解消を問う市民社会の成長、都市化の農村への波及にともなう文化変容などの諸問題が研究課題となってきたのである。

2　グローバル化のなかでのタイの社会変動と文化変容

では、グローバル化のなかでの近年のタイの都市農村関係の変容にかかわる社会変動と文化変容を、タイ研究者を中心とする日本の研究者がどのように分析してきたのか。

二〇一〇年七月の第一二回日本タイ学会研究大会においては、「都市と農村の関係を問い直す」と題する企画セッションが持たれ、筆者はそこでの司会を務めた。

タイにおける都市・農村の格差の問題は、これまでその解決への方策が取られてきたにもかかわらず、残存し続けている。経済成長の結果として、人の移動を中心とした社会変動によって、都市のなかに農村的要素が組み込まれ、あるいは都市的な要素が地方の農村にもたらされたりするなどの変化も生じてきた。さらに、グローバル化は海外からの投資を呼び込んで経済構造や労働市場を変容させ、民主主義やＮＧＯ、市民社会、ジャパナイゼーションのような新たな価値観もタイにもたらした。たとえば、人の移動という点では、台湾などへの海外出稼ぎや日本への研修（偽装就労）、国際結婚（とりわけミア・ファランと呼ばれる西洋人中年男性と東北タイ女性の結婚）、不足する労働力の外部化（ラオス、ミャンマー、カンボジアなど）などの新たな状況がもたらされた。マージナライゼーション（境界化・辺境化）が錯綜した形で出現しているといってもよい。グローバル化は、これまでの都市‐農村関係や都市化の意味を変容させているのである。

筆者は、二〇〇九年に出版された『タイ事典』(めこん、二〇〇九年)のなかで、都市－農村の関係性を示すものとして重要な出稼ぎについて、以下のように論じた。

「バンコクは出稼ぎ労働者の町である。現金収入を求めて地方、とりわけ東北タイからの出稼ぎ労働は現在でも恒常化している。中央駅(ファラムポーン)やバスターミナルには口入れ屋が跋扈し、出稼ぎ労働者たちは、バンコクにソムタムなどの東北タイの文化をもたらした。一九九七年の経済危機で彼らの多くは帰郷を余儀なくされたが、農村ではする仕事もなく、再びバンコクへと戻っているケースも多くみられる。

このような国内での出稼ぎに対して、一九七五年頃よりオイル・ダラーで潤った中東諸国へ男性労働者が出稼ぎを始めた。急激な商品経済の浸透により、現金収入の必要性が増したことがこの動きを加速させた。中東出稼ぎの多くは慢性的な農閑期の潜在的失業者を抱えていた東北タイの出身者で、中でもウドンタニ県が最も多かった。海外出稼ぎにはコミッションを支払う必要があったので、彼らの多くは国内での出稼ぎよりも階層としては上の人々であった。しかし、一九八五年を境に原油価格が下落して中東での収入が減少すると、人々の関心は中東から遠ざかり、日本、台湾、シンガポール、香港へと向かっていった。一九八八年からの約五年間は、日本に出稼ぎに行くことがタイ人の最大の関心事となり、日本大使館領事部の前にはヴィザを求める長蛇の列ができた。しかし、不正規滞在や資格外就労という日本でのタイ人労働者の状況が知れわたった一九九三年頃より、人々の関心は、合法的に就労ができて比較的賃金の高い台湾へ移っていった。他方、タイ人資本家は経済成長や海外出稼ぎで不足した労働力を周辺のミャンマー、ラオス、カンボジア、中国から受け入れるようになった[8]」。

このように、以前は国内の都市‐農村間の季節的で一時的な労働力の移動であった出稼ぎが、グローバル化のなかで多様化・複雑化していった。現在日本でしばしば議論になる研修生も、タイ側から見れば形を変えた出稼ぎである。

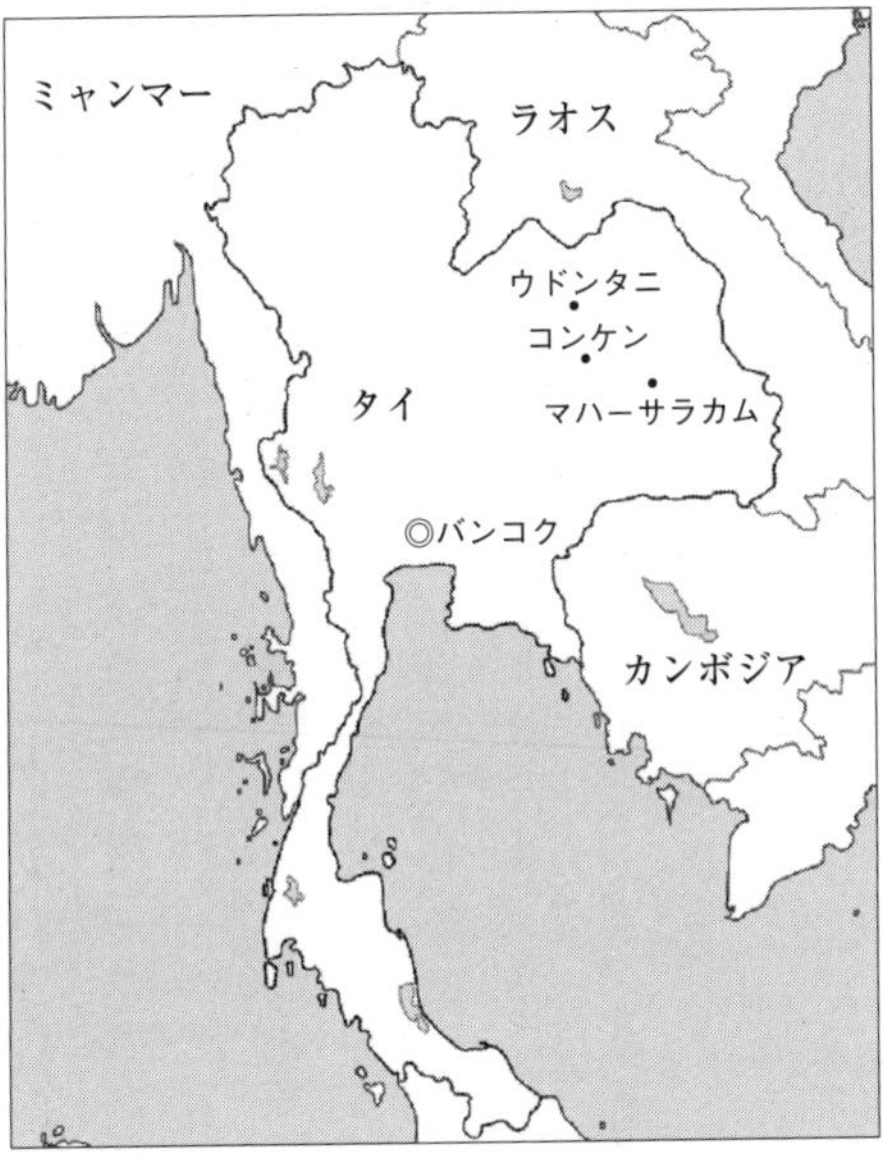

都市化や都市農村関係の議論のためには人口学的データも重要なものとなる。内務省のデータによると、二〇〇八年末でのバンコク都（クルンテープマハーナコン五〇地区）の人口は五七一万人、後節で取り上げる東北タイの中心都市コンケンの人口は市街（テッサバーン）で一一万四〇〇〇人、市街を含むムアン郡で二〇万七〇〇〇人である。また、マハーサラカムの人口は市街で四万人、ムアン郡で九万八〇〇〇人である。出稼ぎなどの一時的な移動では住民票（タビアンバーン）を

移さない場合が多いため、バンコクの人口は実際にはさらに巨大となり、周辺を含めると八〇〇万人程度と考えられる（http://www.dopa.go.th/xstat/popyear.html）。バンコクとそれ以外の都市では規模的にも大きな格差が存在するのである。

「都市と農村の関係を問い直す」セッションの報告者でもあった櫻井義秀は、編著書『現代タイの社会的排除――教育、医療、社会参加の機会を求めて』（梓出版社、二〇一〇年）で、グローバル化がもたらしたマージナライゼーションの進行によって行き場を失った人々が農村から都市へ流入して下層化し、その結果、社会的に排除されたと指摘している。また彼は、タイにおいて一九九〇年代後半からさかんになった市民社会の議論をレビューしながら、市民が政治の担い手となりきれずに逆に統治の対象となっている事実も指摘している。(9)

タイのグローバル化については、筆者はジャパナイゼーションを論点としてきたが、他の論者も様々な側面から日本の影響を指摘している。たとえば、村嶋英治は、タイの大衆消費社会化とからめて、日本商品の氾濫や日本イメージの消費（「あんぱん」や「どら焼き」）について述べているが、その際に、テレビ・ラジオのコマーシャルのなかで日本語が多用される理由として、日本商品に高級イメージがあるためであると指摘している。(10)言語的なジャパナイゼーション（日本語の受容）については、中山英治の「タイにおける日本語の受容――外来語、外国語としての日本語の姿」があり、スナック菓子や緑茶飲料の日本語の説明について分析している。(11)後述する「イメージの消費」という文脈では、中山の論点は筆者と共通している。

佐藤研一は、バンコクのライフスタイルとりわけ中心部のそれが東京とあまり変わらなくなったと指摘している[12]。彼の記述からは「ファスト風土化」や食文化における西洋や日本とのハイブリッド化の流れも読み取れる。

「ファスト風土化」とは、「下流社会」で大きな議論を巻き起こした三浦展の『下流社会』直前の著書で示された、外食産業のファストフードにひっかけられた三浦の造語である。過去二〇年ほどの間に日本中の地方で郊外化が生じ、地域固有の生活様式を持ったコミュニティが崩壊してファストフードのように全国一律の均質な生活環境が拡大したことを指している。このファスト風土化は、ショッピングセンターや全国チェーン店のファミリーレストラン、ディスカウント店の進出（ときにはそれがショッピングセンターのなかに一体化して）によってもたらされたと三浦は論じている[13]。

ファスト風土化は、日本の周辺的な地域においても顕著に見られるようになってきた。筆者が居住する沖縄は、日本のなかでは第三世界的な関係性におかれているが[14]、地場資本であるサンエーと本土資本であるイオン（ジャスコ）の二社のショッピングセンターの展開によってファスト風土化が生じ、多様性は失われつつある。また、ショッピングセンター内に乱立するファミリーレストランやファストフード店は、本土資本のものが地元資本を凌駕し、それぞれのショッピングセンターの出店状況はまさに「金太郎飴」とも呼べるような画一的なものである。コンビニエンスストアも、ローソン、ファミリーマート、ココストアーの三社によって占められている。

タイにおいても、遠藤元が分析するように、伝統的な流通・小売形態が残存する一方で、地場系（セントラル、ロビンソン、ザ・モール）の三大百貨店や、外資系のハイパーマーケット（マクロ、テスコ、ロータス、BigC、カルフールなど）、スーパーマーケット（Tops、Foodlandなど）、コンビニエンスストア（セブン・イレブン〈タイ資本〉やファミリーマート〈日本資本〉）などが経済の高成長とともに事業を拡大し、もしくは進出し、モザイク的とはいえ、革命的な流通・小売業態の台頭が生じた。[15] そして後節で分析を加えるように、地方都市へと波及していった。

二〇一〇年に入って、今日のタイにおける都市と農村の関係性を象徴すると言われる事件が発生した。一九九二年五月のスチンダー軍事政権と民主化を求めるチャムローン氏らの衝突により多数の死傷者を出した事件は、「五月大殺戮」（Phrusaphathamil）としてタイ史にその名をとどめるが、二〇一〇年五月の国軍と暴徒化した赤服派の衝突も「五月事件」として人々の記憶に新しい。二〇〇一年に首相となったタクシンの政策や汚職をめぐって都市中間層を中心とした黄服派（ＰＡＤ―民主主義のための国民連合）が反タクシンの運動を活発化させ、二〇〇六年の国軍によるクーデターという結果をもたらした。これに対して北部・東北部の農村の貧困層に圧倒的に支持されたタクシン派はそのシンボルから赤服派（ＵＤＤ―反独裁民主戦線）と呼ばれ、その対立を激化させていった。そして四月一〇日から五月二一日までに九一人が死亡、一九〇〇人が負傷し、さらに一人の日本人カメラマンも巻き込まれて死亡したのである。[16]

浅見靖仁は、このような過熱するタイ政治の対立の構図について「農村貧困層vs都市中間層」という構図の裏には、利害の対立だけでなく、民主主義のあり方に関するせめぎ合いがあること、また、タクシン派と反タクシン派の対立が長期化するにつれて、中間層と貧困層の間の生活水準の大きな格差や両階層間の流動性の低さ、市場観や国家観の違いなどが、両者の間に根強い相互不信を生みだしたと論じている[17]。

二〇〇六年九月のクーデター以降、開発と市民社会についての議論が当事者であるタイの社会科学者だけではなく日本や欧米などの研究者によっても数多くなされ、筆者もタイのコンケン大学の研究者らとその末席を穢してきた[18]。以下の節では、格差をめぐる都市農村関係の分析にあたって重要な要素となる開発と市民社会化について二〇〇六年のクーデターからの状況を東北タイの状況を中心に論じ、さらに文化変容とジャパナイゼーションについて都市化の地方への波及の視点から節を改めて論じたい。

3　開発と市民社会化

筆者は東北タイの開発・発展についてケラティポーン・スリタンヤラットと共同研究を行ってきたが、二〇〇〇年以降その主体や方向性をめぐって、タイの学界でも大きく注目されている市民社会概念に着目した。そして、タイにおいて市民社会の基盤となるプラチャーコム（住民による小グループ）の分析を行ってきた[19]。

まず、タイの市民社会についての議論を筆者が『タイ事典』でまとめたものを用いてレビューしよう。

「タイにおいても一九九二年の五月大殺戮以降、市民社会（プラチャーサンコム）について議論がさかんになってきた。セーリー・ポンピットによれば、市民社会とは一般的には政府、企業、家族・親族とは異なった人々の社会的な集まり・組織と考えられ、さらに人々の集まり方の形式とも考えられるようになってきた。もともとタイ社会は、ヨーロッパと違ってパトロン＝クライエント関係と呼ばれる上の人に依存する関係が強かったので、ティラユット・ブンミー（タイの一九七三年学生革命の指導者）のようにタイ社会にこの概念はふさわしくないという論者もいた。彼は、市民については、『社会開発の主体としての認識と自覚により、積極的に地域社会に関心を持ち、自らができることを考え、行動できる者』と定義したうえで、自発的に互いに人々が力を合わせ、自分たちの地域が抱える問題を自分たちの力で解決できる地域のことをタイ社会に固有な『強固な社会』（サンコム・ケムケン）と呼ぶべきだとしていた。

民主的な社会開発を行う際には、市民社会的な下からの組織（プラチャーコム＝タイ語では人々の集まり、小グループをさす）が必要であると論じたのはタイのマヒドン大学医学部の教授で、タイの社会についてオルターナティブな開発・発展の視点から発言をしているプラウェート・ワシーである。彼は特にプラチャーコムが内発的である場合の、プラチャーコムのネットワークの形成が促される過程に注目し、市民社会の定義を『何らかの問題がある時に、問題に関係のある人が集まり自分達の意見を出しあって相談し、問題を解決するような社会である』とした。

一九九〇年代末以降、タイにおいては民主化、地方分権化を通じて社会のあり方が変わり、NGOなどの様々な組織も、それまでの貧農フォーラム（サマッチャー・コンチョン）のような『抗議』『批判』型の『運動』から『協働』『コミュニケーション』へと重点を移し、自発的な『活動』を行うようになってきた。このような状況は、ハーバーマス的な市民社会――コミュニケーションを通して成立する公共圏――に近い。ティラユット・ブンミーも、近年では市民社会を論じる際、ハーバーマスの論議に依拠し、市民社会概念を国家への対抗関係においてではなく、コミュニケーションを通しての公共圏の成立として設定している。すなわち、タイの市民社会の議論の中でもグラムシ型からハーバーマス型へと変化してきたのである。

このようなハーバーマス型の市民社会形成のプロセスについては、タイの社会学者たちの関心を集め、どのようなプラチャーコムが市民社会形成の基盤となるかが研究の中心になってきた。とくに、タクシン政権下で村落（百万バーツ）基金、一村一品運動（OTOP）などのために上からの政策によるプラチャーコム形成が進行した中で、コンケン県ウボンラット郡T行政村で見られるような、地域社会（チュムチョン）に根ざした草の根的な内発的プラチャーコムの形成により人々が自ら行う社会開発の実践や、他の内発的なプラチャーコムとのネットワーキングが注目を集めている。

しかし、二〇〇六年からの黄服派と呼ばれる市民団体の一派による反タクシンの抗議運動や、同年九月一九日の軍によるクーデター、二〇〇八年一一月の黄服派によるバンコク新国際空港の占拠やその後のタクシン派の抗議運動は、タイの市民社会形成のあり方を再考させることとなった。このような状況でタイの市民社会について議論できるのかというジレンマが研究者の間で生じたが、マクロ（中央）での政治の動きがどうであってもミクロ（地域）での市民社会形成の試みと実践は確実に存在しているのである[20]」。

このレビューのように、タイにおける市民社会概念は外来のものであり、都市における自立した「個人」というところよりもオルターナティブな開発・発展の流れのなかでの主体的な「参加」が強調されたことに留意したい。

二〇〇六年のタイのクーデターは、農村へのバラマキ型ポピュリズムであったタクシンの政策に不満をもつ都市の住民に支持されたことから、都市（黄服派）と農村（赤服派）の対立図式としてもとらえられた。その後の黄服派（反タクシン派）と赤服派（タクシン派）の対立においても都市と農村の対立図式としてとらえ続けられ、アピシット政権になった二〇一〇年一二月現在でもその解決は不透明であるといわれる。ウドンタニ県、コンケン県はタクシン派の東北タイにおける拠点であり、国軍の介入による赤服派への武力行使後、不満分子は両県の県庁などに放火した。非常事態宣言も一〇月一日にようやく解除となった（バンコク周辺県は一二月二一日に解除）。しかし、タイにおける市民社会化の視点からみると、単純な都市と農村の対立図式ではない。都市においても赤服派はおり、また農村においても赤服派とは距離を置くケースも見られるのである。

本節では、赤服派の影響が強かった東北タイにおいて、このようなタイのマクロな政治の動きのなかでも、自ら主体的な市民社会のネットワーク形成を進める農村とタクシンの復権を渇望する農村を事例に、クーデターや赤服派の対立のなかでの市民社会化の動きを分析する。

まず自ら主体的な市民社会のネットワーク形成を進める農村の事例としてのコンケン県Ｔ行政村は、「市民社会」の引用部分のＴ行政村と同一であり、コンケン県中心地のコンケン市から四五キロメートル離れている。Ｔ行政村は、かつては自給自足の農民が多かったが、一九七〇―八〇年代より資本主義の浸透や都市化による影響を受けて借金や出稼ぎが増え、それにより農民達は大きな問題を抱えたのである。

次に、タクシンの復権を渇望する農村の事例としてのウドンタニ県Ｐ行政村であるが、ウドンタニ市から三八キロメートル、コンケン県Ｔ行政村とは一〇〇キロメートルほど離れている。主な収入を稲作やさとうきびから得ていたＰ行政村の人々は、もともとバンコクへの出稼ぎ者が多かったが、Ｐ行政村出身の大物政治家が一九七四年に中東への出稼ぎを奨励して以来、人々の関心は農業から農業以外の仕事へと移行した。

タクシンが首相の時代に、政府は村の生活向上のために百万バーツ基金や日本をモデルとした一村一品運動などのプロジェクトを実施し、各行政村のプラチャーコムの形成を促進した。Ｔ行政村ではすでに様々なグループの結束が強く、地域共同体の自助による「内発的発展」が実践されていた。当初、グループの立ち上げに貢献した外部の識者から住民自身がリーダーとなるような主体の変化が起こっており、地域住民が自発的に地域内の開発に参加している。さらには政府の新しい政策に独自に対応をすることも可能となるような内発性へのレディネスがあった。しかし、P行政村ではT行政村のようなレディネスがなく、村全体の生活の質を向上するためでなく単に個々人がお金を受け取ることを目的としてプラチャーコムを急遽立ち上げたのである。

二〇〇六年九月のクーデター直後の筆者の調査でも、T行政村ではプラチャーコムのネットワークが拡大しており、市民社会形成のプロセスにある一方で、逆に、P行政村においては地域活動・市民参加などがクーデター以降ほとんどなくなるほどに減少しており、住民の意識も従来と変わらずタクシンの復権を農民は渇望するようになったのである。

ここからは、二〇〇六年クーデター以降、とりわけ二〇〇九―二〇一〇年の二つの農村のダイナミズムを明らかにする。結論から先に言えば、タクシン以降の赤服派（タクシン派）と黄服派（反タクシン派）の対立が行政村内にも持ち込まれ、プラチャーコムの形成に大きな影響を与えたのである。その際には、メディアの担った役割も大きかった。

赤服派（タクシン派）と黄服派（反タクシン派）は、多くのメディアを巻き込み、メディア戦争の様相となっていた。テレビについては、ケーブルテレビのネットワークでDTV（赤服派）、ASTV（黄服派）のチャンネルを持ち、二四時間それぞれの主張や抗議集会の模様を繰り返し放送していた。新聞も、黄服派はASTVプーチャット・カーンを持ち、また赤服派も、マティチョンやカーオソットなどの新聞に影響力を及ぼした。

タクシンについての記述も、ASTVプーチャット・カーンは「犯罪者タクシン」とされ、かつての地位名称をそのまま使っている一般紙の「警察中佐」と一線を画している。その他の新聞は、赤服派や黄服派が大株主や編集者を通して圧力をかけたため、論調が右往左往した。雑誌については、赤服派は隔週でクワーム・ジン・ワンニー（今日の真実）などのニューズレター的な雑誌を出し、黄服派は新聞と同名のASTVプーチャット・カーンを持っている。赤服派のメディアは二〇一〇年五月の事件で発行禁止になり、DTVも一時放送禁止となった。赤服派のニューズレター的な雑誌は名前を変えて発行は続けられている。一方、黄服派のメディアは五月以降も発行・放送が続行されている。また、五月の事件ではインターネットメディアも重要な役割を果たしたが、非常事態宣言のなかでモグラたたきのような状況になった[21]。

ウドンタニ県P行政村

二〇〇〇年の初代行政村長選挙で元二区の区長のS氏が当選した。しかし二〇〇四年の行政村長選挙でタクシン派のタイラックタイ（タイ愛国）党（当時――現タイ貢献党）の息のかかった候補者と激しい選挙になり、S氏は落選し、二〇〇八年選挙でも二〇〇四年の当選者が再選された。調査村である二区の現区長は一九七七―八五年にサウジアラビア、一九八七―九〇年に日本に出稼ぎに行っていた人物で、赤服派の影響下にある。

二〇一〇年五月の事件までは、タイで最も活発な赤服派のグループであったウドンタニを愛するグループ（Chomrom khon rak udon）があり、集会やデモなどに農民を動員していた。

赤服派はウドンタニを愛するグループを通して地域のコミュニティラジオ（Witthayu chumchon）に大きな影響を及ぼし、買収することもあった。二〇〇九年には、P行政村のあるクンパワピー郡のコミュニティラジオに運営費が年に二〇—三〇万バーツであるのにもかかわらず、タクシン派が五〇〇万バーツを寄付、政府批判を常時放送するようになった。P行政村からも一日五〇〇バーツ（バンコクへは一〇〇〇バーツ）で農民が赤服派の集会に動員されていた（二〇一〇年五月の非常事態宣言でウドンタニ県、コンケン県、チェンマイ県など赤服派の勢力の強い県のほとんどのコミュニティラジオが一時閉鎖された）。

S氏と現行政村長、区長からは住民の連帯や活動について正反対の言説も多い。多くの住民はタクシンの復権を熱望し、二〇〇七年タイ総選挙においてもタクシン派の候補が圧倒的な支持を得た。人々の持つ社会関係資本[22]としては、出稼ぎ（国内、海外）、赤服派関係の情報でつながっているのである。

コンケン県T行政村

T行政村のあるウボンラット郡は、赤服派の勢力が入りにくい地域で、二〇〇九年行政村長選挙でも四人の立候補者のなかで赤服派系は一人もいなかった。T行政村は、元タイ行動党のA氏（現在はプアペーンディン党）の影響が強く、二〇〇七年タイ総選挙でもプアペーンディン党が多くの票を集めてこの地域では優位に立ち、地域のリーダーであるアピシット夫妻は現政権の民主党支持であることは住民に広く知られている。筆者が主に調査を行っている区の出身者P氏（旧システムの元行政村長）は行政村長選挙において三位で落選した。二〇〇九年一一月にインタビューを行ったが、行政村長選挙のたびに二〇〇―三〇〇バーツの現金が住民に配られるとのことで、P氏も選挙資金として三〇万バーツを使わざるをえなかったという。選挙に敗北して落胆していたときに赤服派が集会への参加や地区のリーダーへの登用の誘いをかけてきたとのことであるが、本人は「聞き流した」とコメントしている。ウボンラット郡の中心部のコミュニティラジオの一つに赤服派が接近中との情報もあった。この地域はウボンラット病院を中心としたプロジェクトによる人々の社会関係資本が強固で、持続的農業のグループの活動は続き、他の地域とのネットワーキングも広がっている。

以上のように、二つの農村は二〇〇六年のクーデター以降、対照的な動きを示した。東北タイ、とりわけコンケン県やウドンタニ県の農村では赤服派の影響が強くプラチャーコムの活動はほぼ消滅した。一方、T行政村のように住民が主体となって草の根的に立ち上げたプラチャーコムを形成したところでは、赤服派と黄服派の対立にあまり巻き込まれることなくほぼ平穏を保ち、市民社会化の動きに影響はなかったのである。

4 文化変容とジャパナイゼーション

タイにおいてジャパナイゼーションが進行していることは、すでに筆者らの研究によって明らかになっている。[23] ここで、ジャパナイゼーションについて『タイ事典』で筆者が行った議論のまとめをしておこう。

「二〇〇三年頃より『緑茶』が大きなブームとなり、タイ人の好みに合うような味のさまざまな製品が販売された。『緑茶』のブームはスナック菓子やシャンプー、果ては生理用品にまで及んでいる。パッケージには消費者には理解できない日本語が踊り、絵や表示などでも『日本』であることが強調されている。

アジア諸国でジャパナイゼーションが進行していることは二〇〇〇年頃より岩渕功一[24]らによって論じられ始めたが、スリチャイ・ワンゲーオによれば東南アジアでもっともジャパナイゼーションが進行しているのはタイである。近年では『欧米』よりも『日本』のものがよいという認識がタイ社会全体に広まって日本ブームといってもよい状況にあり、二〇〇五年にはアタチャック・サタヤーヌラックによって"Japanization"という書物も出版された。[25]

一九六〇年代以降、日本企業がタイに進出し、『トヨタ』『ソニー』『味の素』などのブランド名がタイ社会に浸透した。次第にタイでの現地生産に変わっていったが、一九七二年には学生革命の流れの中で日本商品不買運動が起こった。『花王』のシャンプー、『グリコ』のチョコレートなど日本製品ばかりに囲まれて暮らすタイ人の生活を皮肉った歌も流行した。

一九八五年のプラザ合意以降、日本を中心とした外国からの投資や製品の輸入が急増した。この時期には、マクドナルドやＫＦＣなどのアメリカ文化とともに『おしん』『ドラえもん』『すばる』などのドラマやアニメ、歌などもタイ人の心をとらえ、ポップカルチャーへの日本の影響力が強まってきた。

このように、ジャパナイゼーションは物質的側面から非物質的側面へ、換言すれば生活様式から価値観へと影響の側面が広がり、とりわけ若者への影響は著しい。そして、都市の富裕層の子女を中心にＪ－ＰＯＰのファンや、ゴスロリ・ファッション、コスプレなどのいわゆるオタク文化までも流入しつつある[26]」。

タイのジャパナイゼーション研究では、筆者らのもの以外ではマンガやＪ－ＰＯＰなどポップカルチャーの側面からの研究がある程度である。アタチャックの研究も「日本はどのようなものであるか」を説明したものでジャパナイゼーション論としては序論に過ぎない。そこで、本章では都市農村関係の変容という視点から、どのようなプロセスで、首都でありメガシティであるバンコク（都市）から地方（農村）に浸透するのかを明らかにしたい。本章のために、すでに論じたファスト風土化という視点からショッピングセンター（以下ＳＣ）やハイパー（スーパー）マーケット、コンビニエンスストアにおいて日本商品（日本文化商品を含む）がどのように流通しているのか、とりわけレストランやファストフードを事例に二〇〇九年一一月から二〇一〇年一月にかけて調査を行った。

調査地はバンコク、東北タイの中心都市であるコンケン、コンケンの衛星県（周辺県）ともいえるマハーサラカム県とし、データの収集はそれぞれの中心地とした。コンケンは東北タイの中心県としてこの二〇—三〇年で急速に発展した。農村部がほとんどであるが、中心地のコンケン市街は都市化が進行している。マハーサラカムは典型的な農村県で中心のマハーサラカム市街は地方県らしくゆるやかに都市化している状況である。バンコク同様、二つの都市とも農村的状況を内包するモザイク的都市化であり、バンコクへの出稼ぎや仕事・進学のための移動も依然として多い。マハーサラカムからはコンケンへの移動も多くなっている。

バンコク

Siam Paragon（サイアム・パラゴン）は、セントラルデパート系のSCである。BTS（バンコク大量輸送システム）の中心的乗換駅であるサイアム駅に隣接する。この地域は、バンコクの渋谷、原宿といわれる地域である。一階はレストラン、スーパーマーケットになっておりフードコートも利用できる。

以下では、二〇一〇年一月時点での食におけるジャパナイゼーションの進行を一階のレストランエリア、グルメホール（レストランのように店が空間として仕切られていない）、フードコート（食券を利用）の布置から示してみよう。

レストランエリアとグルメホールのレストラン四二店の中で一一店が日本レストランである。レストランエリアはファストフードから高級店まであり、日本料理だけが目立っているわけではない。しかしグルメホールでは日本料理が目立ち、Ｃｏｃｏ一番屋は中心的なメニューが一八〇―二〇〇バーツ（一バーツは約三円）で決して安くはないにもかかわらず、タイには珍しい行列ができていた。タイ人たちにとっては「カレー」といえばインド料理の「カリー」ではなく日本のものとして認識されているのである。フードコートは一品六〇バーツ程度からと、一般のフードコートの二倍近い価格設定である。そこでもタイ、西洋、中華のワンプレートメニューに交じり、カレー、ハンバーグ、丼物が人気を博している。

Market Hall（スーパーマーケット）には、これまでの日本メーカーの食品に加えてタイの代表的アグリビジネスであるＣＰ社の冷凍食品シリーズとしてカツカレーなどの日本料理が大々的に売り出され、また、〝ＢＥＮＴＯ〟と名付けられた惣菜コーナーも登場した。スーパーマーケットの周辺ではタコヤキ、パン、ケーキ（ヤマザキが出店し、ケーキはタイでは珍しい日本風生クリーム）、北海道牛乳、北海道アイス、テッパンアイス、タイ製ではない直輸入の日本のお菓子、西洋直輸入（アメリカ）のお菓子も販売されている。

ここで注目すべきは、ポップカルチャーでは新たなブームとなり、近年ではコリアナイゼーションが生じていると言われている韓国料理の出店がないことである。バンコクのオフィス街には韓国料理店は珍しくなく、かつては東北タイで「コリア焼肉」がブームとなったことがあるにもかかわらず、

である。

コンケン

二〇〇九年一二月初旬、コンケンにセントラルデパートのショッピングモールがオープンして大盛況となっている。それまでは郊外に大型スーパーマーケットのBigC、テスコ・ロータス、マクロがあったが、中心部にはマクドナルド、KFC、ピザハット、8番ラーメン、スターバックスなどの外国系のファストフードや、ともにコンケン資本のショッピングセンターのフェリーとOASIS（現Tuk Khom）がある程度であった。コンケン資本のフェリーは政治力（社長の息子がコンケン市長）を使ってバンコク資本や外国資本のショッピングモールの進出を防いできたが、コンケンのセントラルデパートの株の一部をもつことによって進出を認めることに至った。

セントラルデパートの進出により、急激に日本レストランや日本食品がコンケンに浸透した。ここには、四階にレストランエリアとフードコートがあり、地階にスーパーマーケットとレストランエリア（ファストフード各店が独立した空間として仕切られていない）がある。四階のレストランエリア二四店のなかで六店が、地下のレストランエリア一一店のなかで三店が日本料理店であった。

四階のフードコートはほぼタイ料理のワンプレートメニューが多く、日本料理はたこ焼き屋のみ、他にビビンバなどを出す韓国料理の店が入っている。また、五階はカラオケボックス、ゲームセンターがあり、ドラえもん、ケロロなどの日本のキャラクターのぬいぐるみが賞品となっているUFO

キャッチャーに人気が集まっている。レストランや食品では韓国商品はあまり浸透していないが、文房具ではこれまでのちびまる子ちゃんやドラえもんなどの日本キャラクターの商品（日本製、ライセンス生産のタイ製、中国製・韓国製の海賊版など）に加えて韓国イメージの商品（実は中国製）が増加している。キャラクターとしては韓国ラーメンやコチジャンなどで、子供や学生に人気である。

マハーサラカム

コンケンから七〇キロの距離にある隣県のマハーサラカムでは、ＳＣは地元資本のSermthai Plaza一カ所である。そこには、ファストフードとしてDaily Queen、うまみ（日本料理）、DAIDOMON（日系の焼肉店）、Hot Pot（日本料理あり）、BLACK CANYON、Mister Donuts、KFC、Swensensなどがあり、スーパーマーケットとしてテスコ・ロータスが入っている。さらに郊外にはＳＣであるBigC（日本の商品が多い）があり、KFC、Mister Donuts、MK（タイスキのレストラン）、スシを販売する店舗が二軒、日本と韓国のお菓子を販売する店舗が入っている。ファストフードとして著名なマクドナルドはマハーサラカムにはまだ進出していない。この郊外のBigCはまさに農村的な光景のなかにあり、農村部からの顧客を集めている。

コンビニエンスストア

バンコクに端を発したコンビニエンスストアの進出は、地方の中心都市であるコンケン、そしてその周辺県のマハーサラカムへと拡大し、二〇一〇年現在ではどこの市街地にも複数の店があるという状況となった。コンビニエンスストアの商品の揃え方についてはセブン・イレブン、ファミリーマートの二大チェーンで大きな差はない。また、店の規模が同じであればどの都市でも品揃えに大きな差はない。ジャパナイゼーションの影響を強く受け、菓子（グリコ）、飲料（キリン）、食品（日清）など日本のメーカーが目立つ。ただし日本メーカーの商品でもタイの伝統的料理であるラーブ味のバタープリッツや、はちみつレモン味の緑茶、トムヤム味のラーメンなどハイブリッド化が進んでいる。タイのメーカーのものではハイブリッド化や現地化はさらに進行し、日本語表記の誤りやイメージとしての使用が目立つ。ハングル表記のスナック菓子（とりわけ韓国海苔を使用したもの）が近年増えている。主要道路沿いのガソリンスタンド内に設置されることの多いタイ資本のコンビニエンスストアも、日本商品や日本イメージの商品の割合が、日本資本のコンビニエンスストアには及ばないものの明らかに増えつつある。農村部への設置が多いことから、ファスト風土化や日本イメージの商品の浸透など農村の消費文化に影響を与えている。

以上、タイで進行するジャパナイゼーションを日本料理のレストランを主な事例としてバンコクから地方都市（コンケン、マハーサラカム）、さらに周辺の農村へと広がる新たな消費文化による文化変容について論じてきた。世界システム論的な視点でタイ国内を中心 - 周辺の関係でとらえるならば、タイの中心であるバンコクから半周辺であるコンケン、周辺であるマハーサラカムへとそのヘゲモニーが波及していることが明らかになった。その際には、ファスト風土化ともいえる状況がタイにおいても生じ、ショッピングセンターが重要な役割を果たしているという知見が得られた。さらに、国境を越えてサイアミタイゼーション〈タイ化〉が進行するラオスにおいてもタイの影響を受けてラオスコーヒーのトップメーカーであるDAOよりペットボトルの甘い緑茶（レモン味とはちみつ味の二種）が二〇一〇年に発売され、タイの周辺としてのジャパナイゼーションが生じている。この事実は、タイの地方都市に連続してラオス（ヴィエンチャン）が存在している、換言すればタイ国内の中心－周辺関係が隣国まで包摂していることを示している。

日本料理以外では、日本のポップカルチャー、とくにマンガがタイの若者に広く支持され、圧倒的人気を誇っている。J－ポップやJ－ドラマについては、韓国のK－ポップ、K－ドラマのブームともいえる熱狂的人気にやや押されながらも、安定したタイでの人気を保っている。[27] 二〇〇九年に"Princess Atsu（篤姫）"が幅広い世代の人気を博し、二〇一〇年も若いタイ女性に圧倒的支持を受ける山Pこと山下智久主演の「コードブルー」が放映された。日本のライトノベルズやミステリー、ホラー小説の翻訳物も学生・生徒に人気である。ジャパナイゼーションは一九五〇年代からの日本商品（トヨタ、ソニー、味の素など）の消費、一九八〇年代の日本文化商品（マンガ、J－ポップ、J－ドラマ、緑茶）の消費、二〇〇〇年代の日本イメージの消費と、すでに広範囲に定着したと言える。

これに対して、韓国（流）ブームはK－ポップ、K－ドラマという形でポップカルチャーがまず人気を博し、勢いとしては日本のポップカルチャーを上回るジャンルもある。しかし、韓国商品は

DAEWOO（大宇）のバスなどが一九八〇年代に導入されたもののそれ以外の商品は日本商品の廉価版で「安かろう悪かろう」のイメージであった。ところが韓流ブームによって韓国のイメージが急上昇し、韓国商品のイメージを好転させて消費者の購買欲を高めた。商品がイメージを作り上げた日本と違って、韓国の場合はポップカルチャーによるイメージが商品の信頼へとつながったポストモダン的消費ともいえるのである。

おわりに

本章では、アジアにおけるグローバル化のなかでの都市農村関係の変容を、タイを事例に市民社会化の動き（第3節）、ジャパナイゼーションの進行（第4節）を通して分析した。開発・発展が進むなかで人々が求めた民主化への動きは、グローバル化のなかでの諸外国からの情報やネットワーキングによる相互作用を経て市民社会形成へと進展しつつある。一方、消費文化においても、アメリカを中心とした西洋文化や日本、そして近年では韓国からの影響が大きい。世界システム論的な視点でとらえれば、中心からの情報や資本、換言すれば政治文化や商品が周辺であるタイの社会変動や文化変容をもたらしているのである。

タイのグローバル化をさらに進展させる動きとして、二〇一〇年八月二三日に、バンコクの中心部（パヤタイ）とスワナプーム国際空港を結ぶ新路線（エアポート・レール・リンク）が予定より三年遅れで営業運転を開始し、二八キロが三〇分以内で結ばれた。途中にはバンコクのなかでも南タイ出身のムスリムが集住するミーンブリー（ラートクラバン駅北方）やスラムが散在するエリアがあり、モザイク状の風景である。新路線の沿線は取り壊された古いビルやタウンハウス、スラム地区などが目立ち、新たな開発が進んでいるように見えるが、少し遠景に目を移すと農村的光景が依然として広がっている。

二〇一〇年五月の事件によって観光客の数は一時的に落ち込んだが、海外からの投資にはほとんど打撃はなく、タイ国家経済社会開発委員会（NESDB）は二〇一〇年の経済成長率について七―七・五％と高い水準を予測している。巨大な消費市場となる可能性を持った中国、インドに近く、アセアンの中心的な位置に立地し、日本・韓国・台湾といった東アジアの消費地やオイルマネーを持つアラブ諸国にも比較的近いというグローバル化のなかでの有利な条件がタイに味方して、政治的な不安定を抱えながらも通貨バーツは下落せず、逆にバーツ高ドル安が進行中である。日本の代表的企業（トヨタ、日産など）はタイでの現地生産の強化、拠点化の動きを示し、ジャパナイゼーションの流れは止まっていない。

二〇一〇年八月二九日のバンコクの地方議会選挙ではアピシット首相の率いる民主党が圧勝し、相変わらずの地方との格差を見せつけた。赤服派系の当選者は少数であった。また、日本のドラマやアニメのコスプレの大会（第六回）が八月二八―二九日にバンコクのラーンパート・パラゴンで開催され、八月三〇日のタイ字紙ポスト・トゥディーに「日本はまだフィーバー」との記事が掲載された。

二〇一〇年九月四日のタイ全国社会学研究大会東北タイ研究セミナー（於コンケン）において、スリチャイ・ワンゲーオは、多くの犠牲者を出した一九七三年学生革命の一〇月一四日（血の水曜日）事件や、一九九二年の五月大殺戮事件という過去の苦い経験にもかかわらず、赤服派と黄服派、赤服派と政府といった対立のなかで死者が出るような暴力の連鎖が生じたことを批判し、公共圏でのコミュニケーションがもっと必要だったことを強調した。そして、現在のリスク社会では政治や政府の役割には限界があり、市民社会や市民の力が期待されること、そしてそのために社会学や社会学者は様々なアクター（NGO、市民、政府など）と協力してコミュニケーションのための場をつくるべきであると結論づけた。また、グローバル化のなかで生じる新たな問題への対処の必要性も強調した。

グローバル化の動きは、以上のようにタイでフィールドワークを行っていてもそのリアリティを日々実感させられる。とりわけ都市農村関係や都市化の様相はグローバル化によって大きな変容を見せている。開発・発展が進行するなかでの民主化の動きも含めた市民社会化の動きや日本からの影響による文化変容は、タイにおいては今後も注目すべき研究課題となるだろう。そして、グローバル化が同時代的に必然的に進行していくアジア、とりわけ東南アジアにおいてもタイの事例と類似した問題、社会的様相が生じており、アジアや東南アジアといった国家を超えた枠のなかで分析する必要に迫られているのである。

【注】

(1) 鈴木規之「グローバル化の中での都市と農村――開発と市民社会化、文化変容との交差」山口博一他編『地域研究の課題と方法――アジア・アフリカの社会研究入門　理論編』文化書房博文社、二〇〇六年、一七七―二〇三頁。同様の問題意識は、ほぼ同時期に刊行された以下の論文にも見られる。池田寛二「アジアの都市‐農村関係の変貌――インドネシアを中心に」新津晃一・吉原直樹編『グローバル化とアジア社会――ポストコロニアルの地平』東信堂、二〇〇六年、一四三―一八二頁。

(2) ロビン・コーエン、ポール・ケネディ『グローバル・ソシオロジーⅠ　格差と亀裂』山之内靖監訳、伊藤茂訳、平凡社、二〇〇三年、四五―五〇頁、およびアンソニー・ギデンズ『社会学　第五版』松尾精文他訳、而立書房、二〇〇九年、八四頁。本章では、グローバリゼーションのなかでの時間と空間の再編成のなかで生じた社会変動と文化変容のそれぞれの一側面をタイを中心とした事例で論じる。同様の問題設定は奥田孝晴・藤巻光浩・山脇千賀子編著『〔新編〕グローバリゼーション・スタディーズ――国際学の視座』創成社、二〇〇八年、にも見られる。

(3) 藤巻正己「グローバリゼーション時代における東南アジアの都市化の重奏的風景」藤巻正己・瀬川真平編『現代アジア入門〔改訂版〕』古今書院、二〇〇九年、一四六―一六三頁。

(4) 川端基夫「激動する東南アジアの都市商業」藤巻・瀬川編、前掲『現代アジア入門〔改訂版〕』一七八―一九七頁。東南アジアの過剰都市化の問題については、新田目夏実「アジアの都市化の新局面」新津・吉原編、前掲『グローバル化とアジア社会』九九―一四二頁、を参照のこと。

(5) 土佐昌樹「アジアの日本観」三浦信行編『21世紀アジア学』成文堂、二〇〇二年、六七―八七頁。

(6) 岩井美佐紀「東南アジアのグローカリゼーション」神田外語大学国際社会研究所編『グローカリゼーション――国際社会の新潮流』ぺりかん社、二〇〇九年、一六一―一七八頁。

(7) 田坂敏雄編『東アジア市民社会の展望』御茶の水書房、二〇〇九年。

(8) 鈴木規之「出稼ぎ」日本タイ学会編『タイ事典』めこん、二〇〇九年、二六五頁。

(9) 櫻井義秀・道長良子編著『現代タイの社会的排除――教育、医療、社会参加の機会を求めて』梓出版社、二〇一〇年。

(10) 村嶋英治「タイの日本観は変わったか」日本タイ協会編『現代タイ動向 二〇〇六―二〇〇八』めこん、二〇〇八年、二五四―二六五頁。

(11) 中山英治「タイにおける日本語の受容――外来語、外国語としての日本語の姿」タイ国日本研究国際シンポジウム 二〇〇七 論文報告集編集委員会編『タイ国日本研究国際シンポジウム 二〇〇七 論文報告集』チュラーロンコーン大学文学部東洋言語学科日本語講座、二〇〇八年、二〇一―二一九頁。

(12) 佐藤研一「アジア・ライフスタイル」三浦編、前掲『21世紀アジア学』一四八―一六八頁。

(13) 三浦展『ファスト風土化する日本――郊外化とその病理』洋泉社、二〇〇四年。

(14) 鈴木規之「周辺における内発的発展――沖縄と東南アジア（タイ）」西川潤・松島泰勝・本浜秀彦『島嶼沖縄の内発的発展――経済・社会・文化』藤原書店、二〇一〇年、一一五―一三九頁。

(15) 遠藤元『新興国の流通革命――タイのモザイク状消費市場と多様化する流通』日本評論社、二〇一〇年、第二章および第四章。

(16) 柴田直治『バンコク燃ゆ――タックシンと「タイ式」民主主義』めこん、二〇一〇年。

(17) 浅見靖仁「過熱するタイ政治――対立の構図を読み解く」『世界』第八〇五号、二〇一〇年六月、二五―四〇頁。

(18) Noriyuki Suzuki, Somsak Srisontisuk（eds.）, *Civil society movement and development in Northeast Thailand*, Khon Kaen University Book Center, 2008.

(19) Noriyuki Suzuki, "kan patthana kab khabuankan prachasangkhom nai phumiphark tawanookchiengnua (Recent Development and Formation of Civil Society in Northeast Thailand: Case study of Two Sub-districts)," Sakurai Yoshihide and Somsak（eds.）, *Regional Development in North-east Thailand and the Formation of Thai Civil Society*, Khon Kaen University Book Center, Khon Kaen University, 19-51, 2003. および、鈴木規之、ケラティポーン・スリタンヤラット「タイの市民社会化の流れを再考する――二〇〇六年九月一九日のクーデターの意味するもの」現代社会構想・分析研究所『現代社会の構想と分析』第五号、現代社会構想・分析研究所二〇〇七年度年報、二〇〇七年、九六―一一一頁、鈴木規之、ケラティポーン・スリタンヤラット「東北タイの

開発と市民社会の基盤となるプラチャーコム（住民による小グループ）――二〇〇六年クーデター以降の農村のダイナミズム」小倉充夫・加納弘勝・竹内隆夫・田巻松雄・北原淳・北川隆吉編『アジア社会と市民社会の形成――その課題と展望』アジア社会研究会年報三号、文化書房博文社、二〇〇九年、一三―三七頁。

（20）鈴木規之「市民社会論」日本タイ学会編、前掲『タイ事典』一六六―一六七頁、を一部改変。

（21）このような政府や裁判所、軍の赤服派と黄服派への対応の差はダブルスタンダードと呼ばれてタイ国内でも批判・議論の標的となっている。

（22）タイ農村の社会関係資本については、以下を参照のこと。佐藤康行『タイ農村の村落形成と生活協同――新しいソーシャルキャピタル論の試み』めこん、二〇〇九年。

（23）鈴木規之、ワンポーカクン・ピーリヤー「タイにおけるジャパナイゼーションのプロセス――タイ人の日本商品の消費と生活世界に対する影響（1）」『人間科学』第二一号、琉球大学法文学部紀要、二〇〇八年三月、五九―七八頁、鈴木規之、ワンポーカクン・ピーリヤー「タイにおけるジャパナイゼーションのプロセス――タイ人の日本商品の消費と生活世界に対する影響（2）」『人間科学』第二二号、琉球大学法文学部紀要、二〇〇八年九月、二三―五七頁、および、Noriyuki Suzuki, Peeriya Wangpokakul, "The Process of Japanization of Thailand: The impact of Japanese products, Thai consumers' absorption Japanese culture," *Ryudai Asian Studies*, No. 6, pp. 47–66, 2006; Noriyuki Suzuki, Peeriya Wangpokakul, "Japanization in the Globalized Age of Thailand," *Journal of Communication Arts*, Vol. 27, No. 3, Chulalongkorn University, 2009, pp. 156–170.

（24）岩渕功一『トランスナショナル・ジャパン――アジアをつなぐポピュラー文化』岩波書店、二〇〇一年。

（25）Attachak Sattayanurak, *Japanization*, open books, Bangkok, Thailand, 2005.

（26）鈴木規之「ジャパナイゼーション」日本タイ学会編、前掲『タイ事典』一六九頁、を一部改変。

（27）Ubonrat Siriyuvasak, "Popular Culture and Youth Consumption: Modernity, Identity and Social Transformation" Edited by Koichi Iwabuchi, *Feeling Asian Modernities: Transnational Consumption of Japanese TV Dramas*, Hong Kong University Press, Hong Kong, China, 2004, pp. 177–202.

あとがき

本巻『日本・アジア・グローバリゼーション』は、序章で、アジアにおけるグローバリゼーションの時代的位置づけを総体的に捉え、第1章～第3章で、主に経済の面からグローバリゼーションに関わるアジアの動向を見極め、第4章で、市民の役割に注目しつつアジアで生まれつつある地域主義が紛争解決と安全保障に対して持つ意味と可能性を論じ、第5章～第7章で、アジアにおけるグローバリゼーションがそこに生きる人々の動きとどのように相関しているのかについて検討を試みた。

本巻の執筆者は、地域研究と国際関係学的研究への高い関心を共有する。地域研究は、ある地域の個別的・特殊的性格を自分が拠り所とする地域との比較によって総合的に理解しようとする学問である。国際関係学的研究は、世界的な諸問題・現象の空間的・時間的な関係性を追究する学問である。地域研究と国際関係学的研究は、専門分化しすぎた現代科学へのアンチテーゼとして登場し、既成の学問の枠を超えて学際的・多専門的な総合的観点からの研究を志向する点で共通する。また、地域研究と国際関係学的研究は現代世界を総体的に捉えるための車の両輪と位置づけられよう。国際関係学的研究は地域という具体的な場の研究を通じて初めて可能になるという関係があるからである。

地域研究と国際関係学的研究への関心に日本を含むアジアのグローバリゼーションという関心を結節させたとき、「二一世紀への挑戦」として何を問題として論じるべきか、これが本巻全体を貫く問題意識である。それに際して、アジアのグローバリゼーションの光と影の両面に目を配り動向を見極めること、グローバリゼーションによってアジアがどのように変容してきたかというだけではなく、アジアがグローバリゼーションのなかからどのような新しい知を創り出してきたか、あるいは創り出せるのかについて検討することが共通の課題として位置づけられた。後者の課題を一人一人の課題として言い直せば、自分自身の生きる空間のなかで自らの生活を豊かにすべく努力していくと同時に、同じ空間を生きる他の個との共同性を築き、共に空間自体を豊かなものにしていくための知をアジアからどのように構想し発信していけるのかという課題を考え続けていかねばならない。本巻は、以上の課題を、経済成長、開発と政治、移動、都市化、紛争、下層というテーマにひきつけて考察したものである。

アジアのグローバリゼーションに対する認識から地球社会での共栄共存を実現するための新たな知やシステムを創り出そうとする試みは、まさに始まったばかりである。

水島　司・田巻　松雄

清水 奈名子（しみず ななこ）　〔第４章〕
宇都宮大学国際学部講師。
1975年生まれ。国際基督教大学大学院行政学研究科博士後期課程修了、博士（学術）。
著書に『岩波講座　憲法５　グローバル化と憲法』（共著、岩波書店、2007年）、『冷戦後の国連安全保障体制と文民の保護――多主体間主義による規範的秩序の模索』（日本経済評論社、2011年）など。

石井 由香（いしい ゆか）　〔第６章〕
立命館アジア太平洋大学アジア太平洋学部教授。
1965年生まれ。津田塾大学大学院国際関係学研究科博士課程後期課程単位修得後退学、博士（社会学）筑波大学。
著書に、『アジア系専門職移民の現在――変容するマルチカルチュラル・オーストラリア』（共著、慶應義塾大学出版会、2009年）、『もっと知ろう!! わたしたちの隣人――ニューカマー外国人と日本社会』（共著、世界思想社、2010年）など。

鈴木 規之（すずき のりゆき）　〔第７章〕
琉球大学法文学部教授。
1959年生まれ。筑波大学大学院社会科学研究科博士課程修了、博士（社会学）。
著書に *Civil Society Movement and Development in Northeast Thailand*, Khon Kaen University Book Center, Khon Kaen.（共編著、2008年）、『越境するタイ・ラオス・カンボジア・琉球』（共編著、彩流社、2011年）など。

【編者・執筆者紹介】

水島 司（みずしま つかさ）　〔編者、序章〕
東京大学大学院人文社会系研究科教授。
1952年生まれ。博士（文学）東京大学。
著書に『前近代南インドの社会空間と社会構造』（東京大学出版会、2008年）、『グローバル・ヒストリー入門』（山川出版社、2010年）、『世界システムとネットワーク（現代南アジア6）』（共編著、東京大学出版会、2003年）など。

田巻 松雄（たまき まつお）　〔編者、第5章〕
宇都宮大学国際学部教授。
1956年生まれ。筑波大学大学院社会科学研究科博士課程満期退学、博士（社会学）。
著書に『偏見から共生へ——名古屋発・ホームレス問題を考える』（共著、風媒社、2003年）、『地域研究の課題と方法　アジア・アフリカ社会研究入門理論編』（共編著、文化書房博文社、2007年）、『栃木県における外国人児童生徒教育の明日を考える』（研究代表、宇都宮大学、2009年）など。

加藤 弘之（かとう ひろゆき）　〔第1章〕
神戸大学大学院経済学研究科教授。
1955年生まれ。神戸大学大学院経済研究科博士課程前期課程修了、博士（経済学）。
著書に『中国の経済発展と市場化』（名古屋大学出版会、1997年）、『現代中国経済論』（共編著、ミネルヴァ書房、2011年）など。

佐藤 隆広（さとう たかひろ）　〔第2章〕
神戸大学経済経営研究所准教授。
1970年生まれ。同志社大学大学院商学研究科博士課程後期単位取得退学、博士（経済学）大阪市立大学。
著書に『経済開発論——インドの構造調整計画とグローバリゼーション』（世界思想社、2002年）、『インド経済のマクロ分析』（編著、世界思想社、2009年）など。

朴 一（ぱく いる）　〔第3章〕
大阪市立大学大学院経済学研究科教授。
1956年生まれ。同志社大学大学院商学研究科博士課程修了、博士（商学）。
著書に『韓国 NIES 化の苦悩』（同文舘、1992年）、『朝鮮半島を見る眼』（藤原書店、2005年）など。

日本・アジア・グローバリゼーション〈21世紀への挑戦　3〉

2011年4月15日　第1刷発行　定価（本体2500円＋税）

編者　水島司
　　　田巻松雄
発行者　栗原哲也

発行所　株式会社　日本経済評論社
〒101-0051　東京都千代田区神田神保町3-2
電話 03-3230-1661　FAX 03-3265-2993
info8188@nikkeihyo.co.jp
URL: http://www.nikkeihyo.co.jp
装幀＊奥定泰之　印刷＊文昇堂・製本＊高地製本所

乱丁・落丁本はお取替えいたします。　Printed in Japan

ISBN978-4-8188-2121-7